지라 7 에센셜 4/e

지라 7 에센셜 4/e

지라 시스템 구축과 활용

패트릭 리 지음

박득형 · 김영기 옮김

| 지은이 소개 |

패트릭 리^{Patrik Li}

앱퓨전^{AppFusions}의 공동 창립자이며 현재 수석 엔지니어로 일하고 있다. 앱퓨전은 IBM Connections, Jive, Google Apps, Box, SugarCRM 등 수많은 엔터프라이즈 애플리케이션 및 플랫폼과의 통합 솔루션을 전문으로 하는 선도적인 애틀라시안^{Atlassian} 전문가 등급 회사 가운데 하나다. 9년 넘게 애틀라시안 생태계에서 작업을 해 왔으며 애틀라시안 플랫폼을 위한 제품 및 솔루션을 개발하고 전문 컨설팅 서비스를 제공했다.

지라 애자일^{JIRA Agile} 및 지라 서비스 데스크^{JIRA Service Desk}를 포함, 지라 4부터 지라 7 까지 여러 편의 책과 동영상 교육 과정을 제작했다. 의료 서비스, 소프트웨어 기술, 금융 서비스, 정부 기관과 같은 다양한 분야의 고객을 위한 기본 사항부터 커스터마 이징까지 애틀라시안 솔루션 설계와 개발 분야에서 폭넓은 경험을 쌓았다.

링크드인(https://www.linkedin.com/in/patrickliangli)과 회사 웹사이트(https://www.appfusions.com/display/Dashboard/Bringing+it+together%2C+NOW)에서 그를 만날 수 있다.

│ 기술 감수자 소개 │

미로슬라프 크랄릭 Miroslav Kralik

MSD IT Global Innovation Center에서 제품 책임자와 애틀라시안 도구 에반젤리스트로 활동하고 있다. Podporuj.cz의 공동창립자이기도 하다.

열정적으로 고객의 성공을 도우며 더 훌륭하고 혁신적인 제품과 서비스, 프로세스를 개발한다. 현재는 데브옵스DevOps와 전체 개발 체인에서 다양한 도구를 통합하는 일에 관심을 갖고 있다. 이러한 작업에 지라를 이슈 관리 및 추적 시스템으로 사용하고 있다.

이외에도 Podporij.cz 프로젝트에 참여했다. 이 프로젝트는 체코 공화국에서 비영리 단체와 신체적 장애가 있는 사람들을 지원하기 위해 만들어졌다. 덕분에 이제는 전 세계 사람들이 일상 생활에서 자유롭게 NGO 캠페인과 운영에 기여할 수 있게 됐다.

링크드인(https://www.linkedin.com/in/mikralik)에서 그를 만날 수 있다.

이 기회를 통해 DevOps Stack 팀원 모두의 시간과 노력, 열정에 감사를 표하고 싶다. 이렇게 훌륭한 팀의 일원이 될 수 있음에 감사하며, 이 책을 쓰는 데 도움을 준 모든 이들에게 감사한다.

| 옮긴이 소개 |

박득형(deukhyoung.park@gmail.com)

KAIST에서 통신 및 네트워크 분야로 박사 학위 취득 후, 스타트업에서 네트워크 및 임베디드 소프트웨어 개발을 경험했다. 삼성전자에서 Tizen OS, Android와 함께 자체 플랫폼부터 애플리케이션까지 다양한 기술 분야의 개발 업무를 맡았으며 개발 인프라 관리 구축 업무를 수행한 전력이 있다. 애자일 코치로도 활동하고 있으며 현재 소프트웨어 엔지니어링 분야에서 소프트웨어 구조 분석을 통한 리스트럭처링 및 리팩토링을 통해 개선 업무를 수행 중이다.

에이콘출판사에서 출간한 『JIRA 시스템 구축과 활용』(2016), 『JIRA Agile Essentials』(2016), 『데브옵스 DevOps』(2016)를 번역했다.

김영기(resious@gmail.com)

삼성전자 입사 후 사업부와 연구소를 오가며 개발과 SE 분야를 모두 경험했다. 지능망 IN과 모바일 애플리케이션 개발, 정적 분석과 소프트웨어 구조 분석 등의 업무를 담당하며 소프트웨어 개발과 개발 문화에 관심을 갖게 됐다. 이후 소프트웨어 개발 인프라 개선 작업에 참여했으며, 현재 SCM을 포함한 개발 인프라 업무를 담당하고 있다. 개발자 역량 강화와 엔터프라이즈 아키텍처에 관심을 갖고 있다. 시스템 관리, 데이터베이스, 테스팅과 애자일 관련 다수 인증을 보유하고 있다. 업무상 필요한 경우 직접 내부 사이트를 제작하거나 유틸리티를 만들기도 한다.

| 옮긴이의 말 |

소프트웨어를 포함한 모든 프로젝트의 성공 필수 요소 가운데 하나는 태스크 및 이슈 관리다. 개발자를 포함한 많은 직원들이 '관리'라는 단어를 싫어하는 경향이 있다. 자발적이 아닌 관리자에 의한 통제라는 뉘앙스로 다가오기 때문일 것이다. 좋은 관리자의 조건은 여러 가지가 있겠으나, 중요한 한 가지가 동기부여를 통한 관리 능력이라고 생각한다. 동기부여를 통해 각 직원이 자신의 업무를 스스로 관리토록 하는 것이다.

지라^{JIRA}는 자신의 업무를 스스로 관리하면서, 팀 내 협업을 효율적으로 할 수 있도록 만드는 도구다. 지라를 통해 각 개인의 업무 프로세스를 프로젝트 속성, 팀의 프로세스에 맞춰 운영할 수 있으며, 팀원 간 원활한 의사소통이 가능하다. 또한 컨플루언스^{Confluence}와 같은 위키 시스템이나 깃^{Git}, 퍼포스^{Perforce}와 같은 형상 관리 도구와 연동해 업무를 효과적으로 진행할 수 있고, 다양한 부가 기능^{Add-on}을 통해 유용한 기능을 추가할 수 있다. 이러한 효율성과 유연성은 대부분 조직이 필요로 하는 업무 인프라다.

이외에도 지라에는 다양한 기능과 장점이 있지만, 방대한 분량의 매뉴얼을 통해 많은 시간과 노력을 들여 지라의 기능을 파악하는 것은 개발자나 관리자가 겪어야 하는 어려움 가운데 하나다. 이 책을 통해 독자 여러분이 지라에서 사용되는 기본 개념과 핵심적인 기능을 빠르게 파악하고 현업에서 지라를 활용하는 데 많은 도움을 받을 수 있기를 바란다.

| 차례 |

5장   필드 관리   165

6장   스크린 관리   201

8장   이메일과 알림   275

수년에 걸쳐 지라는 엔지니어가 프로젝트를 관리하기 위해 고안된 간단한 버그 추적 시스템으로부터 다목적 이슈 추적 솔루션으로 발전해왔다. 시간이 지남에 따라 지라는 애플리케이션 그 이상이 됐다. 지라는 다양한 유즈 케이스use cases에 가치를 제공하도록 해 그 위에 다른 제품군을 가진 플랫폼으로 변모했다.

지라 7을 시작하면서 지라라는 단어는 이제 지라 소프트웨어, 지라 서비스 데스크 및 지라 코어를 포함한 제품군 전체를 가리킨다. 이 변화로 인해, 각 제품은 제품이 하는 일과 제공하는 가치에 더 집중한다. 이젠 고객이 애자일 소프트웨어 개발 프로젝트를 운영하거나 고객 지원 포털이나 일반적인 태스크 관리 시스템을 운영하거나, 그 용도에 가장 적합한 제품을 선택하는 것이 훨씬 쉽다.

이 책에서는 지라의 모든 기초적인 사항과 지라 플랫폼에 부가적인 기능을 제공하는 부가 기능에 따라 제품군에서 각 제품의 핵심적인 능력에 대해 다룬다.

실제 사례와 단계별 지침으로 가득한 이 책으로 여러분은 지라 전문가로 도약할 수 있을 것이다.

▌ 이 책에서 다루는 내용

11개의 장으로 구성돼 있다. 첫 번째 장은 지라를 설정하는 것으로 시작하고, 이어지는 장에서는 주요 기능과 개념을 소개한다. 각 장에서 비즈니스 프로세스, 워크플로우, 이메일과 알림 등 중요한 개념에 대해 배우게 될 것이다. 또한 실제 지라 예제 구현을 통해 새로 습득한 지식을 실습할 기회를 갖게 될 것이다.

1장, 지라 시작하기 지라 소프트웨어 애플리케이션을 직접 설치하는 방법을 안내한다. 지라 전문가에게는 1장을 통해 기존에 알던 내용을 상기시키고, 지라 7에서 바뀐 내용을 소개한다. 1장이 끝나면 지라 애플리케이션을 구동할 수 있을 것이다.

2장, 비즈니스 프로젝트에 지라 사용하기 일반적인 태스크 관리 솔루션의 예와 같이 소프트웨어 개발이 아닌 프로젝트에 지라를 사용하는 것에 대해 다룬다. 지라의 기본 기능 사용에 초점을 맞추며, 기본 기능은 지라 소프트웨어와 함께 제공되는 지라 코어 제품을 통해 제공된다.

3장, 애자일 프로젝트에 지라 사용하기 지라 소프트웨어의 특화 기능을 다룬다. 소프트웨어 개발, 특히 스크럼과 칸반^{Kanban} 같은 애자일 방법론을 사용하는 개발 프로젝트에 지라를 사용하는 것에 중점을 둔다.

4장, 이슈 관리 이슈 생성 및 이슈에 대해 수행할 수 있는 작업에 관해 다룬다(워크플로우 천이 제외). 게다가 지라의 핵심 포인트로 이슈의 다양한 측면을 다룬다. 또한 샘플 프로젝트에서 사용할 더미 데이터를 설정하는 법을 볼 기회를 제공한다.

5장, 필드 관리 지라가 필드를 사용해 데이터를 수집하는 방법과 사용자 정의 필드를 이용해 이 기능을 확장하는 방법을 다룬다. 여기서는 필드에 구성할 수 있는 다양한 동작을 설명한다.

6장, 스크린 관리 스크린의 개념과 사용자가 자신의 스크린을 생성/관리할 수 있는 방법에 대해 알아본다. 이전의 모든 장과 밀접하게 연결돼 지라의 스크린 설계 기능의 숨은 힘을 보여준다.

7장, 워크플로우와 비즈니스 프로세스 지라가 제공하는 가장 강력한 기능인 워크플로우에 대해 알아본다. 이슈 생명 주기 개념이 소개되고, 워크플로우의 다양한 측면을 설명한다. 또한 워크플로우와 스크린처럼 앞에서 설명한 다른 다양한 지라의 기능 간의 관계를 알아본다. 잘 알려진 부가 기능을 사용하는 예제 프로젝트를 통해 지라의 부가 기능에 대한 개념도 간단히 알아본다.

8장, 이메일과 알림 지라에서 자동 이메일 알림을 받는 방법을 집중적으로 다루고 다양한 실징 방법을 알아본다. 이메일 알림은 지라에서 매우 중요하고 강력한 기능이며 이 책에서 소개된 예제 프로젝트의 중요한 부분이다. 또한 워크플로우를 설명하는 장과 밀접하게 연결돼 지라가 통보 메커니즘을 관리하는 방법을 자세히 알려준다.

9장, 지라 보안 지라가 제공하는 다양한 보안 제어 기능을 알아본다. 이 주제는 지라의 모든 기능에 영향을 주므로 보안이 이전의 모든 기능에 어떻게 영향을 주는지 설명하면서 모든 이전 주제 또한 다루게 된다. 또한 지라를 사용자 관리를 위해 이미 사용 중인 LDAP와 연결해 LDAP 통합을 다룬다.

10장, 검색, 보고, 분석 지라에 저장된 데이터가 다양한 유형의 보고 기능을 제공하기 위해 어떻게 검색되는지 알아본다. 또한 지라 7에서 변경된 사항을 다룬다.

11장, 지라 서비스 데스크 지라 7 제품군에서 새로 소개된 지라 서비스 데스크 제품을 다룬다. 지라 서비스 데스크는 지라를 완벽한 서비스 데스크 솔루션으로 바꾼다. 여기서는 서비스 데스크를 설정 및 커스터마이징하고, 지식 베이스를 구성하는 애틀라시안 컨플루언스와 통합하며 SLA 메트릭 정의를 설명한다.

▌ 준비 사항

이 책에서 사용하는 설치 패키지는 윈도우 단독형 설치 배포판으로, 지라 소프트웨어는 http://www.atlassian.com/software/jira/download에서, 지라 서비스 데스크는 http://www.atlassian.com/software/jira/service-desk/download에서 직접 다운로드할 수 있다.

자바 SDK는 http://www.oracle.com/technetwork/java/javase/downloads/index.htm에서, MySQL은 http://dev.mysql.com/download에서 다운로드할 수 있다.

▌ 이 책의 대상 독자

프로젝트 관리자에게 특히 유용하다. 하지만 개발자 및 지라의 강력한 작업 관리 및 워크플로우 기능을 활용해 비즈니스 프로세스를 더욱 잘 관리하고자 하는 소프트웨어 개발 이외에 다른 산업 종사자를 포함한 모든 사용자를 대상으로 한다.

▌ 편집 규약

이 책에서는 다양한 종류의 정보를 구별하는 다양한 글꼴 스타일을 보게 될 것이다. 이러한 스타일의 예와 의미는 다음과 같다.

코드 블록은 다음과 같이 표시한다.

```
<Connector port="8443" maxHttpHeaderSize="8192" SSLEnabled="true"
maxThreads="150" minSpareThreads="25" maxSpareThreads="75"
enableLookups="false" disableUploadTimeout="true"
acceptCount="100" scheme="https" secure="true"
clientAuth="false" sslProtocol="TLS" useBodyEncodingForURI="true"/>
```

명령행 입력이나 출력은 다음과 같이 표기한다.

```
keytool -genkey -alias tomcat -keyalg RSA
```

새로운 용어와 중요한 단어는 고딕체로 표시한다. 화면에서 메뉴 혹은 대화상자에 표시된 단어는 다음과 같이 표시한다.

"이메일 서버 정보가 없으면 당장은 Later 옵션을 선택하고 Finish를 클릭하여 이 단계를 건너뛸 수 있다."

경고나 중요한 노트는 이와 같이 나타낸다.

 팁과 요령은 이와 같이 나타낸다.

독자 의견

독자 의견은 언제나 환영한다. 이 책에 대해 무엇이 좋았는지 또는 좋지 않았는지 소감을 알려주길 바란다. 독자 의견은 독자에게 필요한 주제를 개발하는 데 매우 중요하다.

일반적인 의견을 우리에게 보낼 때는 feedback@packtpub.com으로 이메일을 보내면 되고, 메시지의 제목에 책 이름을 적으면 된다.

여러분이 전문 지식을 가진 주제가 있고, 책을 내거나 책을 만드는 데 기여하고 싶다면 www.packtpub.com/authors에서 저자 가이드를 참조하길 바란다.

고객 지원

독자에게 최대의 혜택을 주기 위한 몇 가지 서비스를 제공한다.

오탈자

내용을 정확하게 전달하기 위해 최선을 다했지만, 실수가 있을 수 있다. 문장이든 코드든 간에 문제를 발견해서 알려준다면 매우 감사하게 생각할 것이다. 그런 참여를 통해 다른 독자에게 도움을 주고, 차후 나올 개정판을 더 완성도 높게 만들 수 있다.

오류를 발견한다면 http://www.packtpub.com/submit-errata를 방문해 책을 선택하고, Errata Submission Form 링크를 클릭해 정오표 제출 양식을 통해 오류 정보를 알려주기 바란다. 보내준 내용이 확인되면 웹사이트에 그 내용이 올라가거나 해당 서적의 정오표 부분에 그 내용이 추가될 것이다.

기본 오류 수정 내용을 https://www.packtpub.com/books/content/support에서 해당 도서명을 선택하면 지금까지의 정오표를 확인할 수 있다.

한국어판은 에이콘출판사 도서정보 페이지 http://www.acornpub.co.kr/book/jira7-4e에서 찾아볼 수 있다.

저작권 침해

저작권 침해는 모든 인터넷 매체에서 벌어지고 있는 심각한 문제다. 팩트출판사는 저작권과 라이선스 문제를 아주 심각하게 인식하고 있다. 어떤 형태로든 팩트출판사 서적의 불법 복제물을 인터넷에서 발견했다면 적절한 조치를 취할 수 있게 해당 주소나 사이트명을 알려주길 바란다.

의심되는 불법 복제물의 링크를 copyright@packtpub.com으로 보내주길 바란다. 저자를 보호하고 더 좋은 책을 만들도록 도와주는 독자 여러분의 마음에 깊은 감사의 뜻을 전한다.

질문

이 책과 관련해 질문이 있다면 questions@packtpub.com으로 문의하길 바란다. 최선을 다해 질문에 답하겠다. 한국어판에 관한 질문은 이 책의 옮긴이나 에이콘출판사 편집 팀(editor@acornpub.co.kr)으로 문의해주길 바란다.

지라 시작하기

1장에선 지라^{JIRA 1}에 대한 상위 수준의 뷰^{high-level view}로 시작해 전체적인 애플리케이션을 구성하는 각 구성 요소를 살펴본다. 그리고 지라 7의 다양한 배포^{deployment} 선택 사항과 시스템 요구 사항을 살펴보고, 지라 7이 지원하는 플랫폼/소프트웨어도 살펴본다. 그런 다음 새롭게 개선된 설치 마법사를 이용해 지라 7을 설치한다. 마지막으로 새로운 인스턴스를 보호하기 위한 SSL 설정 같은 일부 설치 후 단계를 살펴본다.

---

1 이 책에선 JIRA라는 영문 표현 대신 '지라'로 표기한다. 이는 다른 제품명에도 적용된다. 단, 의미상 혼란이 발생할 수 있는 경우에는 '한글(영문)'과 같이 표현한다. – 옮긴이

1장에서 학습하는 내용은 다음과 같다.

- 새로운 지라 7 제품군에서 제공하는 다른 제품
- 지라의 전반적인 구조
- 지라를 배포하고 실행하기 위한 기본 하드웨어와 소프트웨어 요구 사항
- 지라가 지원하는 플랫폼과 애플리케이션
- 지라와 필요한 소프트웨어의 설치
- 지라의 커스터마이징을 위한 설치 후 환경 설정 옵션

▌ 지라 코어, 지라 소프트웨어, 지라 서비스 데스크

지라 7을 시작하면서, 지라는 세 개의 다른 제품으로 구분된다. 지라라는 용어는 이제 이 모든 제품의 기반이 되는 공통 플랫폼을 의미하게 된다. 새로운 지라 제품군을 구성하는 세 개의 제품은 다음과 같다.

- **지라 코어**^{JIRA Core}: 모든 필드 사용자 정의와 워크플로우 기능을 가진 클래식 지라와 유사하다. 범용적인 작업 관리에 적합하다.
- **지라 소프트웨어**^{JIRA Software}: 애자일 기능을 갖고 있는 지라 코어다(전에는 지라 애자일로 알려져 있었다). 스크럼^{Scrum}이나 칸반^{Kanban} 같은 애자일 방법론을 사용하려는 소프트웨어 개발 팀에 매우 적합하다.
- **지라 서비스 데스크**^{JIRA Service Desk}: 서비스 데스크 기능을 갖고 있는 지라 코어다. 최종 사용자를 위한 단순화된 사용자 인터페이스를 가진 지원 티켓 시스템으로 지라를 운영할 목적으로 고안됐으며, SLA 목표에 대한 고객 만족에 중점을 두고 있다.

보는 바와 같이 지라 코어는 중심에서 사용자 인터페이스 사용자 정의, 워크플로우, 이메일 알림과 같은 모든 기본적인 기능을 제공한다. 지라 소프트웨어와 지라 서비스 데스크는 그 위에서 특수 기능을 추가한다.

이 책에선 주로 지라 소프트웨어에 중점을 둘 것이다. 하지만 지라 코어가 많은 공통 기능을 제공하기 때문에 대부분은 지라 코어에도 적용 가능하며, 지라 소프트웨어에 서만 사용 가능한 기능은 강조 표시될 것이다. 따라서 지라는 따로 구분할 필요가 없다면 지라 코어와 지라 소프트웨어 둘 다 포함하는 의미로 사용될 것이다. 또한 지라 서비스 데스크는 11장, '지라 서비스 데스크'에서 다룰 것이다.

▌ 지라의 구조

지라의 설치는 간단하면서도 단순하다. 그러나 지라의 전체적인 구성 요소와 가능한 설치 옵션에 대해 이해하는 것은 중요하다. 이러한 이해는 정보에 따른 결정을 내리는 데 도움이 되며, 향후 유지 보수와 문제 해결 준비를 더 잘할 수 있게 해준다.

고수준 아키텍처

애틀라시안은 지라의 구조에 대한 전반적인 개요를 https://developer.atlassian.com/jiradev/jira-platform/jira-architecture/jira-technical-overview에 제공한다. 그러나 일상적인 지라의 관리와 사용을 위해 세부적인 사항까지 살펴볼 필요는 없다. 애틀라시안에서 제공되는 정보는 처음 보기에는 매우 많아 보일 수 있다. 그래서 다음 그림에서 보는 바와 같이 고수준의 개요를 요약해, 아키텍처 내에서 가장 중요한 구성 요소를 강조 표시했다.

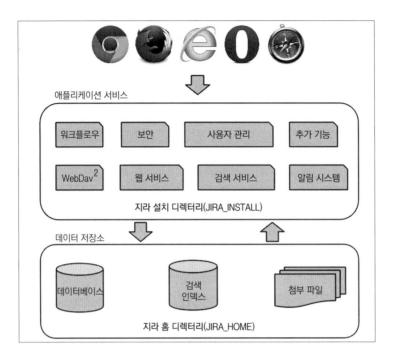

웹 브라우저

지라는 웹 애플리케이션으로 사용자 PC에 아무것도 설치할 필요가 없다. 사용자는 지라와 호환되는 웹 브라우저가 필요하다. 다음 표에 지라를 사용하기 위한 브라우저 요구 사항을 요약해 놓았다.

브라우저	호환 버전
인터넷 익스플로러(Internet Explorer)	10.0, 11.0
모질라 파이어폭스(Mozilla Firefox)	최신 안정 버전
사파리(Safari)	맥 OSX상의 최신 안정 버전
구글 크롬(Google Chrome)	최신 안정 버전
모바일 브라우저	사파리 모바일 버전, 크롬 모바일 버전

---

2 웹 분산 저작 및 버전 관리(WebDAV, Web Distributed Authoring and Versioning)는 하이퍼텍스트 전송 프로토콜(HTTP)의 확장으로, 월드 와이드 웹 서버에 저장된 문서와 파일을 편집하고 관리하는 사용자들 사이에 협업을 손쉽게 만들어준다. – 옮긴이

애플리케이션 서비스

애플리케이션 서비스 계층^{application services layer}은 지라에서 제공되는 모든 기능과 서비스를 포함하고 있다. 이러한 서비스들은 워크플로우^{workflow}와 알림^{notification}과 같은 다양한 비즈니스 기능을 포함한다. 6장에서 '워크플로우와 비즈니스 프로세스', 7장에서 '이메일과 알림'에 대해 자세히 살펴본다. REST[3] 웹 서비스와 같은 다른 서비스들은 다른 애플리케이션과의 통합 기능을 제공한다. OSGi[4] 서비스는 지라의 기능을 확장할 수 있는 기본적인 추가 기능^{add-on} 프레임워크를 제공한다.

데이터 저장소

데이터 저장소 계층^{data storage layer}은 지라 내부의 여러 곳에 영구적인 데이터를 저장한다. 프로젝트 정보와 이슈^{Issue} 같은 대부분의 비즈니스 데이터들이 관계형 데이터베이스 내에 저장된다. 업로드된 첨부 파일과 검색 인덱스 같은 컨텍스트들은 다음 절에서 이야기할 JIRA_HOME 디렉터리 내에 파일 시스템에 저장된다. 사용되는 관계형 데이터베이스는 사용자에게 투명하며, https://confluence.atlassian.com/display/JIRA/Switching+Databases에 언급된 것처럼 하나의 데이터베이스에서 다른 데이터베이스로 쉽게 이전 가능하다.

지라 설치 디렉터리

지라 설치 디렉터리에는 지라의 실행 파일과 환경 구성 파일이 모두 들어 있다. 지라는 실행되는 동안 이 디렉터리 내의 파일 내용을 변경하지 않고, 어떤 데이터 파일도 저장하지 않는다. 지라 설치 디렉터리는 주로 지라 실행을 위해 사용된다. 이 책의 나머지 부분에서 이 디렉터리를 'JIRA_INSTALL'로 언급한다.

---

3 Representational State Transfer의 약어로 월드 와이드 웹(www)과 같은 분산 하이퍼미디어 시스템을 위한 소프트웨어 아키텍처 형식 가운데 하나다. – 옮긴이

4 Open Services Gateway Initiative의 약자로 Java에서 동적 컴포넌트 시스템을 정의한 스펙이다. – 옮긴이

지라 홈 디렉터리

지라 홈 디렉터리[5]는 지라의 데이터베이스에 관한 세부 연결 사항 설정과 같은, 각 지라 인스턴스[6]에 대한 고유한 주요 데이터 및 환경 구성 파일들을 포함하고 있다. 1장 후반부에서 살펴보겠지만, 이 디렉터리에 대한 경로 설정은 설치 과정의 일부이다.

지라와 홈 디렉터리 사이에는 일대일 관계가 있다. 이것은 각각의 지라 인스턴스는 반드시 그리고 오직 하나의 홈 디렉터리를 갖고, 각각의 디렉터리는 오직 하나의 인스턴스만을 지원한다는 의미다. 전에는 이 디렉터리를 데이터 디렉터리로 불렀다. 이제 이 디렉터리는 지라 홈 디렉터리로 표준화돼 있다. 이것이 이 책의 나머지 부분에서 이 디렉터리를 JIRA_HOME으로 언급하는 이유다.

JIRA_HOME 디렉터리는 설치하는 시스템의 어떤 위치에도 생성 가능하며, 심지어 공유 드라이브에도 생성할 수 있다. 지라의 최고 성능을 얻기 위해선 네트워크 지연 시간이 짧은, 빠른 디스크 드라이브 사용이 권장된다.

이러한 데이터와 애플리케이션의 분리는 유지 보수와 향후의 업그레이드 작업을 쉽게 처리하도록 한다. JIRA_HOME 내에는 다음 표에서처럼 중요한 데이터를 포함하는 여러 개의 하위 디렉터리가 있다.

디렉터리	상세 설명
data	데이터베이스에 저장되지 않는 데이터를 저장한다. 예를 들면 업로드된 첨부 파일이 있다.
export	지라에 의해 생성된 자동 백업 아카이브를 저장한다. 이것은 사용자에 의해 수동 내보내기(manual export)를 수행해 생성된 것과 다르다. 수동 내보내기는 사용자가 아카이브를 어디에 저장할 것인지 지정할 필요가 있다.
import	가져오기(import)를 할 수 있는 백업들을 갖고 있다. 지라는 이 디렉터리에 있는 백업 파일들을 로드만 한다.

---

5   콘텐츠 파일이 저장된 서비스 루트 디렉터리로 생각하면 된다. – 옮긴이
6   일반적으로 실행 중인 지라 서비스 프로세스로 생각하면 된다. – 옮긴이

디렉터리	상세 설명
log	지라 로그 파일을 갖고 있으며, 에러를 추적하는 데 유용하다. 몇몇 주요 로그 파일은 다음과 같다. • atlassian-jira.log: 지라 소프트웨어 및 지라 코어 애플리케이션에 관한 정보 • atlassian-sevicedesk.log: 지라 서비스 데스크에 관한 정보 • atlassian-jira-security.log: 사용자 세션, 로그인 및 로그아웃에 관한 정보
plugins	이전에 설치된 추가 기능들이 저장돼 있다. 이전 지라 버전에서, 추가 기능은 수동으로 추가 기능 파일들을 복사해서 설치했었다. 그러나 지라 7에선 구체적인 지시사항이 없는 한 더 이상 수동 복사를 통한 설치를 할 필요가 없다. 추가 기능은 나중에 다른 장에서 논의할 것이다.
caches	실행 시 지라의 성능을 향상시키기 위해 사용하는 캐시 데이터를 저장한다. 예를 들어 검색 인덱스(search indexes)가 이 디렉터리에 저장된다.
tmp	업로드 파일과 같이 실행 시 생성된 임시 파일들이 저장돼 있다.

지라가 실행되면, JIRA_HOME 디렉터리는 잠금 상태가 되고 지라가 종료되면 잠금이 해제된다. 이러한 잠금 메커니즘은 여러 지라 인스턴스의 같은 JIRA_HOME 디렉터리에 대한 읽기/쓰기와 데이터 손상을 방지한다.

지라는 디렉터리 루트에 jira-home.lock이라고 하는 임시 파일을 생성, JIRA_HOME 디렉터리를 잠근다. 종료 시 이 파일은 제거된다. 그러나 지라는 비정상적으로 종료하면 때때로 이 파일 제거에 실패할 수도 있다. 이 경우 지라를 다시 시작하기 위해 디렉터리 잠금을 해제하는 이 파일을 수동으로 제거할 수 있다.

 지라에서 종료 시 해당 파일 제거에 실패한 경우, JIRA_HOME의 잠금을 해제하기 위해 수동으로 잠금 파일을 제거할 수 있다.

▐ 시스템 요구 사항

다른 소프트웨어 애플리케이션과 마찬가지로, 지라를 설치하고 수행하기 전에 일련의 기본적인 요구 사항이 충족돼야 한다. 따라서 성공적인 설치를 계획한다면, 이러한 요구 사항을 잘 알고 있는 것이 중요하다. 지라 서버^{JIRA Server}로 알려져 있는, 자체적인 사내 설치를 위해선 이러한 요구 사항에 주의해야 한다. 또한 애틀라시안은 지라 클라우드^{JIRA Cloud}로 부르는 클라우드 기반의 대안을 제공하며, https://www.atlassian.com/software#cloud-products에서 사용 가능하다.

지라의 클라우드 버전은 대부분 영역에서 방화벽의 보호하에 지라를 설치하는 것과 유사하며, 초기 설정의 오버헤드 없이 빠르게 지라를 실행하고 싶은 조직에 적합하다. 지라 클라우드의 주된 제약 사항은 사용 가능한 상당수의 추가 기능을 사용하지 못한다는 점이다. 만약 지라 서버의 모든 기능과 유연성을 확보하고 서버 관리에 대한 고민을 하지 않고 싶다면, 다른 업체에서 제공하는 지라에 대한 관리 호스팅 서비스를 고려할 수 있다.

하드웨어 요구 사항

평가 목적으로 사용 시 지라는 1.5GHz 프로세스와 1GB~2GB의 램 메모리를 가진, 소수 사용자만 사용하는 대부분의 서버에서 잘 동작한다. 그러나 지라의 사용이 증가하면 일반적으로 서버는 지라 애플리케이션 전용의 쿼드 코어 G2Hz CPU와 4GB의 램 메모리를 가져야 한다.

대부분의 애플리케이션과 마찬가지로 제품 설치를 위해선 지라 실행을 위한 전용 서버를 권장한다. 지라에 할당할 자원의 확장을 결정할 때 고려해야 하는 많은 요소가 있다. 지라가 확장되고 규모가 커질 것도 고려해야 한다. 하드웨어 요구 사항을 결정할 때 다음 사항을 고려해야만 한다.

- 시스템 사용자 수
- 시스템이 관리할 이슈와 프로젝트 수
- 사용자 정의 필드 및 워크플로우와 같은 환경 구성 아이템 수
- 동시 사용자 수, 특히 피크 시간 동안 동시 사용자

이러한 사항을 한꺼번에 추정하기는 어렵다. 참고로 2.0GHz 이상의 듀얼/쿼드 코어 CPU와 2GB의 램 메모리를 가진 서버의 경우, 대략 200명의 사용자에 대한 대부분의 인스턴스에 대해 충분하다. 만약 수천 명의 사용자로 시작한다면 최소 8GB 램이 지라가 동작하는 JVM에 할당돼야 할 것이다.

공식적으로 지라는 x86 하드웨어와 64비트 파생 제품만 지원한다. 64비트 시스템에서 지라를 수행할 때 4GB 이상의 메모리를 할당할 수 있을 것이다. 32비트 시스템을 사용하는 경우 4GB로 메모리 사용이 제한된다. 대규모 인스턴스를 사용할 계획이라면 64비트 시스템 사용이 권장된다.

소프트웨어 요구 사항

지라는 소프트웨어 측면에서 네 가지가 필요하다. 지라는 지원되는 운영체제와 자바 환경을 필요로 한다. 또한 콘텐츠를 호스팅하고 제공하기 위한 애플리케이션 서버와 모든 데이터를 저장할 데이터베이스도 필요로 한다. 다음 절에서 이러한 필요 사항과, 지라를 설치하고 운영할 때의 요구 사항 및 선택 사항에 대해 논의한다. 이에 대한 최신 정보는 https://confluence.atlassian.com/adminjiraserver071/supported-platforms-802592168.html에서 볼 수 있다.

운영체제

지라는 대부분의 주요 운영체제를 지원한다. 따라서 지라를 운영하기 위한 운영체제의 선택은 전문성과 편안함, 그리고 대부분 기존 조직의 IT 인프라와 요구 사항에 따라 달라진다.

애틀라시안에 의해 지원되는 운영체제는 윈도우^{Windows}와 리눅스^{Linux}다. 맥 OS X를 위한 시라 배포판이 있지만, 공식적으론 지원되지 않는다. 윈도우와 리눅스 모두에 대해, 애틀라시안은 설치 과정을 단순화하기 위해 모든 필요 구성 요소를 묶은 실행 가능한 설치 마법사 패키지를 제공한다(단독 배포에 대해서만 사용 가능하다).

다른 운영체제에서 지라를 설치, 구성, 그리고 유지 보수하는 데 최소한의 차이가 있다. 선호하는 운영체제가 없고 초기 비용을 적게 유지하고 싶다면 리눅스가 좋은 선택이 될 것이다.

자바 플랫폼

지라는 자바 기반의 웹 애플리케이션이다. 따라서 자바가 설치돼 있어야 한다. 자바 개발 키트^{JDK}나 자바 실행 환경^{JRE}이 설치될 수 있다. 윈도우나 리눅스와 함께 제공되는 실행 파일은 필요한 파일을 포함하고 있으며, JRE를 설치하고 필요한 환경을 설정할 것이다. 그러나 아카이브 배포판을 사용하기 원한다면 자바 실행 환경을 설치하고 필요한 설정이 요구된다는 사실을 확실히 해야 한다.

지라 7은 자바 8 버전을 필요로 한다. 만약 패치 버전을 비롯한 지원되지 않는 자바 버전에서 지라를 실행한다면 예상치 못한 오류가 발생할 수 있다. 다음 표는 지라를 지원하는 자바 버전을 보여준다.

자바 플랫폼	지원 상태
오라클 JDK/JRE	자바 8(1.8)

데이터베이스

지라는 모든 데이터를 관계형 데이터베이스에 저장한다. 지라와 함께 제공되는 메모리 데이터베이스인 HyperSQL 데이터베이스 HSQLDB와 함께 실행할 수 있지만, 데이터가 손상되는 경향이 있다. HSQLDB는 중요한 데이터가 저장되지 않는 새로운 인스턴스를 빠르게 평가할 목적으로만 사용해야 한다. 이러한 이유로 실행 시스템에는 MySQL 같은 적절한 데이터베이스를 사용하는 것이 중요하다.

지라는 오늘날 시장에서 이용 가능한 대부분의 관계형 데이터베이스를 지원한다. 그리고 지라를 설치하고 구성하는 데 있어 아무런 차이가 없다. 운영체제와 마찬가지로, 데이터베이스의 선택은 IT 직원의 전문성, 경험, 그리고 인정된 회사 내 표준에 따르게 된다. 운영체제로 윈도우를 사용한다면 마이크로소프트의 SQL 서버를 원할 수도 있다. 반면 리눅스를 사용 중이라면 오라클(이미 라이선스를 갖고 있는 경우)이나 MySQL, 또는 PostgreSQL을 고려해야 한다.

다음 표에는 현재 지라에서 지원하는 데이터베이스의 목록이 요약돼 있다. MySQL과 PostgreSQL 모두 오픈소스 제품으로 언급할 만한 가치가 있으며, 초기 투자를 최소화하는 방법을 찾고 있다면 훌륭한 선택 사항이다.

데이터베이스	지원 상태
MySQL	MySQL 5.1 이상 최신 JDBC 드라이버가 요구된다.
PostgreSQL	PostgreSQL 9.0 이상 최신 PostgreSQL 드라이버가 요구된다.
마이크로소프트 SQL 서버	SQL 서버 2008 이상 최신 JTDS 드라이버가 요구된다.
오라클	오라클 12C 최신 오라클 드라이버가 요구된다.
HSQLDB	평가 목적으로 독립 배포판과 함께 배포된다.

데이터베이스 제공 업체에서 번들로 공급하는 일부 드라이버(예를 들면 SQL 서버)는 지원하지 않으므로, 각 데이터베이스에 대한 드라이버 요구 사항에 대한 특별한 주의가 필요하다.

애플리케이션 서버

지라 7은 공식적인 애플리케이션 서버로 아파치 톰캣^{Apache Tomcat}만 지원한다. 나른 애플리케이션 서버에 지라를 배포하는 것도 가능하지만 위험을 감수해야 하기 때문에 권장하지 않는다.

다음 표는 지라 7에 의해 지원되는 톰캣 버전을 보여준다.

애플리케이션 서버	지원 상태
아파치 톰캣	톰캣 8.0.17 이상 기본적으로 지라 7은 8.0.17과 함께 제공되며, 이 버전 혹은 그 이상의 버전을 사용할 것을 권장한다.

▌ 설치 옵션

지라는 실행 가능한 설치 프로그램과 ZIP 아카이브 두 가지 배포 방법으로 제공된다. 실행 가능한 설치 프로그램은 전체 설치 프로세스에 걸쳐 마법사로 구동되는 인터페이스를 제공한다. 시간을 줄여주기 위해 자바 설치 프로그램도 함께 제공한다. ZIP 아카이브 버전은 자바 설치 프로그램을 제외한 모든 것을 포함하고 있다. 따라서 자바를 직접 설치해야 한다. 또한 지라를 서비스로 설치하는 것 같은 일부 설치 후 단계를 수행해야 한다. 그러나 내부적으로 어떤 일이 실제로 일어나는지 배울 수 있는 장점이 있다.

지라 설치와 구성

이제 지라의 전체적인 구조, 기본적인 시스템 요구 사항, 다양한 설치 옵션에 대해 이해했으며 직접 지라 인스턴스를 배포할 준비가 됐다.

다음 예제에서 작은 규모의 개발 팀을 위한 새로운 지라 인스턴스를 설치하고 구성할 것이다. MySQL 데이터베이스 서버를 가진 윈도우 플랫폼에 설치할 것이다. 다른 플랫폼이나 데이터베이스를 사용할 계획이라면 해당 플랫폼에 요구되는 소프트웨어의 설치와 관련해 공급 업체의 문서를 참고하기 바란다.

이번 예제에선 다음을 수행할 것이다.

- 지라 소프트웨어의 새로운 인스턴스 설치
- 지라와 MySQL 데이터베이스 연결

이렇게 준비한 지라 인스턴스를 이후의 장들에서 계속해서 사용할 것이다. 그리고 업무 지원^{Help Desk}을 구축하며 연습할 것이다.

지라 설치를 위해 다음 제품을 사용한다.

- 지라 단독 배포판 7.1.8
- MySQL 5.7.13
- 마이크로소프트 윈도우 7

자바 설치

자바가 함께 제공되는 설치 프로그램 패키지를 사용하기 때문에 이 절은 건너뛸 수 있다. 하지만 ZIP 아카이브나 WAR 배포판을 사용한다면 시스템에 자바 설치를 확실히 할 필요가 있다.

지라 7은 자바 실행 환경 8(1.8)이나 그 이상에서 동작한다. 명령 프롬프트에서 다음 명령어를 수행해 자바 버전을 확인할 수 있다.

```
java -version
```

앞서 말한 명령어는 다음 화면에서 볼 수 있듯이 시스템에서 수행되는 자바의 버전을
알려준다.

유사한 결과가 나오지 않는다면 자바가 설치돼 있지 않을 가능성이 있다. 자바 환경
을 설정하려면 다음 단계를 수행해야 한다. 우선 시스템에 JDK를 설치하는 것부터
시작한다.

1. http://www.oracle.com/technetwork/java/javase/downloads/index.
   html에서 최신 JDK를 다운로드한다.

 이 글을 쓰는 시점의 Java 8의 최신 버전은 JDK 8 Update 91이다.

2. 다운로드한 설치 파일을 더블클릭해 설치 마법사를 시작한다.

3. 자바를 설치할 위치를 선택하거나 기본값을 승인한다. JDK를 설치한 위치는
   이 책의 나머지 부분에서 JAVA_HOME으로 언급된다.

4. JAVA_HOME이라는 이름의 새로운 환경 변수를 만들고, 자바를 설치한 곳의 전
   체 경로를 이 값으로 설정한다. 이를 위해선 다음을 수행한다.

   ① 키보드에서 Windows 키를 누르면서 Pause 키를 눌러 System Properties^{시스}
      ^{템 설정} 윈도우를 연다.

② Advanced system settings^{고급 시스템 설정} 옵션을 선택한다.

③ 새로운 팝업에서 Environment Variable^{환경 변수} 버튼을 클릭한다.

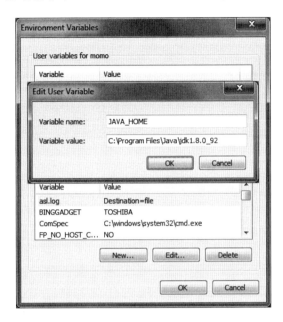

5. PATH 환경 변숫값을 편집한다. 현재 값의 마지막에 다음을 추가한다.

```
;%JAVA_HOME%\bin
```

6. 새로운 명령 프롬프트에서 다음 명령어를 입력해 설치 사항을 테스트한다.

```
java -version
```

모두 올바르게 됐다면 설치된 자바의 버전이 표시된다. 윈도우에선 새로운 환경 변수를 추가한 후 변경 사항을 보려면 새로운 명령 프롬프트를 시작해야 한다.

MySQL 설치

다음 단계는 지라 설치를 위한 엔터프라이즈 데이터베이스를 준비하는 것이다. 지라는 새로운 데이터베이스를 필요로 한다. 설치 과정 동안 대상 데이터베이스가 이미 데이터를 갖고 있는 것을 지라가 감지하면, 더 이상 데이터베이스 설치를 진행하지 않는다. 이미 데이터베이스 시스템이 설치돼 있으면 이번 절은 건너뛰어도 된다.

MySQL 설치 방법은 다음과 같다.

1. http://dev.mysql.com/downloads에서 MySQL을 다운로드한다. MySQL Community Server를 선택하고 윈도우용 MSI 설치 파일을 선택한다.

    이 글을 쓰는 시점에 MySQL 최신 버전은 5.7.13이다.

2. 설치 마법사를 시작하기 위해 다운로드한 설치 파일을 더블클릭한다.

3. 시작 화면에서 Install MySQL Products를 클릭한다.

4. 라이선스 계약을 읽고 동의한 후, Next 버튼을 클릭한다.

5. 다음 화면에서 Server only 옵션을 선택한다. 숙련된 데이터베이스 관리자라면 설치 시 사용자 정의 옵션을 선택해도 된다. 그렇지 않다면 모든 후속 화면에서 기본값을 그대로 적용한다.

6. MySQL의 root 사용자 암호를 설정한다. 사용자명은 root가 될 것이다. 다음 절에서 사용할 것이므로 이 패스워드를 잊어버리지 말라.

7. 기본값을 승인해 구성 마법사를 완료한다.

지라를 위한 MySQL 준비

MySQL이 설치되면, MySQL에 연결하기 위한 첫 번째 지라 사용자를 생성해야 한다. 그 다음 모든 데이터를 저장하기 위해 새로운 데이터베이스를 생성한다.

1. 시작 > 모든 프로그램 > MySQL > MySQL Server 5.7 > MySQL 5.7 Command Line Client를 순서대로 선택해 MySQL Command Line Client를 시작한다.

2. 설치하면서 설정한 MySQL의 root 사용자 패스워드를 입력한다.

3. 다음 명령어를 사용해 데이터베이스를 생성한다.

```
create database jiradb character set utf8;
```

4. 이제 jiradb라는 이름으로 데이터베이스를 생성할 것이다. 이 데이터베이스 이름은 원하는 대로 부여할 수 있다. 1장 뒷부분에서 보겠지만, 이 이름은 지라가 MySQL을 연결할 때 참조할 것이다. 또한 지라의 요구 사항대로 데이터베이스가 UTF-8 문자 인코딩을 사용하도록 설정했다. 다음 명령어를 사용해 데이터 파손을 방지하기 위해 데이터가 InnoDB 스토리지 엔진을 사용하는 것을 확인할 필요가 있다.

```
grant all on jiradb.* to 'jirauser'@'localhost'
identified by 'jirauserpassword';
```

여기서 몇 가지 작업을 해야 한다. 첫 번째로 jirauser라는 사용자를 생성하고, 암호로 jirauserpassword를 지정한다. 사용자명과 패스워드는 다른 것으로 변경해야 한다.

또한 사용자가 테이블 생성/삭제, 그리고 데이터의 삽입과 삭제 같은 데이터베이스 작업을 수행할 수 있도록 방금 생성한 사용자에게 jiradb 데이터베이스에 대한 모든 권한을 부여해야 한다. 데이터베이스에 jiradb가 아닌 다른 이름을 부여했다면 명령을 변경해 그 데이터베이스 이름을 사용하도록 한다.

이것은 데이터 보안과 무결성을 보장하기 위해 (이전 명령에 지정된) 인증된 사용자만이 지라 데이터베이스에 접근하는 것이 가능하도록 통제하는 것을 허용한다.

5. 설정을 확인하기 위해 다음 명령어를 실행해 현재의 대화형 세션을 종료한다.

```
quit;
```

6. 새로운 대화형 세션을 새로 생성한 사용자로 시작한다.

```
mysql -u jirauser -p
```

7. 이전 명령어에서 jirauser에 설정한 암호를 입력하라는 메시지가 표시된다.

8. 다음 명령어를 사용한다.

```
show databases;
```

이 명령어는 현재 로그인한 사용자가 접근 가능한 모든 데이터베이스 목록을 보여준다. 데이터베이스 리스트 중에서 jiradb가 보여야 한다.

9. 다음 명령어를 실행해 jiradb 데이터베이스를 검사한다.

```
use jiradb;
show tables;
```

첫 번째 명령어는 jiradb 데이터베이스에 연결한다. 따라서 이후의 명령어는 올바른 데이터베이스에 대해 실행될 것이다.

두 번째 명령어는 jiradb 데이터베이스 내에 있는 모든 테이블 목록을 보여준다. 현재는 지라를 위해 생성된 테이블이 없기 때문에 리스트는 비어 있다. 걱정할 필요는 없다. 지라에 연결하자마자 모든 테이블이 자동으로 생성될 것이다.

지라 설치

자바 환경과 데이터베이스가 준비됐다면 지라를 설치할 수 있다. 일반적으로 설치에는 두 단계가 있다.

1. 지라 애플리케이션을 다운로드하고 설치
2. 지라 설정 마법사를 통한 실행

지라 입수와 설치

첫 번째 단계는 지라의 최신 안정 버전을 다운로드하는 것이다. http://www.atlassian.com/software/jira/download에서 애틀라시안 지라를 다운로드할 수 있다.

애틀라시안 웹사이트는 사용 중인 운영체제를 감지하고, 자동으로 다운로드할 설치 패키지를 제안한다. 지금 사용하는 운영체제가 아닌 다른 운영체제에 지라를 설치하려고 한다면, 올바른 운영체제 패키지를 선택해야 한다.

앞에서 언급한 것처럼 윈도우 환경에선 윈도우 설치 패키지와 자동 압축 풀림 ZIP 패키지가 있다. 여기에선 실습을 목적으로 설치 패키지를 사용할 것이다(윈도우 64비트 설치 파일).

1. 다운로드한 설치 파일을 더블클릭해 설치 마법사를 시작한다. 계속 진행하기 위해 Next 버튼을 클릭한나.

2. Custom Install 옵션을 선택하고, 진행을 계속하기 위해 Next 버튼을 클릭한다. Custom installation^{사용자 정의 설치}을 사용하면 지라의 설치 위치를 결정할 수 있고, 많은 구성 선택 옵션을 제공한다.

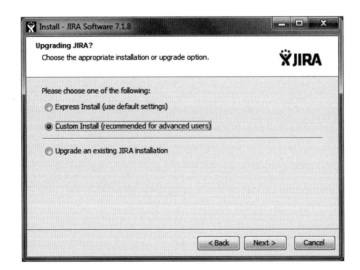

3. 지라가 설치될 디렉터리를 선택한다. 이 디렉터리는 JIRA_INSTALL 디렉터리가 될 것이다. 진행을 계속하기 위해 Next 버튼을 클릭한다.

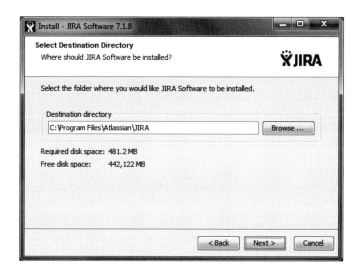

4. 지라에서 첨부 파일과 로그 파일 같은 데이터 파일을 어디에 저장할 것인지 선택한다. 이 디렉터리는 JIRA_HOME 디렉터리가 될 것이다. 진행을 계속하기 위해 Next 버튼을 클릭한다.

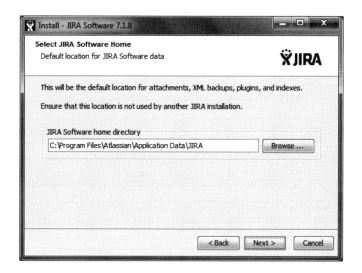

5. 시작 메뉴에 바로 가기를 만들기 원하는 곳을 선택하고, 진행을 계속하기 위해 Next 버튼을 클릭한다.

6. Configure TCP Ports 단계에서 지라가 들어오는 연결 요청들을 수신할 포트를 선택해야 한다. 기본적으로 지라는 8080포트에서 실행된다. 8080포트가 다른 애플리케이션에서 사용하고 있거나 지라를 80포트와 같이 다른 포트에서 실행하고 싶다면, Set custom value for HTTP and Control port 옵션을 선택하고 사용할 포트 번호를 지정한다. 진행을 계속하기 위해 Next 버튼을 클릭한다.

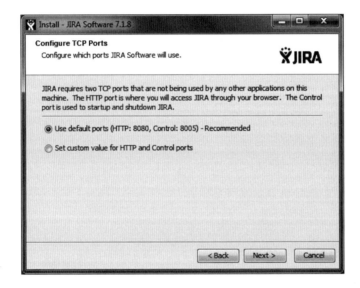

7. 지라를 서비스로 운영할 것인지 선택한다. 이 옵션을 활성화하면 지라는 시스템 서비스로 설치돼 서버에서 자동으로 구동되도록 구성된다. 자세한 내용은 '지라의 시작과 종료' 절을 참고하라.

8. 마지막 단계로 모든 설치 옵션을 확인하고 Install 버튼을 클릭하면 설치가 시작된다.

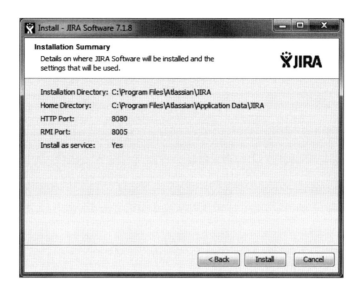

9. 설치가 완료되면 브라우저에서 Launch JIRA Software in browser를 선택하고 Finish 버튼을 클릭한다. 설치 마법사가 종료되고 지라에 접속할 웹 브라우저가 열린다. 지라가 처음 시작해 로드되기까지 몇 분이 걸릴 수 있다.

지라를 위해 MySQL 데이터베이스 드라이버를 설치해야 하므로, 설치가 성공했는지 확인하기 위해 바로 브라우저에서 지라를 실행한다.

MySQL 드라이버 설치

지라는 MySQL 데이터베이스 드라이버를 함께 제공하지 않는다. 따라서 직접 설치해야 한다. http://dev.mysql.com/downloads/connector/j/에서 필요한 드라이버를 다운로드할 수 있다. 다운로드가 완료되면 드라이버 jar 파일을 JIRA_INSTALL/lib 디렉터리로 복사해 드라이버를 설치할 수 있다. 이후 지라를 다시 시작해야 한다. 앞의 9단계에서 지라를 윈도우 서비스로 설치했다면 '지라의 시작과 종료' 절을 참고한다.

 Platform Independent 옵션을 선택하고, JAR 또는 TAR 아카이브를 다운로드해야 한다.

지라 설치 마법사

지라는 설치에서 구성까지 간단한 6단계로 사용하기 쉬운 설치 마법사를 제공한다. 데이터베이스 연결, 기본 언어, 그리고 그 외 다른 사항을 구성할 수 있다. 브라우저에서 http://localhost:〈port number〉로 접속해 마법사에 접속할 수 있다. 여기서 〈port number〉는 설치 중 6단계에서 지라에 지정한 번호다.

마법사의 첫 번째 단계에서 지라를 어떻게 설정할 것인지 선택해야 한다. 지라를 생산 목적으로 설치하므로 I'll set it up myself 옵션을 선택할 것이다.

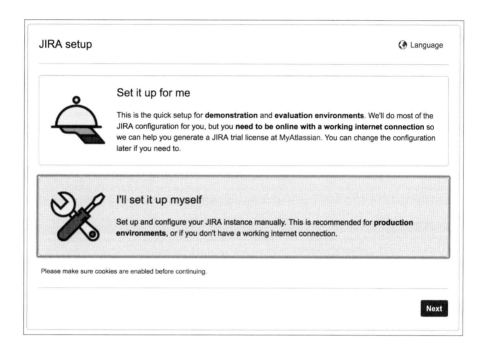

두 번째 단계에서 사용할 데이터베이스를 선택해야 한다. 1장 앞에서 이미 생성한 MySQL 데이터베이스를 사용하도록 지라를 구성한다. 만약 Built In 옵션을 선택하면 지라는 번들로 제공되는 메모리 데이터베이스를 사용한다. 이는 평가 목적으로 적당하다. 경우에 따라 적절한 데이터베이스를 사용하길 원한다면 My Own Database를 선택해야 한다.

Database setup

Database
Connection

○ Built In (for evaluation or demonstration)

● My Own Database (recommended for production environments)

Built in database can be migrated to a database of your own later.

Learn more about connecting JIRA to a database.

Database Type   MySQL   ⇕

✓   JIRA requires that you download and install the MySQL driver. You will have to restart JIRA after installing the driver. Please consult our documentation for more information.

Hostname

Hostname or IP address of the database server.

Port   3306

TCP Port Number for the database server.

Database

The name of the database to connect to.

Username

The username used to access the database.

Password

The password used to access the database.

Next   Test Connection

Built In 옵션은 평가 목적으로 지라를 올려 빠르게 실행하는 데 적합하다.

My Own Database 옵션을 선택하면 데이터베이스 연결 상세 정보를 요구하기 위해 마법사가 확장된다. 필요한 데이터베이스 드라이버가 설치되지 않았다면, 지라는 이전 화면에서 보였던 것처럼 메시지를 표시할 것이다.

데이터베이스에 대한 세부 항목을 채우고 나서 지라가 데이터베이스에 연결이 가능한지 검사하기 위해 Test Connection 버튼을 먼저 클릭해보는 것이 좋다. 모든 것이 올바르게 설정되면 지라는 성공 메시지를 보고할 것이다. Next 버튼을 클릭하면 다음 단계로 이동한다. 지라가 필수 데이터베이스 객체들을 바로 생성할 것이기 때문에 몇 분 정도 시간이 걸릴 수 있다. 이 작업이 완료되면 마법사 3단계로 이동한다.

세 번째 단계에선 지라 인스턴스에 대한 일부 기본적인 세부 사항을 제공해야 한다. 필요한 속성들에 대한 내용을 모두 채우고 Next 버튼을 클릭해 마법사의 4단계로 이동한다.

Set up application properties

Existing data? You can import your data from another installed or hosted JIRA server instead of completing this setup process.

Application Title	Your Company JIRA
	The name of this installation.
Mode	● Private
	Only administrators can create new users.
	○ Public
	Anyone can sign up to create issues.
Base URL	http://localhost:8080
	The base URL for this installation of JIRA.
	All links created will be prefixed by this URL.

Next

네 번째 단계에서 지라의 라이선스 키를 제공해야 한다. 이미 애틀라시안으로부터 라이선스를 획득한 경우는 라이선스 키를 Your License Key 텍스트 박스에 붙여 넣는다. 라이선스 키를 갖고 있지 않은 경우, generate a JIRA trial license 링크를 클릭해 평가용 라이선스를 생성할 수 있다. 평가 라이선스는 한 달 동안 지라의 모든 기능에 대한 접근을 허용한다. 평가 기간이 끝난 후에는 새로운 이슈를 생성할 순 없지만 데이터에는 접근 가능하다.

다섯 번째 단계에서 지라의 관리자 계정을 설정할 수 있다. 이 계정의 세부 사항을 어딘가에 안정되게 보존하고 암호를 잃어버리지 않는 것이 중요하다. 지라는 실제 암호 자체 대신, 패스워드의 해시값을 저장하기 때문에 암호를 추출할 수 없다. 관리자 계정의 세부 사항을 채우고 Next 버튼을 클릭해 여섯 번째 단계로 이동한다.

root 계정은 중요하다. 나중에 시스템을 조정하거나 문제를 해결할 수 있다. root 계정의 암호를 잃어버리면 안 된다.

여섯 번째 단계에선 이메일 서버의 세부 사항을 설정할 수 있다. 지라는 알림 이메일 관련해 여기에 구성된 정보를 이용한다. 알림 기능은 지라의 매우 강력한 기능 가운데 하나이며, 지라가 사용자와 소통하는 주된 방법 가운데 하나다. 이메일 서버 정보를 갖고 있지 않은 경우, Later 옵션을 선택하고 Finish 버튼을 클릭해 이 단계를 건너뛸 수 있다. 8장, '이메일과 알림'에서 볼 수 있듯이 이메일 서버를 나중에 설정할 수 있다.

축하한다! 성공적으로 지라의 설정을 끝냈다. 이제 지라는 기본 언어 및 프로필 그림 등 새로운 계정을 구성할 것을 요청할 것이다. 화면상의 대화를 따라 계정을 설정하고, 이를 완료하면 다음 화면처럼 지라 대시보드가 보여야 한다.

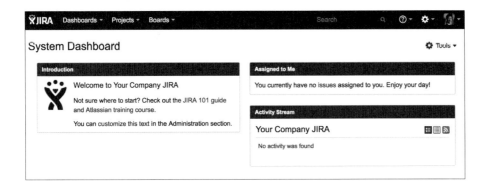

지라의 시작과 종료

지라가 윈도우 서비스로 설치됐기 때문에, **시작 > 제어판 > 관리 도구 > 서비스**를 선택해 윈도우 서비스 콘솔을 통해 지라를 시작, 종료, 재시작할 수 있다. 다음 그림에서 보는 바와 같이 서비스 콘솔에서 Atlassian JIRA를 찾아 애플리케이션을 종료하고 시작하는 것이 가능하다.

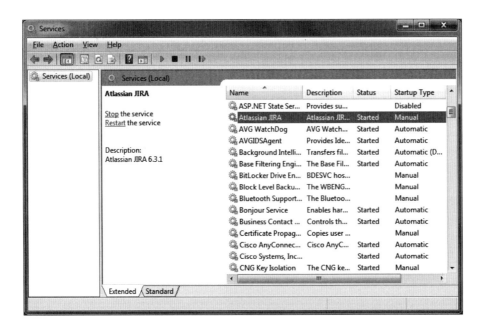

설치 후 구성

설치 후 구성^{post-installation configuration} 단계는 필요와 환경에 따른 선택 사항이다. 평가 목적으로 지라를 설치한 경우에는 아마도 다음 단계를 수행할 필요가 없을 것이다. 그러나 참고 사항으로 이러한 것에 익숙해지는 것은 좋은 습관이다.

 다음 절에서 언급한 대로 변경한 후 지라를 다시 시작해야 한다.

지라 메모리 확장

일반적으로 지라의 기본 메모리 설정은 작은 규모에서 중간 규모의 배포에 충분하다. 그러나 지라의 적용 비율이 늘어남에 따라, 기본적으로 할당된 메모리의 용량이 더 이상 충분하지 않다는 것을 알게 될 것이다. 1장에서 설명했듯이 지라가 윈도우 서비스로 실행되고 있다면, 다음과 같이 메모리를 증가시킬 수 있다.

1. 지라 윈도우 서비스 이름을 찾아라. 윈도우 콘솔에서 Atlassian JIRA 서비스를 클릭해 수행할 수 있다. 서비스 이름은 실행 파일 경로^{path to executable} 필드에서 //RS// 뒷부분이 될 것이다. 예를 들면 JIRA150215215627이다.

2. 새로운 명령 프롬프트를 열고, 현재 작업 디렉터리를 JIRA_INSTALL/bin으로 변경한다.

3. 지라의 실제 서비스 이름으로 다음 명령어를 실행한다.

```
tomcat7w //ES//<JIRA Windows service name>
```

4. Java 탭을 선택하고, Initial memory pool과 Maximum memory pool 크기를 업데이트하고 OK를 클릭한다.

5. 변경 사항을 적용하기 위해 지라를 다시 시작한다.

지라를 윈도우 서비스로 실행하지 않는 경우, JIRA_INSTALL/bin 디렉터리에 있는 setenv.bat 파일(윈도우의 경우)이나 setenv.sh(리눅스의 경우)를 연다. 그리고 다음 행으로 이동한다.

```
set JVM_MINIMUM_MEMORY="384m"
set JVM_MAXIMUM_MEMORY="768m"
```

두 매개변수parameters의 값을 변경하고 지라를 다시 시작한다. 일반적으로 4GB(4096m) 메모리는 수백 명의 사용자가 사용하는 상당히 큰 지라 인스턴스를 지원할 만큼 충분하다.

 지라에 인스턴스를 할당하기 전에 충분한 물리적인 RAM이 이용 가능한지 확인해야 한다.

지라 포트 번호와 컨텍스트 경로 변경

설치 과정 가운데 설치 마법사에서 지라로 들어오는 연결을 수신해야 하는 포트를 결정했다. 기본값을 수락한 경우, 포트 번호는 8080이다. JIRA_INSTALL/conf 디렉터리에서 server.xml 파일을 텍스트 편집기로 열어 포트 설정을 변경할 수 있다. 이 파일의 관련 내용을 살펴보자.

```
<Server port="8005" shutdown="SHUTDOWN">
```

이 행은 지라/톰캣을 종료하기 위한 명령어에 대한 포트를 지정한다. 기본적으로 해당 포트는 8005이다. 이미 이 포트에서 다른 애플리케이션이 수행하고 있다면(일반적으로 또 다른 톰캣 인스턴스), 다른 포트로 변경해야 한다.

```
<Connector port="8080" protocol="HTTP/1.1">
```

이 행은 지라/톰캣이 동작하는 포트를 지정한다. 기본적으로 8080포트를 사용한다. 해당 포트에 다른 애플리케이션이 실행되고 있거나 포트가 다른 이유로 사용할 수 없다면, 또 다른 이용 가능한 포트로 변경해야 한다.

```
<Context path="/jira" docBase="${catalina.home}/atlassian-jira"
reloadable="false" useHttpOnly="true">
```

이 행은 지라가 실행되는 컨텍스트를 지정한다. 기본적으로 이 값은 비어 있으며, 지라가 http://hostname:portnumber로부터 접근이 가능함을 의미한다. 컨텍스트를 지정하면 URL은 http://hostname:portnumber/context가 될 것이다. 이번 예제에서 JIRA는 http://localhost:8080/jira로 접근이 가능하다.

HTTPS 구성

기본적으로 지라는 암호화되지 않은 표준 HTTP 프로토콜로 실행된다. 내부 네트워크와 같은 보안 환경에서 지라를 실행하는 경우 HTTP로 실행하는 것이 허용된다. 그러나 지라에 대한 인터넷을 통한 접근을 허용할 계획이라면, HTTPS(HTTP over SSL)를 적용함으로써 전송되는 사용자명과 암호와 같은 중요한 데이터를 암호화해 보안을 강화해야 한다.

독립형 설치에선 다음 작업을 수행해야 한다.

1. 인증서 획득 및 설치

2. 애플리케이션 서버(톰캣)에 HTTPS 적용

3. HTTPS로 트래픽 리디렉션Redirection

우선 디지털 인증서가 있어야 한다. 인증서는 베리사인VeriSign(CA 인증서) 같은 인증 기관에서 발급받거나 자체 서명해 인증서를 생성할 수 있다. CA 인증서는 데이터를 암호화할 뿐 아니라, 사용자에 대한 지라의 복사본을 동일시한다. 자체 서명된 인증서는 유효한 CA 인증서를 갖고 있지 않은 경우에 암호화를 위해 HTTPS 설정에만 관심이 있는 경우 유용하다. 자체 서명된 인증서는 인증 기관에서 서명한 것이 아니기 때문에 대중에게 사이트를 식별토록 할 수 없으며, 사용자가 처음 방문 시 신뢰할 수 없는 사이트라고 경고가 표시된다. 그러나 평가 목적으로는 적절한 CA 인증서를 얻을 때까지 자체 서명된 인증서로도 충분하다.

실습 목적으로 모든 절차를 설명하기 위해 자체 서명된 인증서를 생성할 것이다. CA 인증서를 갖고 있다면 다음 단계를 건너뛰어도 된다.

설치 패키지를 사용하는 경우, 자바는 JIRA_HOME/jre/bin 디렉터리에 keytool이라는 유용한 인증서 관리 도구가 함께 제공된다. 만약 자체적인 자바 설치 버전을 이용한다면, JAVA_HOME/bin에서 keytool을 찾을 수 있다.

자체 서명한 인증서를 생성하기 위해, 명령 프롬프트에서 다음 명령어를 실행한다.

```
keytool -genkey -alias tomcat -keyalg RSA
keytool -export -alias tomcat -file file.cer
```

이 명령어는 키 스토어^{keystore} 한 개를 생성하고(아직 존재하고 있지 않은 경우), 자체 서명한 인증서(file.cer)를 내보낸다. 첫 번째 명령어를 실행할 때 키 스토어와 톰캣의 암호를 설정하도록 요청 받을 것이다. 둘 모두에 대해 동일한 암호를 사용해야 한다. 기본 암호는 'changeit'이다. 다른 암호를 지정할 수 있지만, 나중에 살펴볼 것처럼 지라/톰캣이 알 수 있도록 해야 한다.

인증서가 준비되면, 톰캣이 사용할 수 있도록 인증서를 신뢰할 수 있는 저장소^{trust store}로 가져와야 한다. 다시 말하지만 자바에 있는 keytool 애플리케이션을 사용할 것이다.

```
    keytool -import -alias tomcat -file file.cer
JIRA_HOME\jre\lib\security\cacerts
```

이 명령어는 인증서를 여러분이 신뢰할 수 있는 저장소로 가져와 지라/톰캣이 HTTPS를 설정하는 데 사용될 수 있다.

톰캣에 HTTPS를 활성화하려면 JIRA_INSTALL/conf 디렉터리에 있는 server.xml 파일을 텍스트 편집기로 열고, 다음과 같은 설정 부분을 찾는다.

```
<Connector port="8443" maxHttpHeaderSize="8192" SSLEnabled="true"
maxThreads="150" minSpareThreads="25" maxSpareThreads="75"
enableLookups="false" disableUploadTimeout="true"
acceptCount="100" scheme="https" secure="true"
clientAuth="false" sslProtocol="TLS"     useBodyEncodingForURI="true"/>
```

이것은 지라/톰캣의 8443포트에 HTTPS를 활성화한다. 키 스토어에 다른 암호를 선택했다면 종료 대그 앞의 코드 부분의 미지막에 다음 행을 추가해야 한다.

```
keystorePass="<password value>"
```

마지막 단계는 지라가 비 HTTP 요청을 HTTPS로 자동으로 리다이렉트하도록 지라를 설정하는 것이다. JIRA_INSTALL/JIRA_INSTALL/atlassian-jira/WEB-INF 디렉터리에서 wcb.xml 파일을 찾아서 열고, 파일에서 끝부분의 </web-app> 종료 태그 앞에 다음 코드를 추가한다.

```
<security-constraint>
  <web-resource-collection>
    <web-resource-name>all-except-attachments</web-resource-name>
    <url-pattern>*.js</url-pattern>
    <url-pattern>*.jsp</url-pattern>
    <url-pattern>*.jspa</url-pattern>
    <url-pattern>*.css</url-pattern>
    <url-pattern>/browse/*</url-pattern>
  </web-resource-collection>
  <user-data-constraint>
    <transport-guarantee>CONFIDENTIAL</transport-guarantee>
  </user-data-constraint>
</security-constraint>
```

이제 http://localhost:8080/jira처럼 일반적인 HTTP URL로 지라에 접근할 때 자동으로 대응하는 HTTPS URL인 https://localhost:8443/jira로 리다이렉트 될 것이다.

▌ 요약

지라는 단순한 설치 과정에서 나타나듯 간단하지만 강력한 애플리케이션이다. 지라를 설치하고 구성할 때 광범위하고 다양한 옵션을 선택할 수 있다. 운영체제, 데이터베이스뿐만 아니라 여러 가지 사항을 요구 사항에 가장 잘 맞게 조합하고 맞출 수 있다. 가장 좋은 부분은 전체를 오픈소스 소프트웨어로 구성할 수 있어, 비용을 절감하면서도 동시에 신뢰성 있는 인프라 구조를 제공할 것이라는 점이다.

2장에선 지라의 다양한 측면을 자세히 들여다볼 것이다. 프로젝트 설정으로 시작해 지라의 설치에 대한 모든 주요 개념에 대해 이야기한다.

02

비즈니스 프로젝트에
지라 사용하기

처음에 지라는 소프트웨어 개발 팀이 프로젝트의 문제점이나 이슈를 더 잘 추적하고 관리하도록 돕는 버그 추적 시스템으로 시작했다. 수년 동안 지라는 애자일을 위한 지원을 추가했다. 나중에는 여러 프로젝트를 각 프로젝트마다 각자의 기능과 사용자 인터페이스를 가진 하나의 공용 서비스 데스크로 운용할 수 있게 함으로써 프로젝트의 개념과 기능을 확장했다. 이 모든 새로운 추가 사항으로 인해, 특히 신규 사용자에게는 다소 혼란을 주었다. 지라 7부터 애틀라시안은 프로젝트 사용 방법을 직관적이고 사용자가 빨리 시작할 수 있도록 개선했다.

2장에선 가장 기본적인 프로젝트 유형인 비즈니스 프로젝트에 초점을 둘 것이다. 이 프로젝드는 지라에서 제공하는 세 기지 에플리케이션 유형인 코어Core, 소프트웨어 Software 및 서비스 데스크Service Desk 모두에서 사용할 수 있다. 그 다음 지라가 프로젝트를 조작하기 위해 관리자와 일반 사용자에게 제공하는 다양한 사용자 인터페이스를 살펴볼 것이다. 또한 프로젝트의 컨텍스트에서 처음으로 권한을 소개하며 이에 관해선 이후에 확장할 것이다. 비즈니스 프로젝트는 기본적인 프로젝트 유형이기 때문에, 2장에서 다루는 대부분의 개념은 특수한 유형의 프로젝트에도 적용 가능하다.

2장에서 학습하는 내용은 다음과 같다.

- 지라 프로젝트 타입 및 템플릿
- 지라에서 프로젝트 관리를 위한 다양한 사용자 인터페이스
- 지라에서 새로운 프로젝트 생성 방법
- 다른 시스템에서 지라로 데이터를 가져오는import 방법
- 프로젝트 관리와 구성 방법
- 컴포넌트와 버전 관리 방법

▌ 프로젝트 타입 이해하기

지라 7을 시작하면서, 프로젝트 타입이라는 새로운 개념이 도입된다. 프로젝트 타입은 사용자의 프로젝트를 위한 기능과 프로젝트 내에서 정보를 표현하는 데 사용될 사용자 인터페이스를 정의한다. 또한 각각의 프로젝트 타입은 하나 이상의 템플릿 Template을 제공하며 이 템플릿은 빠르게 시작할 수 있도록 해주는 일련의 사전 정의된 구성이다. 다음 그림은 지라 소프트웨어 설치에서 프로젝트 타입과 그 템플릿을 보여준다.

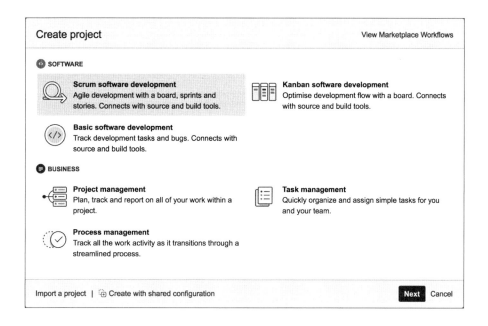

 Software 하위의 템플릿은 지라 소프트웨어 패키지에 포함돼 있다. 그렇지 않고 지라 코어가 실행되고 있다면 Business 하위의 템플릿만 보일 것이다.

Software 프로젝트 타입 아래에 있는 Scrum software development 템플릿을 사용해 프로젝트를 생성하면, 프로젝트는 스크럼 보드와 스크럼 방식으로 작업하기 위해 고안된 일련의 구성 설정을 제공할 것이다. 반면 Business 프로젝트 아래에 있는 Task management 템플릿을 선택하면, 프로젝트는 태스크 관리를 위해 고안된 다른 사용자 인터페이스를 갖게 될 것이다.

비즈니스 프로젝트

앞서 본 바와 같이 지라는 수많은 프로젝트 타입을 제공한다. 이는 어떤 애플리케이션이 설치됐는가에 따라 달라진다. 비즈니스 프로젝트 타입은 지라 코어의 일부이기 때문에 모든 설치 패키지에서 사용할 수 있다.

비즈니스 프로젝트는 지라 7 이전에 지라가 동작했던 방식과 매우 유사하다. 이는 다양하게 커스터마이징 가능하고, 일반적인 테스크 추적 시스템으로 동작했다. 비즈니스 프로젝트 타입과 템플릿은 사용자가 쉽게 테스크를 생성하고 진척도를 쉽게 추적하고 리포트할 수 있도록 해주는 데 초점을 두었다.

지라는 프로젝트를 설정하는 방법에 대한 아이디어를 제공하기 위해 세 가지 내장 템플릿이 있다. 각 템플릿은 워크플로우, 필드와 같은 사전 정의된 구성 설정을 갖고 있다. 사용자는 이 템플릿을 그대로 사용하거나 필요에 따라 커스터마이징할 수 있다.

▌ 지라 권한

지라에서 프로젝트로 작업하기에 앞서 우선 권한의 개념을 조금 이해할 필요가 있다. 권한은 큰 주제이고 9장, '지라 보안'에서 자세히 다룰 것이다. 지금은 프로젝트 생성, 삭제, 관리 및 브라우징에 관련된 권한에 대해 간단히 언급할 것이다.

지라에서 관리자 권한을 가진 사용자는 프로젝트를 생성하고 삭제할 수 있다. 기본적으로 지라 관리자^{JIRA Administrator} 그룹에 속한 사용자는 이 권한을 갖게 되며, 1장, '지라 시작하기'의 설치 과정에서 생성한 관리자 계정은 새로운 프로젝트를 생성할 수 있다. 이러한 권한을 가진 사용자를 지라 관리자라 할 것이다.

어떤 프로젝트에서, 프로젝트에 대한 Administer Project 권한을 가진 사용자는 프로젝트 구성 설정을 관리할 수 있다. 다음 절에서 보게 되겠지만, 이것은 이 권한을 가진 사용자들이 주어진 프로젝트에 대한 Project Administration 인터페이스에 접근 권한을 갖고 있음을 의미한다. 해당 사용자가 프로젝트 세부 사항을 업데이트하고, 버전과 컴포넌트를 관리하며, 프로젝트에서 사용되는 워크플로우와 같은 뷰 설정을 관리할 수 있을 뿐 아니라 해당 프로젝트에 대해 누가 접근 가능토록 할 것인가를 결정하게 한다. 기본적으로 지라 관리자는 이 권한을 갖는다.

만약 사용자가 주어진 프로젝트 내용을 브라우징할 필요가 있다면, 해당 프로젝트에 대한 **Browse Project** 권한이 있어야 한다. 이것은 사용자가 해당 프로젝트에 대해 프로젝트 브라우저 인터페이스에 접근할 수 있음을 의미한다. 기본적으로 지라 관리자는 이 권한을 갖는다.

▌ 프로젝트 생성

새로운 프로젝트를 생성하기 위한 가장 쉬운 방법은 상단의 내비게이션 바의 **Projects** 드롭다운 메뉴에서 **Create Project** 메뉴 옵션을 선택하는 것이다. 그러면 **Create project** 대화 상자가 나타난다. 설명된 바와 같이 프로젝트를 생성하려면 (설치 동안에 생성한 사용자와 같은) 지라 관리자 권한이 필요함을 기억하자. 이 옵션은 권한을 갖고 있는 경우에만 사용 가능하다.

Create project 대화 상자에서 **Business** 제목 아래에서 사용할 템플릿을 선택하고 **Next**를 클릭하자. 다음 페이지에서 지라는 선택한 템플릿에 대해 사전 정의된 구성 설정들을 보여줄 것이다. 이 예제에선 작업 관리^{Task management} 템플릿을 선택했고 따라서 지라는 두 가지 이슈 타입과 두 단계로 구성된 매우 단순한 워크플로우를 제공한다.

 지라는 새로운 프로젝트가 생성되면 선택한 템플릿에 따라 새로운 구성 스킴을 생성할 것이다.

 프로젝트가 생성되면 이러한 구성 설정을 변경할 수 있다.

마지막인 세 번째 단계로, 새로운 프로젝트 세부 사항을 제공해야 한다. 프로젝트 키가 구성된 포맷을 따르는지 확인하는 등 지라는 세부 사항을 확인하는 데 도움을 줄 것이다. 프로젝트 세부 사항을 채운 후, 새로운 프로젝트 생성을 위해 Submit 버튼을 클릭한다.

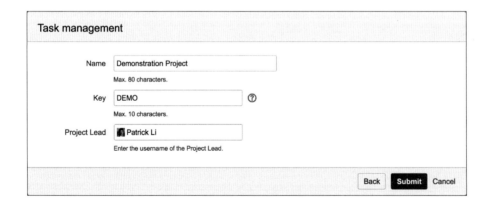

다음 표는 새로운 프로젝트 생성 시 제공해야 하는 정보 목록이다.

필드	상세 설명
Name	프로젝트의 고유한 이름이다.
Key	프로젝트의 고유한 식별 키(Key)이다. 프로젝트 이름을 입력하면, 지라는 자동으로 프로젝트 이름을 기반으로 한 키를 생성한다. 그러나 자동 생성된 키를 원하는 값으로 변경할 수 있다. 이 키는 나중에 변경할 수도 있다. 또한 프로젝트 키는 프로젝트에서 생성되는 이슈들에 대해 이슈 키의 앞 부분이 된다.
Project Lead	프로젝트 리더는 이슈 자동 할당에 사용될 수 있다. 프로젝트마다 오직 한 명의 프로젝트 리더만을 가질 수 있다. 이 옵션은 지라가 한 명 이상의 사용자를 갖고 있는 경우에만 사용 가능하다.

새로운 프로젝트를 생성하면 프로젝트 브라우저^{Project Browser} 인터페이스로 이동하게 될 것이다. 이 프로젝트 브라우저는 이후 절에서 다룬다.

프로젝트 키 형식 변경

새로운 프로젝트를 생성할 때 프로젝트 키가 특정 형식과 길이로 돼야 함을 알게 될 것이다. 기본적으로 프로젝트 키는 다음 기준을 준수해야 한다.

- 두 개 이상의 문자를 포함해야 한다.
- 문자 길이가 10을 초과할 수 없다.
- 오직 문자만 포함해야 한다. 숫자는 포함하면 안 된다.

덜 제한적인 규칙을 갖도록 기본 형식을 변경할 수도 있다.

 이러한 변경은 고급 사용자를 위한 것이다.

먼저 프로젝트 키 길이를 변경하는 방법은 다음과 같다.

1. 지라 관리 콘솔로 이동한다.

2. System 탭을 선택하고 General Configuration 옵션을 선택한다.

3. Edit Settings 버튼을 클릭한다.

4. Maximum project key size 옵션의 값을 2에서 255(포함) 사이의 값으로 변경한다. 그리고 변경 사항을 적용하기 위해 Update 버튼을 클릭한다.

프로젝트 키 포맷 변경은 조금 더 복잡하다. 지라에선 포맷이 어떤 형식이어야 하는가를 정의하기 위해 정규 표현식을 사용한다. 프로젝트 키 포맷을 변경하는 방법은 다음과 같다.

1. 지라 관리 콘솔로 이동한다.

2. System 탭을 선택하고 General Configuration 옵션을 선택한다.

3. Advanced Settings 버튼을 클릭한다.

4. jira.projectkey.pattern 옵션에 대해 (([A-Z][A-Z]+)) 값 위로 마우스를 옮긴 후 클릭한다. 예를 들어 프로젝트 키에 숫자를 사용하고 싶다면 ([A-Z][A-Z0-9]+)를 적용한다.

5. 프로젝트 키 포맷에 대한 새로운 정규 표현식을 입력하고 Update를 클릭한다.

프로젝트 키 포맷 설정 시 몇 가지 규칙이 있다.

- 프로젝트 키는 반드시 문자로 시작해야 한다.
- 모든 문자는 반드시 대문자여야 한다. 즉, (A-Z)만 가능하다.
- 오직 문자, 숫자, 밑줄 문자만 사용이 가능하다.
- 새로운 패턴은 기존의 프로젝트의 프로젝트 키와 호환돼야 한다.

프로젝트 사용자 인터페이스

지라에는 두 가지 특징적인 프로젝트 인터페이스가 있다. 첫 번째는 프로젝트 브라우저Project Browser라고 부르며, 일반 사용자에게 프로젝트 진행 사항과 관련된 유용한 정보를 보고서와 통계를 통해 제공하기 위해 설계됐다.

두 번째 인터페이스는 프로젝트 관리Project Administration라고 부르며, 프로젝트 관리자가 권한과 워크플로우 같은 프로젝트 환경 설정을 통제할 수 있도록 설계됐다.

프로젝트가 생성되면 처음으로 보게 되는 인터페이스가 프로젝트 브라우저이다. 프로젝트 브라우저 인터페이스에 대해 설명한 후 프로젝트 관리 인터페이스에 대해 알아볼 것이다.

프로젝트 브라우저

프로젝트 브라우저는 지라를 갖고 있는 대부분의 사용자가 사용하는 인터페이스이다. 프로젝트에 대한 홈페이지처럼 동작하며 프로젝트 내 최근 활동, 보고서 및 소스 제어와 지속적인 통합 같은 타 연동 시스템 정보 등 유용한 정보를 제공한다. 실제 프로젝트 브라우저 인터페이스는 프로젝트 타입에 따라 달라지므로, 인터페이스 종류는 다양할 것이다. 예를 들어 스크럼 소프트웨어 개발 프로젝트는 기본 뷰로 다음 그림처럼 애자일 보드를 보여줄 것이다.

일반적인 작업 관리 같은 비즈니스 프로젝트에 대해 프로젝트 브라우저는 다음 그림과
같이 프로젝트에서 가장 최근 업데이트 항목을 보여주는 활동 스트림을 보여줄 것이다.

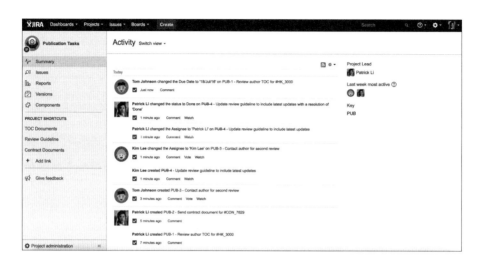

프로젝트 브라우저 인터페이스에 접근하려면 간단히 프로젝트 드롭다운 메뉴나 View
All Projects모든 프로젝트 보기 옵션을 통해 프로젝트 리스트에서 프로젝트를 선택하면 된다.
프로젝트 브라우저를 사용하려면 Browse Project프로젝트 검색 권한이 필요함을 주의하라.
프로젝트 브라우저는 몇 개의 탭으로 구성되고, 이 탭에 대한 설명은 다음 표와 같다.

프로젝트 브라우저 탭	상세 설명
Summary	프로젝트에 대한 간략한 개요를 보여준다. 활동 뷰(activity view)와 통계 뷰(statistics view) 두 가지를 제공한다.
Issues	우선순위 및 상태와 같은 속성별 그룹화된 프로젝트 내 이슈들의 명세를 표시한다.
Reports	프로젝트 내 이슈에 기반해 생성할 수 있는 다양한 내장 및 사용자 정의 보고서를 포함하고 있다. 사용 가능한 보고서 형식은 프로젝트 타입에 따라 다양하다.
Versions	프로젝트 버전에 대한 요약 내용을 표시한다. 버전이 구성됐을 때만 사용 가능하다.
Components	컴포넌트와 컴포넌트 관련 이슈의 요약 정보를 표시한다. 프로젝트에 대한 컴포넌트 구성이 돼 있을 때만 이용 가능하다.
Project Shortcuts	프로젝트에 대한 상세 정보를 제공할 수 있도록 사용자가 북마크처럼 동작할 수 있는 사용자 정의 링크를 추가 가능하게 해준다.

요약 탭

요약^{Summary} 탭은 작업 중인 프로젝트에 대해 한 페이지짜리 뷰를 제공한다. 요약 탭은 활동 뷰와 통계 뷰를 제공한다. 활동 뷰는 프로젝트에서 발생한 최근 활동 내역을 표시하고, 통계 뷰는 프로젝트 내 이슈에 대한 많은 유용한 분석 내역을 제공한다. 예를 들어 다음 그림에서 Unresolved: By Assignee 같은 경우 각 사용자별로 얼마나 많은 이슈가 오픈, 할당돼 있는지 알려줘 프로젝트 팀이 자원 할당 계획을 더 잘할 수 있도록 해준다.

이슈 탭

이슈^{Issues} 탭은 기본적으로 프로젝트 내 모든 오픈된 이슈 목록을 제공한다. 이슈 탭은 이슈를 검색하기 위해 사용할 수 있는 다양한 사전 정의된 필터를 포함하고 있다. 다음 그림과 같이 목록에서 개별 이슈를 선택하면 더 자세한 정보를 볼 수 있다.

버전 탭과 컴포넌트 탭

버전Versions 탭과 컴포넌트Components 탭은 해당 프로젝트에 구성 설정된 모든 사용 가능한 버전과 컴포넌트 목록을 각각 보여준다. 버전과 컴포넌트는 프로젝트가 버전이나 컴포넌트를 포함하고 있을 때만 보인다.

▌ 프로젝트 관리 인터페이스

프로젝트 관리 인터페이스는 프로젝트 관리자가 프로젝트에 대한 설정과 구성을 관리할 수 있는 인터페이스이다. 예를 들어 프로젝트명, 프로젝트에서 사용 가능한 이슈 타입의 선택, 그리고 프로젝트 내의 컴포넌트 목록 관리를 할 수 있다. 오직 해당 프로젝트에 대해 프로젝트 관리자 권한을 가진 사용자만 이 인터페이스에 접근 가능하다.

프로젝트 관리 인터페이스에 접근하는 방법은 다음과 같다.

1. 관리하고자 하는 프로젝트의 프로젝트 브라우저로 이동한다.

2. 왼쪽 아래의 **Project Administrator** 옵션을 선택한다. 필요한 권한을 갖고 있지 않은 경우, 이 옵션이 보이지 않는다.

지라 관리자라면(설치 과정에서 생성한 사용자 등) **Project Administration** 인터페이스에서 다음과 같은 중요 작업을 수행할 수 있다.

- 프로젝트명, 설명, 아바타avatar 및 타입과 같은 프로젝트 세부 사항을 업데이트할 수 있다.
- 이슈 타입, 필드, 스크린 같은 프로젝트에서 사용자들이 작업할 때 나오는 것을 관리할 수 있다.
- 권한 설정 및 알림 기능을 제어할 수 있다.
- 사용 가능한 컴포넌트와 버전 목록을 관리할 수 있다.

 지라 관리자가 아니라면(전역적인 지라 관리자 권한을 갖고 있지 않다면), 현재 프로젝트의 구성만 볼 수 있다. 9장, '지라 보안'에서 권한에 대한 내용을 다룬다.

다음 화면은 선행하는 핵심 작업의 수행을 보여준다.

이 인터페이스는 관리자 자격을 가진 사용자가 프로젝트를 커스터마이징하는 인터페이스이다. 이 커스터마이징에 대해선 이후의 장에서 다룰 것이다.

요약 탭

단일 탭으로 구성된 첫 번째 그룹은 Summary 탭이다. 이 탭에서 지라는 프로젝트에 대한 현재의 모든 구성 설정에 대해 한 페이지짜리 뷰로 표시한다. 모든 설정이 자체적인 탭을 갖지는 않는다.

이 탭에선 다음과 같은 작업이 가능하다.

- 프로젝트 키와 타입을 포함한 프로젝트의 일반적인 정보 업데이트
- 프로젝트 카테고리를 설정해 다른 유사한 프로젝트와 함께 그룹화
- 검색 인덱스의 동기화가 어긋날 때 프로젝트 인덱스 재설정
- 프로젝트 삭제

컴포넌트 탭

Component 탭은 프로젝트 관리자가 프로젝트에 대한 컴포넌트를 관리할 수 있는 탭이다. 컴포넌트는 전체 프로젝트를 구성하는 하위 섹션으로 생각할 수 있다. 비즈니스 프로젝트에서 컴포넌트는 완료돼야 할 다양한 비즈니스 기능이나 운영이 될 수 있다. 다음 그림에선 현재 프로젝트에서 구성된 세 개의 컴포넌트(Print, Publication, Review)를 볼 수 있다.

지라에서 컴포넌트는 프로젝트에 종속된다. 다시 말해 한 프로젝트에 속한 컴포넌트는 다른 프로젝트에서 사용할 수 없다는 것을 의미한다. 이는 각 프로젝트에서 컴포넌트의 자체적인 설정 유지가 가능하도록 한다. 컴포넌트는 다음 표에서 볼 수 있듯이, 네 가지 정보 요소를 갖는다.

필드	상세 설명
Name	컴포넌트의 고유한 이름
Description	컴포넌트에 대한 자세한 설명을 제공하기 위한 부가 설명
Component Lead	컴포넌트에 대한 리더로서 단일 사용자를 선택할 수 있는 추가적인 필드. 예를 들어 소프트웨어 프로젝트에서 이 필드는 컴포넌트에 대한 주요 개발자가 될 수 있다.
Default Assignee	담당자 없이 이슈가 생성됐을 때 선택될 담당자를 지라에게 알려준다. 만약 이슈가 컴포넌트를 갖고 있다면, 지라는 이슈에 선택된 기본 담당자(Default Assignee)를 자동으로 할당할 것이다.

컴포넌트 생성

일부 이전 버전의 지라와 다르게, 새로운 컴포넌트를 페이지에서 생성할 수 있다.

1. 프로젝트의 **Components** 탭으로 이동한다.

2. 컴포넌트에 대한 고유한 이름을 제공한다. 지라는 해당 이름이 이미 사용 중인지 알려줄 것이다.

3. 새로운 컴포넌트에 대한 짧은 설명을 제공한다.

4. 컴포넌트에 대한 리더가 될 사용자를 선택한다. 입력을 시작하면 지라는 해당 기준에 맞는 선택 사항(사용자들)을 보여줄 것이다.

5. 컴포넌트에 대한 기본 담당자를 선택한다.

6. 새로운 컴포넌트를 생성하기 위해 **Add** 버튼을 클릭한다.

새로운 컴포넌트를 생성하면, 해당 컴포넌트는 기존 컴포넌트 리스트에 추가된다. 컴포넌트기 처음 생성되면 리스트 최상단에 위치하게 된다. 페이지를 새로고침하면 컴포넌트 리스트가 알파벳순으로 정렬된다.

컴포넌트 리더와 기본 담당자

컴포넌트의 유용한 기능 가운데 하나는 각각 컴포넌트에 기본 담당자를 할당하는 기능이다. 이것은 사용자가 컴포넌트를 가진 이슈를 생성하고 담당자를 자동^{Automatic}으로 지정할 때, 지라 시스템이 선택한 컴포넌트를 기반으로 담당자를 자동으로 할당한다는 것을 의미한다. 이것은 다양한 팀의 구성원이 서로를 알지 못하는 조직에서 매우 강력한 기능이다. 생성 시 이슈를 할당할 때, 해당 이슈를 누구에게 할당할지 결정하는 건 어려운 일이다. 이 기능을 사용하면 컴포넌트 리더가 기본 담당자가 되도록 설정할 수 있다. 그리고 올라온 이슈는 이후 해당 팀의 다른 팀원에게 위임할 수 있다.

 이슈가 (기본 담당자를 가진) 여러 컴포넌트에 관련돼 있는 경우, 알파벳순으로 정렬한 첫 번째 컴포넌트의 담당자가 기본 담당자로 사용된다.

버전 탭

Components 탭과 마찬가지로, Versions 탭은 프로젝트 관리자가 프로젝트에 대한 버전을 관리할 수 있도록 한다. 버전은 프로젝트에 대한 중요한 표식 역할을 한다. 프로젝트 관리에서 버전은 특정 시점을 나타낸다. 프로젝트가 제품 지향적이지 않다면, 버전은 관련성이 별로 없어 보일 수 있다. 그러나 버전은 이슈의 진행 상태 및 작업을 추적하고 관리하는 데 여전히 도움될 수 있다.

컴포넌트와 같이 버전 또한 다음 표에서 보듯이 여러 속성들을 갖는다.

필드	설명
Name	버전에 대한 고유한 이름이다.
Description	버전의 목적에 대해 상세한 설명을 제공하기 위한 부가 설명이다.
Start Date	이 버전에 대한 작업의 예상 착수 시점에 대한 날짜 표시이다.
Release Date	버전 출시 예정 날짜를 표시하는 부가적인 날짜이다. 출시 날짜에 해당 버전이 출시되지 않았다면, 날짜는 빨간색으로 강조 표시가 된다.

버전 생성

새로운 버전의 생성은 새로운 버전에 대한 필요한 세부 사항을 제공하고 **Add** 버튼을 클릭하면 되는 간단한 과정이다.

1. 대상 프로젝트의 **Versions** 탭으로 이동한다.

2. 버전에 대한 고유한 이름(예를 들어 1.1.0, v2.3)을 제공한다. 지라는 바로 해당 이름이 이미 사용되고 있는지 알려줄 것이다.

3. 새로운 버전에 대한 짧은 설명을 추가한다.

4. 날짜 선택자^{date picker}를 이용해 새로운 버전의 작업 착수 날짜와 출시 날짜를 선택한다.

5. 새로운 버전을 생성하기 위해 **Add** 버튼을 클릭한다.

컴포넌트와는 다르게 버전은 지라에 의해 자동으로 정렬되지 않는다. 따라서 수동으로 순서를 관리해야 한다. 버전 순서를 변경하기 위해서 마우스 포인터를 버전 왼쪽 부분으로 이동하면, 버전을 목록 위 아래로 드래그할 수 있다.

버전 관리

버전 위에 마우스 포인터를 올려놓으면, 오른쪽에 삭은 톱니바퀴 모양의 아이콘[cog icon]이 나타난다. 이 아이콘을 클릭하면 다음과 같은 선택 사항을 수행할 수 있다.

옵션	설명
Release	버전이 출시된 것(완료되거나 선적된 것을 의미)으로 표시한다. 버전이 출시될 때 지라는 선택된 버전에 대한 모든 이슈가 완료됐는가를 확인하기 위해 자동으로 점검한다. 이슈 처리가 불완전한 경우, 이러한 이슈를 무시하거나 다른 버전으로 넘길 것인지 묻는 메시지가 표시될 것이다. 버전이 이미 출시됐다면 해당 옵션 표시는 Unrelease(미출시)로 바뀌어 보일 것이다.
Build & Release	Release 옵션과 유사하나 소프트웨어 코드가 있는 경우 애틀라시안 뱀부(Bamboo)를 통한 빌드를 수행한다. 버전은 오직 빌드가 성공했을 때만 출시된다. 버전이 이미 출시됐다면 사용할 수 없다.
Archive	버전이 아카이브됐다는 것(archived: 버전이 추가 공지가 있을 때까지 저장되는 것을 의미)을 표시한다. 어떤 버전이 아카이브로 지정되면 해제될 때까지 버전을 출시하거나 삭제할 수 없다.
Delete	지라에서 해당 버전을 삭제한다. 즉, 지라는 이 버전에 관련된 이슈를 찾아 해당 이슈를 다른 버전으로 이동할지 여부를 물어볼 것이다.

앞선 표에서 설명한 옵션을 다음 화면에서 확인할 수 있다.

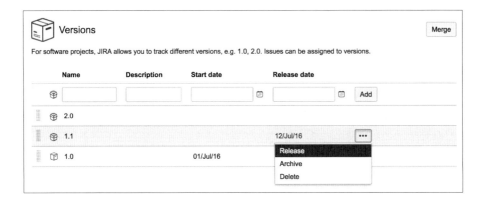

여러 버전을 병합(merge versions)할 수 있는 기능도 있다. 이 기능은 여러 버전을 하나로 통합하는 것을 가능하게 한다. 버전의 병합은 이슈를 한 버전에서 다른 버전으로 이동시킬 것이다.

그 밖의 탭

프로젝트 관리 인터페이스에는 여러 가지 다른 탭이 있다. 이러한 탭에 대한 세부 사항은 나중에 관련된 장에서 각각 다루므로 지금은 상세히 알아보지 않을 것이다. 그러나 다음 표에서 보는 바와 같이, 각 탭이 어떤 기능을 수행하는지 살펴본다.

탭	설명
Issue types	사용자가 프로젝트에 생성할 수 있는 이슈 타입을 통제한다. 예를 들어 여기에는 Bug, Improvements, Tasks 이슈 타입을 포함할 수 있다. 4장, '이슈 관리'에서 다룬다.
Workflows	진행하는 이슈의 워크플로우를 통제한다. 워크플로우는 일반적으로 조직에 있는 기존 프로세스를 모방하는 일련의 단계로 구성된다. 7장, '워크플로우와 비즈니스 프로세스'에서 다룬다.
Screens	지라에서 사용자가 이슈를 열람, 생성, 편집할 때 보는 화면이다. 6장, '스크린 관리'에서 다룬다.
Fields	지라 사용자가 이슈를 생성할 때 데이터를 수집하기 위해 사용한다. 지라는 기본 필드 세트를 함께 제공하고, 지라 관리자는 필요에 따라 부가적인 필드를 추가할 있다. 5장, '필드 관리'에서 다룬다.
Users and roles	프로젝트 관리자는 프로젝트 내의 역할을 정의하고 사용자에게 그 역할을 할당할 수 있다. 이러한 역할은 권한과 통보를 제어하는 데 사용된다. 9장, '지라 보안'에서 다룬다.
Permissions	누가 지라에서 어떤 작업을 수행하거나 접근 권한을 갖는지를 정의한다. 9장, '지라 보안'에서 다룬다.
Issue Security	사용자가 이슈의 보안 수준을 선택함으로써, 생성한 이슈를 볼 수 있는 사람을 통제할 수 있다. 9장, '지라 보안'에서 다룬다
Notifications	지라에는 특정 이벤트가 발생하면 이메일로 알리는 기능이 있다. 예를 들어 이슈가 업데이트되면 지라는 이슈 변경에 관련된 모든 사용자에게 이를 경고하는 이메일을 보낼 수 있다. 8장, '이메일과 알림'에서 다룬다.

▍ 지라로 데이터 가져오기

지라는 Bugzilla, GitHub, Trac 같은 잘 알려진 여러 이슈 트래킹 시스템에서 직접 데이터를 가져오는 것을 지원한다. 모든 가져오기 도구는 순차적으로 단계를 인도하는 마법사 기반의 인터페이스를 갖고 있다. 이러한 단계들은 약간의 차이가 있지만 대개 동일하다. 일반적으로 지라로 데이터를 가져올 때 수행하는 네 가지 단계는 다음과 같다.

1. 데이터 소스를 선택한다. 예를 들어 CSV로부터 가져오기를 한다면, CSV 파일을 선택한다. Bugzilla로부터 가져오기를 한다면, Bugzilla 데이터베이스 세부 사항을 제공한다.

2. 가져온 이슈가 들어갈 대상 프로젝트를 선택한다. 이것은 기존 프로젝트나 즉석에서 생성된 새로운 프로젝트가 될 수 있다.

3. 기존 시스템 필드를 지라 필드에 매핑한다.

4. 기존 시스템 필드 값을 지라 필드 값으로 매핑한다. 일반적으로 우선순위 priority 필드나 사용자 정의 선택 리스트 필드와 같은 선택 기반의 필드에 대해 이 작업이 필요하다.

CSV를 통한 데이터 가져오기

자라는 CSV 가져오기 도구를 제공, 쉼표(,)로 구분된 값 형식의 데이터를 가져오는 것을 허용한다. 이것은 대부분의 시스템이 CSV 형식으로 데이터를 내보내는 것이 가능하기 때문에 지라를 직접적으로 지원하지 않는 시스템에서 데이터를 가져오기를 원할 때 유용한 도구이다.

 테스트 인스턴스에 대해 시험적인 가져오기를 해볼 것을 권장한다.

CSV 파일을 통해 데이터를 가져오는 방법은 다음과 같다.

1. Projects 드롭다운 메뉴에서 Import External Project 옵션을 선택한다.

2. CSV 가져오기 옵션을 클릭하면 가져오기 마법사가 시작된다.

3. 먼저 Choose File 버튼을 클릭, 가져올 데이터가 들어 있는 CSV 파일을 선택한다.

4. 소스 파일을 선택한 다음, Advanced 섹션을 펼쳐 CSV 파일에서 사용되는 파일 인코딩과 분리자를 선택할 수 있다. 또한 이 섹션의 뒷부분에서 설명할 Use an existing configuration 옵션도 있다.

5. 진행을 위해 Next 버튼을 클릭한다.

6. 두 번째 단계로, 데이터를 가져와서 저장할 프로젝트를 선택해야 한다. 즉석에서 새로운 프로젝트를 생성하려면 **Create New**를 선택한다.

7. CSV 파일이 날짜 관련 데이터를 포함하고 있다면, **Data format** 필드에 사용된 형식을 확인해 입력한다.

8. **Next** 버튼을 클릭한다.

9. 세 번째 단계로, CSV 필드를 지라의 필드에 매핑해야 한다. 모든 필드를 매핑해야 하는 것은 아니다. 특정 필드를 가져오고 싶지 않다면 해당 지라 필드 선택에서 **Don't map this field**로 두면 된다.

10. 선택 리스트 필드 같이 수동으로 매핑해야 할 필요가 있는 데이터를 포함하는 필드에 대해선 **Map field value** 옵션을 선택해야 한다. 이 옵션을 통해 CSV 필드 값을 지라 필드 값으로 매핑할 수 있고, 따라서 올바르게 데이터를 가져올 수 있다. 만약 이러한 값에 수동으로 매핑되지 않는다면, 값이 그대로 복사될 것이다.

11. 진행을 위해 Next 버튼을 클릭한다.

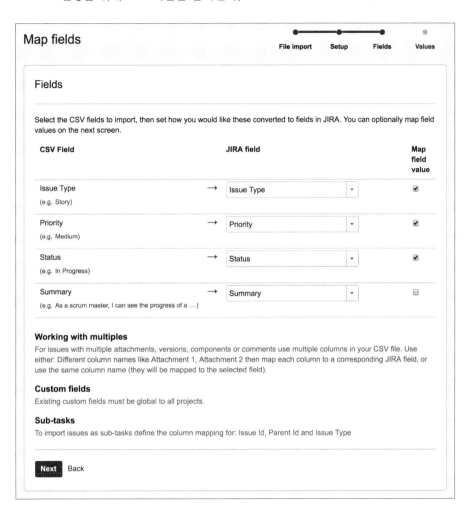

12. 마지막 단계로 CSV 필드 값을 지라 필드 값으로 매핑해야 한다. 이 단계는
단계 10에서 필드에 대한 Map field value 옵션이 체크된 경우에만 필요하다.

13. 각 CSV 필드 값에 대한 지라 필드 값을 입력한다.

14. 필드 값의 매핑이 완료되면 Begin Import 버튼을 클릭해 실제 데이터 가져오
기 작업을 시작한다. 완료까지 걸리는 시간은 데이터 크기에 따라 다르다.

15. 가져오기가 완료되면 가져온 이슈의 개수를 알려주는 확인 메시지가 표시된다. 이 숫자는 갖고 있는 CSV 파일에 있는 레코드 수와 일치해야 한다.

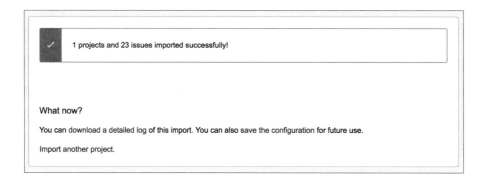

마지막 확인 화면에서 **download a detailed log**^{상세 로그 다운로드} 링크를 클릭해 가져오기 과정 동안의 모든 정보를 포함하는 전체 로그 파일을 다운로드할 수 있다. 이것은 가져오기가 성공하지 못한 경우에 특히 유용하다.

또한 **save the configuration**^{구성 저장} 링크를 클릭해 이 가져오기를 수행한 모든 매핑 정보가 있는 텍스트 파일을 생성할 수 있다. 향후 유사한 가져오기를 실행해야 하는 경우에는, 모든 것을 수동으로 다시 매핑할 필요 없이 가져오기 파일을 사용할 수 있다. 이 구성 파일을 사용하려면, 첫 번째 단계에서 **Use an existing configuration file**^{기존 구성 파일 사용} 옵션을 체크하면 된다.

보는 바와 같이 지라의 프로젝트 가져오기 도구는 다른 시스템에서 데이터를 간단하고 단순하게 가져온다. 그러나 데이터 가져오기의 복잡성을 과소평가해선 안 된다. 모든 데이터 이전에 대해, 특히 한 플랫폼에서 지라와 같은 새로운 플랫폼으로 이동하는 경우 고려해야 할 여러 요소가 있다. 다음 목록은 대부분의 데이터 이전 시 일부 공통적인 작업을 요약한 것이다.

- 크기와 영향을 평가한다. 여기에는 가져와야 할 많은 레코드 수와 이것에 의해 영향을 받는 사용자의 수가 포함된다.
- 필드를 기존 시스템에서 새로운 시스템으로 매핑하는 방법 등 기존 시스템과 지라 사이의 완전한 격차 분석을 수행한다.
- 매핑이 올바르게 완료됐는지 확인할 수 있도록 가져오기 테스트를 수행하기 위한 테스트 환경을 설정한다.
- 가급적 빨리 최종 사용자를 참여시키고, 테스트 결과를 검토하게 한다.
- 모든 중단 기간 대해 준비와 협의를 하고, 이전 후 절차를 지원한다.

█ HR 프로젝트

프로젝트를 구성하는 모든 주요 측면을 살펴봤다. 이제 지금까지 학습한 사항을 복습하고 실제로 적용해보자. 이번 실습에선 인사^{HR: Human Resource} 팀이 회사에 입사하고 퇴사하는 직원뿐 아니라 채용 프로세스 관련 작업을 더 잘 추적하고 관리할 수 있도록 프로젝트를 설정한다.

새로운 프로젝트 생성

먼저 HR 팀을 위한 프로젝트를 생성할 것이다. 프로젝트를 생성하는 방법은 다음과 같다.

1. Projects 드롭다운 메뉴에서 Create Project 옵션을 선택해 Create project 대화 상자를 불러온다.

2. Task management 프로젝트 템플릿을 선택한다. Business 프로젝트 타입에서 다른 템플릿을 사용할 수 있다. 태스크 관리 템플릿은 가장 간단한 옵션이며 향후의 커스터마이징이 더 쉽다.

3. 새로운 프로젝트의 이름을 Human Resource로 하고, 프로젝트의 Key와 Project Lead의 값은 기본값을 적용한다.

4. 새로운 프로젝트를 생성하기 위해 Submit 버튼을 클릭한다.

이제 새로운 프로젝트의 프로젝트 브라우저 인터페이스로 이동해야 한다.

새로운 컴포넌트 생성

이제 새로운 프로젝트가 시작됐다. 더 나아가 몇몇 컴포넌트를 생성할 필요가 있다. 이 컴포넌트는 작업을 그룹화하는 데 사용될 것이다. 새 컴포넌트를 생성하려면 다음과 같은 절차를 수행해야 한다.

1. 왼쪽 아래에서 Project administration 옵션을 클릭한다.

2. Project Administration 인터페이스에서 Components 탭을 선택한다.

3. 새로운 컴포넌트 이름으로 Employee Onboarding을 입력한다.

4. 새로운 컴포넌트에 대한 짧은 설명을 입력한다.

5. 컴포넌트 리더가 될 사용자를 선택한다.

6. 새로운 컴포넌트를 생성하기 위해 Add 버튼을 클릭한다.

7. 컴포넌트를 몇 개 더 추가한다.

프로젝트가 비즈니스 프로젝트 타입으로 생성됐기 때문에 기본적으로는 컴포넌트가 표시되지 않는다. 따라서 수동으로 적절한 스크린에 컴포넌트 필드를 추가해줘야 한다. 필드와 스크린에 관해선 각각 5장, '필드 관리'와 6장, '스크린 관리'에서 다룰 것이다. 지금은 태스크를 생성, 편집, 조회할 때 우리가 정의한 컴포넌트를 보이도록 하기 위해 다음과 같은 절차를 수행해야 한다.

1. Project Administration 인터페이스에서 Screens 탭을 선택한다. 다음 화면과 같이 세 개의 스크린이 있어야 한다.

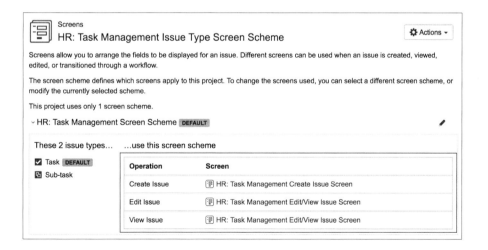

2. HR: Task Management Create Issue Screen을 클릭한다. 그러면 Configure Screen 페이지가 열리고, 이 페이지에는 선택한 스크린에 현재 있는 필드 목록이 있다.

3. 페이지 아래에 있는 선택 필드에서 Component/s를 입력해 선택한다.

4. HR: Task Management Edit/View Screen에 대해서도 2~3단계를 반복한다.

마무리하기

이제 프로젝트에 대한 모든 준비가 끝났다. 이슈를 생성해 어떻게 처리되는지 살펴보자.

1. 상단 내비게이션 바에서 Create 버튼을 클릭한다. Create issue 대화 상자가 나타날 것이다.

2. Project는 Human Resource, Issue Type은 Task를 선택한다.

3. 필드에 일부 더미 데이터를 입력한다. Components 필드에 우리가 방금 전에 생성한 컴포넌트가 표시돼야 함을 주목하자.

4. Create 버튼을 클릭, 이슈를 생성한다.

모든 작업이 잘 완료되면 다음 화면과 유사한 대화 상자를 보게 될 것이다. 이 화면에서 이슈를 생성할 새로운 프로젝트를 선택할 수 있고 또한 선택지에서 사용 가능한 새 컴포넌트를 선택할 수 있다.

Assignee^{담당자} 필드를 Automatic으로 해, 기본 담당자를 자동으로 할당하는 기능을 테스트할 수 있다. 컴포넌트를 선택하면 지라는 이슈를 컴포넌트에 대해 정의된 기본 담당자에게 자동으로 할당할 것이다. 모든 사항이 잘 진행됐다면 새로운 프로젝트 내에 이슈가 생성될 것이다.

▌ 요약

2장에선 지라의 가장 중요한 개념 가운데 하나인 프로젝트와 프로젝트를 생성하고 관리하는 방법을 살펴봤다. 처음엔 권한에 대해 소개했고, 프로젝트 생성, 삭제, 관리, 탐색과 관련한 세 가지 권한을 살펴봤다.

프로젝트 관리와 일반 사용자를 위해 지라가 제공하는 프로젝트 관리 인터페이스와 프로젝트 브라우저 인터페이스의 두 가지 인터페이스를 소개했다. 3장에선 소프트웨어 프로젝트 타입을 사용해 생성된 프로젝트를 살펴보게 된다. 즉, 애자일 프로젝트를 운용하기 위한 스크럼과 칸반이다.

03

애자일 프로젝트에 지라 사용하기

2장에서 일반적인 비즈니스 프로젝트에서 지라를 사용하는 것을 살펴봤다. 지라 코어에서 제공되는 기능은 지라 소프트웨어에서도 사용 가능하다. 3장에선 지라 소프트웨어만의 두 가지 템플릿, 스크럼과 칸반에 집중한다. 각 애자일 방법론의 간단한 개요를 살펴본 후, 각각에 대해 지라를 어떻게 사용할 수 있는지 보게 될 것이다.

3장에선 다음 내용을 살펴본다.

- 지라 소프트웨어 프로젝트 템플릿
- 지라의 스크럼 지원 기능을 사용해 프로젝트를 운영하는 방법
- 스크럼으로 작업 추정하기
- 지라의 칸반 지원 기능을 사용해 프로젝트를 운영하는 방법
- 칸반으로 진행 상황의 비효율 요소 확인
- 스크럼 및 칸반 보드 커스터마이징

▎ 스크럼과 칸반

스크럼과 칸반은 지라에서 지라 애자일이라는 부가 기능을 통해 지원되는 두 가지 애자일 소프트웨어 개발 방법론이다. 지라 7부터 애틀라시안은 애자일 지원을 주요 기능으로 탑재해, 지라 애자일을 지라 소프트웨어 제품에 추가했다.

이미 스크럼 및 칸반에 익숙하다면, 이 절은 건너뛰어도 좋다. 그러나 전통적인 폭포수 모델에 익숙하고 애자일 활동을 처음 접한다면, 두 가지에 대한 개요를 여기서 설명할 것이다. 각 방법론에 대해 추가 자료를 찾아 더 자세히 배울 것을 권고한다. 시작하기 좋은 곳은 칸반 스크럼 미니북(https://www.infoq.com/minibooks/kanban-scrum-minibook)이다.

스크럼

스크럼은 반복 개념을 처방한다는 점에서 폭포수 모델과 차별된다. 스크럼에서 프로젝트는 스프린트^{sprint}라고 하는 여러 반복적인 기간으로 분할된다. 각 스프린트는 2주에서 4주 가량 지속되고, 끝날 때 완전히 테스트를 마치고 잠재적으로 출시 가능한 제품을 만드는 것을 목표로 한다.

각 스프린트의 시작에서 제품 책임자^{product owner}와 팀은 스프린트 계획 회의에서 함께 일한다. 이 회의에서 다음 스프린트의 범위가 결정된다. 이 범위는 보통 백로그의 최우선순위 항목을 포함한다. 백로그에는 완성되지 않은 모든 작업을 갖고 있다.

각 스프린트 동안 팀은 매일 진행 상황을 리뷰하고 잠재 문제나 방해 요소를 식별하며 이들을 해결할 수 있는 방법을 계획하기 위해 매일 만나게 된다. 이 회의는 매우 짧다. 목표는 팀 구성원 모두가 같은 선상에 있는지 확인하는 것이다.

스프린트 마지막에 팀은 스프린트의 산출물을 리뷰하기 위해 함께 모여 잘한 것과 잘하지 못한 것들을 살펴본다. 목표는 개선할 범위를 정의해 이를 다음 스프린트에 추가할 것이다. 이러한 프로세스는 프로젝트가 완료될 때까지 지속된다.

칸반

반복적으로 운영되는 스크럼과 달리 칸반은 실제 배포 작업 수행에 더 중점을 두고 있다. 칸반은 시작부터 끝까지 배포 작업 흐름을 시각화하는 것을 매우 강조한다. 각 단계에서 허용되는 작업의 수를 통제함으로써 작업 흐름의 각 단계에 제한을 두고 납기 시간을 측정한다.

칸반에서는 작업 항목이 작업 흐름을 통해 흘러가는 것을 시각적으로 볼 수 있도록 하고, 비효율적인 부분 및 병목 지점을 식별해 이들을 고칠 수 있도록 하는 것이 중요하다. 이는 작업이 한쪽 끝에서 들어와 다른 쪽 끝으로 나가는 연속적인 프로세스이며, 가능한 효과적으로 지나가도록 확인한다.

▌스크럼 프로젝트 운영

지금까지 본 바와 같이 지라는 설치된 애플리케이션에 따라 다양한 프로젝트 유형을 제공한다. 지라 코어의 일부인 비즈니스 프로젝트 타입은 모든 애플리케이션에서 사용 가능하다.

비즈니스 프로젝트는 고도로 커스터마이징이 가능한 일반적인 태스크 추적 시스템이라는 점에서 JIRA 7 이전에 지라가 작동했던 방식과 매우 유사하다. 비즈니스 프로젝트 유형 및 템플릿의 핵심은 사용자가 쉽게 태스크를 생성, 추적 및 진행 상황에 대한 보고가 가능하다는 것이다.

이외에 세 가지 내장 템플릿이 있으며 각각은 미리 정의된 워크플로우 및 필드와 같은 일련의 구성을 갖고 있어, 사용자가 프로젝트를 설정하는 데 있어서 아이디어를 제공한다. 사용자는 필요에 따라 이 구성을 그대로 사용하거나 커스터마이징할 수 있다.

스크럼 프로젝트 생성

지라에서 스크럼으로 작업하는 첫 번째 단계는 스크럼 템플릿으로 프로젝트를 하나 생성하는 것이다.

1. Projects 드롭다운 메뉴에서 Create project 옵션을 선택한다.

2. Scrum software development 템플릿을 선택해 Next를 클릭한다.

3. 설정을 수락하고 Next를 클릭한다.

4. 새 프로젝트 이름과 키를 입력하고 Submit을 클릭한다.

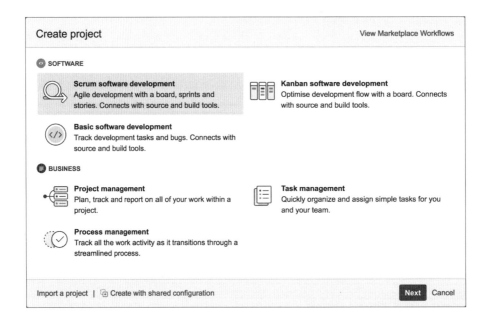

새 스크럼 프로젝트가 생성되면 다음 화면과 같이 Scrum 인터페이스로 이동하게 될 것이다.

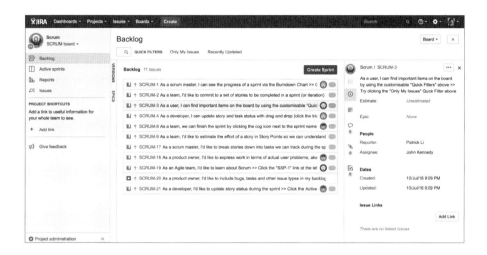

Scrum 인터페이스는 다음과 같은 주요 영역을 갖고 있다.

- **Backlog**: 모든 미계획 이슈가 저장되는 곳이다. 이는 to-do 목록으로 생각할 수 있다. 제품 책임자와 개발 팀은 백로그 내의 이슈에 대해 우선순위를 정의하기 위해 협업해, 배포를 위한 스프린트로 계획될 것이다.
- **Active Sprint**: 현재 진행 중인 스프린트와 스프린트의 일부인 이슈를 보여준다. 개발 팀이 진행 상황을 추적하기 위해 일일 기반으로 사용될 것이다.
- **Reports**: 팀의 실적을 기반으로 생성할 수 있는 다수의 사용 보고서를 포함하고 있다. 이 보고서는 사용자 및 사용자의 팀에게 프로젝트가 어떻게 진행되고 있는지를 가시화해, 개선을 위해 다음 스프린트 계획 세션에서 사용할 수 있는 값진 피드백을 제공한다.

백로그로 작업

백로그는 프로젝트에서 모든 완성되지 않은 기능을 보관하고 있는 할 일 목록이다(보통 스토리로 표시된다). 처음 시작할 때 백로그는 비어 있어 먼저 해야 할 일은 제품 책임자와 팀이 같이 백로그를 완료할 스토리와 태스크로 채우는 것이다. 이 활동 기간에는 브레인스토밍 세션처럼 동작하며, 팀은 고객과 이해관계자로부터 받은 요구 사항을 해석해 실행 가능한 스토리와 태스크로 변환하는 작업을 같이한다.

작업 우선순위화 및 추정

백로그가 채워지면 다음 단계는 이슈를 추정하고 우선순위화해 이슈를 완료하는 방법의 계획을 세워 일정을 수립할 수 있도록 한다. 지라에선 백로그 내 이슈를 우선순위화하는 것은 드래그 앤 드롭으로 백로그 내에서 이슈를 위 아래로 옮기는 것을 의미한다. 따라서 어떤 이슈의 우선순위를 높이기 위해선 간단히 해당 이슈를 드래그해 백로그 목록에서 위쪽으로 놓으면 된다. 먼저 배포돼야 하는 기능을 우선순위화하는 이 작업은 보편적으로 제품 책임자의 역할이지만, 팀 또한 모든 사람이 그 방향에 대해 일치하도록 확인하는 이 절차에 관여해야 한다.

작업을 추정하는 것은 스크럼의 주요 부분이며 스프린트의 성공 여부는 추정을 얼마나 잘 하느냐에 달려 있다. 사람들이 자주 혼동하는 것 가운데 하나는 추정을 시간의 관점으로 생각하는 경향이 있다는 것이다. 예를 들어 스토리 A는 완료하는 데 5시간이 걸릴 것이다. 이 추정은 언뜻 맞는 것 같아 보이지만, 추정이 정확해 보이도록 하기 위해 과도하게 작업하거나 당면한 업무가 불편해 크게 추정하는 일이 종종 발생한다. 이는 프로젝트가 진행되면서 큰 문제를 야기할 수 있다.

이러한 함정을 피하기 위한 한 가지 방법은 스토리 포인트라는 추정을 위한 임의의 단위를 사용하는 것이다. 지라에서 기본적인 추정 방법이다. 이 속에 담긴 뜻은 이슈를 완료하는 데 필요한 시간보다는 이슈의 복잡도에 기반해 이슈를 측정하고 추정하는 것이다. 따라서 스프린트를 전체 10 스토리 포인트만큼의 이슈로 시작한다면,

스프린트 종료 시점에 모든 이슈를 완료할 수 없다. 이는 계획을 너무 과도하게 수립했음을 알려줄 것이고 예측을 줄일 필요가 있을 것이다. 추정은 소요 시간 기반으로 수행되지 않는다. 추정은 단순히 이슈가 너무 복잡하다는 것을 알려줄 뿐이다. 해당 이슈를 소화할 수 있을 만한 더 작은 조각으로 나눌 필요가 있을 것이다. 이 방법은 시간에 쫓기고 있다는 느낌을 갖지 않도록 하는 데 도움이 되며, 작업을 더 잘 정의하고 더 작고 쉽게 관리할 수 있는 크기로 나누기에 이롭다.

하지만 때론 스토리의 복잡도를 추정하는 것이 어렵다는 것을 알게 된다. 이는 보통 스토리에 대한 정보가 충분치 않거나 스토리의 범위가 너무 커서 잘게 쪼갤 필요가 있음을 의미한다. 추정을 제공하기 전 스토리의 목적을 완전히 이해하기 위해 더 많은 질문을 하는 것을 부끄러워하지 않는 것이 중요하다.

이제 이슈를 추정하는 방법을 결정했으니 다음과 같이 간단히 추정해보자.

1. 백로그에서 추정할 이슈를 선택한다.
2. 다음 화면과 같이 Estimate 필드에 스토리 포인트 수를 입력한다.

이슈가 활동 중인 스프린트에 추가되면 추정을 바꾸지 말아야 한다. 스프린트 도중에 추정을 변경하는 것은 스프린트 계획 단계 및 향후 개선에 있어서 잘못된 추정을 야기할 수 있다.

새로운 스프린트 생성

다음 단계는 채워진 백로그와 추정이 된 이슈를 갖고 팀이 작업할 스프린트를 생성하는 것이다. 새로운 스프린트를 만들기 위해 다음 절차대로 수행한다.

1. 스프린트의 백로그로 이동한다.

2. Start Sprint 버튼을 클릭, 새로운 빈 스프린트를 생성한다.

3. 다음 화면과 같이 이슈를 스프린트 상자로 드래그 앤 드롭해 스프린트에 이슈를 추가한다.

팀에서 범위를 결정하면 스프린트를 시작할 때이다.

1. Create Sprint 버튼을 클릭한다.

2. 스프린트 기간을 선택한다. 일반적으로 스프린트를 짧게 유지하길 바란다. 보통 1~2주가 적당하다.

3. Start 버튼을 클릭, 스프린트를 시작한다.

스프린트가 시작되면 활동 중인 스프린트 뷰로 이동할 수 있고, 팀은 배포 작업에 착수할 수 있다.

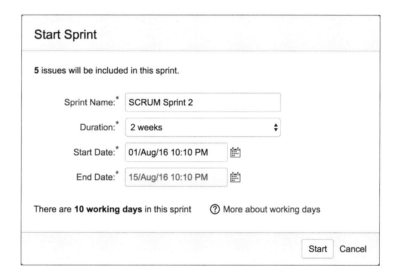

 Start Sprint 버튼이 회색으로 되면 활동 스프린트가 이미 운영되고 있음을 의미하며 parallel sprints 옵션이 활성화되지 않는다.

보통 주어진 시점에 프로젝트에는 한 팀만 작업하고 있을 것이다. 하지만 큰 팀을 보유하고 있다면 사람들은 동시에 프로젝트의 다른 부분을 작업할 것이다. 이때, parallel sprints 옵션을 활성화할 필요가 있다.

1. 지라를 관리자로 로그인한다.

2. 지라 관리자 콘솔로 이동한다.

3. Applications 탭을 선택하고 JIRA Software configuration으로 이동한다.

4. Parallel Sprints 옵션을 체크해 기능을 활성화한다.

병렬 스프린트 옵션이 켜지면 동시에 여러 스프린트를 시작할 수 있다. 여러 스프린트를 운영할 때 스프린트를 서로 분리하는 것이 가장 좋으며, 스프린트는 서로의 방식으로 들어가지 않는다. 배포와 문서화와 같이 두 개의 스프린트가 프로젝트에서 다른 분야를 목표로 하는 것이 좋은 예이다.

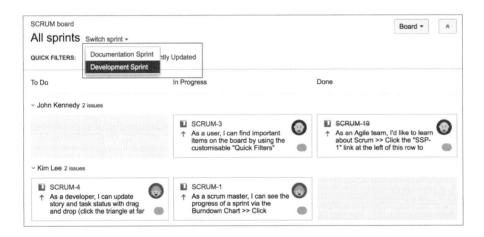

스프린트를 통해 운영하기

팀이 이슈를 우선순위화해 스프린트 계획 회의 동안 스프린트를 시작하면, 애자일 보드는 액티브 스프린트 화면으로 전환될 것이다. 보통 팀에선 주어진 시점에 하나의 액티브 스프린트가 있을 것이고, 스크럼 보드는 다음 화면과 같이 보일 것이다.

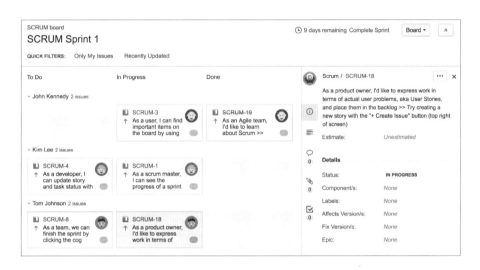

스크럼 보드는 이슈가 있을 수 있는 다양한 상태를 표현하는 세로 열로 구성된다. 세로 열은 프로젝트에서 사용되는 워크플로우에 매핑된다. 예에선 To Do, In Progress, Done 3가지 상태를 가진 기본 워크플로우를 볼 수 있다. 나중에 보겠지만 프로젝트 관리자는 이 스크럼 보드를 커스터마이징할 수 있다.

또한 보드는 스윔레인^{swimlane}이라는 여러 개의 가로 행으로 나눌 수 있다. 이 행은 유사한 이슈를 그룹화해 보드를 쉽게 알아볼 수 있게 해준다. 이 책에선 이슈를 이슈 담당자 기반으로 해 스윔레인으로 그룹화하고 있다. 열과 마찬가지로 프로젝트 관리자가 스윔레인을 정의하는 방법을 커스터마이징할 수 있다.

스크럼 보드에서 각 이슈는 하나의 카드로 표시되고 개발자는 이슈를 작업 상태에 따라 보드에서 드래그할 수 있다.

스프린트가 진행 중일 때 스프린트에 더 많은 이슈를 추가해 범위 변경을 유발하는 것을 방지하는 것이 중요하다. 팀이 장애물로 인해 집중하지 못하거나 막히지 않도록 하는 것은 스크럼 마스터와 제품 책임자의 책임이다. 그러나 때때로 특정 기능이나 포함돼야 하는 수정 사항이 필요한 긴급 상황이 생긴다. 이 경우 백로그 뷰를 통해 진행 중인 스프린트에 새로운 이슈를 추가할 수 있다.

하지만 명심해야 할 것은 이러한 방법이 일반적인 습관처럼 돼선 안 된다는 것이다. 이는 집중을 매우 방해하고 잘못된 스프린트 계획이나 이해 관계자와 부족한 소통을 의미하는 신호이다. 또한 지라는 진행 중인 스프린트에 더 많은 이슈를 추가할 때마다 확인을 요청할 것이다.

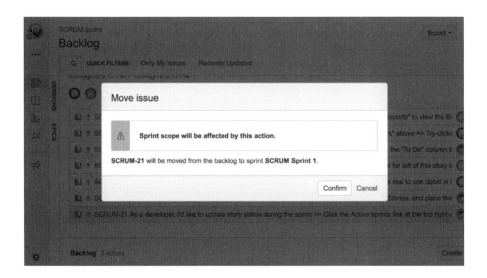

스프린트 종료 시점에는 다음과 같이 스프린트를 종료해야 한다.

1. 스크럼 보드로 이동해 Active sprints를 클릭한다.

2. Complete Sprint 링크를 클릭한다.

Complete Sprint: SCRUM Sprint 1

1 issue was done
5 issues were incomplete

Incomplete issues will be moved to the backlog

Sub-tasks are not included in the total(s) above, and are always included in the same sprint as their parent issue.

Complete   Cancel

3. Complete 버튼을 클릭, 스프린트를 종료한다.

지라에서 스프린트를 완료하면 종료되지 않은 이슈는 백로그로 다시 위치하게 될 것이다. 때때로 계획은 됐으나 아직 진행하지 않은 스프린트가 있을 수도 있다. 이 경우현재 진행 중인 스프린트에서 완료되지 않은 이슈들은 자동으로 다음 가용한 스프린트로 추가될 수 있다.

단지 한 개의 이슈만 완료하면 되기 때문에 스프린트를 며칠만 더 연장하면 된다는유혹을 받을 수도 있다. 엄격한 규칙은 아니지만, 일반적으로는 이와 같이 해선 안 된다. 미완료된 이슈는 백로그로 돌려보내고 그 이슈의 우선순위를 다음 스프린트 계획에서 재정의하라. 이는 스크럼이 반복적인 프로세스이며 목표가 모든 사람들이 가능한 한 힘들게 일하도록 하는 것이 아니고 팀이 앞선 스프린트에서 무엇을 잘했는지혹은 잘못했는지를 살펴보고 다음 스프린트에서 문제를 제기할 수 있게 하기 때문이다. 아마도 원인은 부정확한 추정이나 요구 사항을 수집하는 동안 잘못된 가정 때문일 것이다. 요점은 팀은 이를 서두르다 실패하기보다는 개선의 기회로 봐야 한다는것이다. 미완성된 아이템을 보완하기 위해 단순히 현재 스프린트 기간을 연장하게 되면, 프랙티스 활동이 정상적이어서 번다운 차트가 부드러운 경사면이 되므로, 근본적인 문제가 가려진다.

칸반으로 프로젝트 운영하기

지금까지 스크럼으로 프로젝트를 운영하는 방법을 살펴봤다. 이젠 지라 소프트웨어가 지원하는 다른 애자일 방법론인 칸반을 살펴보자. 스크럼과 비교해 칸반은 훨씬 더 간단하다. 하나의 백로그가 있고 팀이 스프린트에서 결과물을 우선순위화하고 계획해야 하는 스크럼과 달리 칸반은 순수하게 실행과 처리량에 대한 측정에 초점을 맞춘다.

지라에서 전형적인 칸반 보드는 스크럼 보드에 대비해 다음과 같은 차이가 있다.

- 백로그 뷰가 없다. 칸반은 스프린트 계획 단계가 없기 때문에, 보드 자체가 백로그 역할을 한다.
- 활동 중인 스프린트가 없다. 칸반에 숨은 사상은 개발자는 계속되는 작업 흐름을 갖는다는 것이다.
- 열에는 최소 및 최대 제약 사항을 둘 수 있다.
- 제약 사항을 위반하면, 열은 강조돼 보일 수 있다. 다음 화면과 같이 Selected for Development와 In Progress 열은 제약 사항 위반으로 인해 강조돼 보인다.

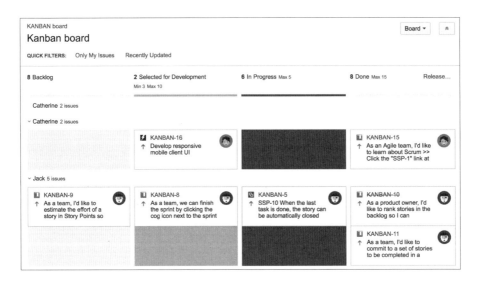

칸반 프로젝트 생성

지라에서 칸반으로 작업하는 첫 번째 절차는 칸반 템플릿으로 프로젝트를 생성하는 것이다.

1. Projects 드롭다운 메뉴에서 Create project 옵션을 선택한다.

2. Kanban software development 템플릿을 선택하고 Next를 클릭한다.

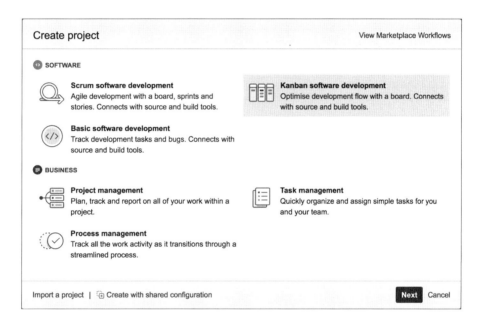

3. 설정 내역을 수용해 Next를 클릭한다.

4. 새 프로젝트 이름과 키를 입력하고 Submit을 클릭한다.

칸반 프로젝트를 생성하고 나면 칸반 보드 뷰로 바뀔 것이다. 칸반 보드 뷰는 스크럼 보드의 액티브 스프린트 뷰와 매우 유사하다. 칸반에선 종료일이 없는 스프린트를 운영하거나 모든 프로젝트가 끝날 때 종료되는 스프린트를 운영하는 것과 같음을 기억하자. 따라서 애자일 보드 자체는 개발자와 팀이 산출물에 대해 작업하는 것을 돕는 것에 집중한다.

칸반 보드 사용하기

앞에서 언급한 것처럼, 칸반에는 계획 단계가 없어 개발자는 이슈 보드에 직접 이동한다. 칸반 보드로 작업하는 것은 실제로 매우 간단하다. 새로 만들어진 이슈는 바로보드로 옮겨져 기본적으로 Backlog라는 첫 번째 열로 들어가게 된다.

이후 팀 구성원은 Backlog 열에서 이슈를 잡아 해당 이슈를 구성원에 할당하고 워크플로우를 따라 이동시킨다. 다양한 단계 동안 이슈는 다른 사람에게 재할당될 수 있다. 예를 들어 어떤 이슈가 개발 단계에 있고 시험에 들어간다면, 해당 이슈는 테스트엔지니어에게 재할당될 수 있다. 이슈가 충분히 완료되면(기본적으로 Done이라는 마지막 열로 이동되면) 릴리즈가 될 수 있다. 릴리즈 이후, Done 열에 있는 모든 이슈는 보드에서 사라질 것이다(시스템에는 남아 있다). 따라서 팀은 계속해서 주어진 태스크에 집중할 수 있다.

다음 화면에서 칸반 보드의 예를 살펴보자. 화면에서 프로세스의 In Development와 In Testing 단계에 문제가 있음을 분명하게 볼 수 있다. In Development는 빨간색으로 강조되고 충분한 작업이 있음을 의미하며, 병목 현상의 표시이다. In Testing은 노란색으로 강조되고 충분한 작업이 없음을 의미하며, 효율을 표시한다.

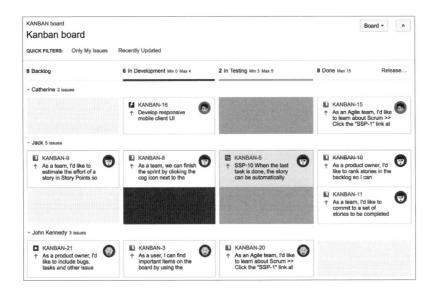

이와 같이 보드는 어디에 문제가 있음을 시각적으로 알려주고 문제 영역에 집중할 수 있도록 한다. In Development 단계에서의 병목 현상은 개발자가 충분치 않음을 의미할 수 있다. 이는 In Testing 단계에서 테스터는 작업이 오길 기다리면 앉아 있기만 하는 비효율을 야기한다.

따라서 이런 의문이 뒤따라온다. 내 열에 적절한 제약 사항은 몇일까? 빠른 대답은 시도하고 실험해보라는 것이다.

유일한 정답은 없다. 긴 대답은 은탄환[1] 답변이다. 알아야 하는 것은 팀의 업무 처리 능력에 팀 규모, 팀 구성원의 이탈 및 합류, 주어진 업무 등과 같은 다양한 요소가 영향을 끼친다는 것이다. 위 예에서 쉬운 해결책은 두 개 열의 제한을 낮추는 것이다. 하지만 단순히 보드 자체를 고치는 것보다 문제의 근본 원인을 찾아내는 것이 중요하다. 시도해봐야 하는 것은 팀에 더 많은 개발자를 투입해 배포에 필요한 속도를 맞출 수 있도록 하는 것이다. 여기서 얻어 가야 할 것은 칸반 보드는 문제의 핵심을 찾을 수 있도록 도와준다는 것이고, 원인을 알아내 적절한 해결책을 찾아내는 것은 팀에 달려 있다.

▌애자일 보드 구성

스크럼과 칸반 프로젝트를 운영하기 위해 지라 소프트웨어를 사용하는 방법을 살펴봤다. 이제는 애자일 보드를 커스터마이징하는 방법을 보자. 지라 소프트웨어는 지라 코어 위에 만들어졌기 때문에, 많은 커스터마이징 옵션이 지라의 핵심 기능을 활용한다. 따라서 워크플로우와 같은 이러한 기능의 일부에 익숙하지 않더라도 걱정하지 말자. 여기선 애자일 보드 컨텍스트에서 고수준의 구성을 다룰 것이고, 자세한 사항들은 이후의 장에서 알아볼 것이다.

---

1 '은탄환(Silver Bullet)'은 늑대 인간 등의 악마를 죽일 수 있는 방법으로 우리말로는 '만병통치약' 정도로 보면 된다. SE에서 하나의 처방으로 모든 문제를 해결할 수 없다는 의미로 "There is no silver bullet"이라는 말이 자주 사용된다. – 옮긴이

구성 열

스크럼과 칸반 모두 보드의 열은 프로젝트에서 사용하는 워크플로우에 매핑된다. 그리고 생성되는 기본 워크플로우는 매우 단순하다. 예를 들어 기본 스크럼 워크플로우는 To Do, In Progress, Done 세 개의 상태를 포함한다. 하지만 프로젝트는 테스트, 리뷰와 같은 개발 주기에서 부가적인 단계를 갖고 있기 때문에, 많은 경우 이로는 충분치 않다. 보드에 새로운 열을 추가하려면 다음 절차대로 하자.

1. 대상 프로젝트의 애자일 보드로 이동한다.

2. Board 메뉴를 클릭하고, Configure 옵션을 선택한다.

3. 왼쪽 내비게이션 패널에서 Columns 옵션을 선택한다.

4. Add Column 버튼을 클릭한다.

5. 새 열의 이름을 입력하고, 카테고리를 선택한다. 일반적으로 To Do나 Done 열로 위치시키지 않으면 새 열은 In Progress 카테고리로 들어갈 것이다.

6. 새 열을 드래그 앤 드롭해 개발 워크플로우의 적절한 위치로 배치한다.

새로운 프로젝트를 통해 생성된 워크플로우^{Simplified Workflow}를 사용하는 프로젝트에 대해, 열을 커스터마이징하는 필요한 작업은 이것이 전부다. 만약 기존의 워크플로우에 열을 맞추려면 7장, '워크플로우와 비즈니스 프로세스'에서 다룰 것이다.

열 제약 사항 설정

앞의 '칸반' 절에서 칸반의 주요 특징 가운데 하나인 작업량을 제어하는 것을 살펴봤다.

> 작업 제약 사항은 칸반에서 사용되는 개념이지만, 때때로 스크럼에 이 개념을 도입하기도
> 한다. 이는 Scrumban이라고 하는 하이브리드 방식으로, 계획에 스크럼을 사용하고 실
> 행에 칸반을 사용할 수 있도록 한다.

애자일 보드의 열 제약 사항을 설정하려면, 다음과 같이 한다.

1. 프로젝트의 애자일 보드로 이동한다.

2. Board 메뉴를 클릭하고 Configure 옵션을 선택한다.

3. 왼쪽 내비게이션 패널에서 Columns 옵션을 선택한다.

4. Column Constraint 옵션에 제약 사항 계산을 하는 방법을 선택한다. 기본적으로는 칸반 보드에서 Issue Count 옵션을 사용할 것이고, 스크럼 보드는 제약 사항이 없을 것이다.

5. 제약을 적용할 최솟값 혹은 최댓값을 입력한다.

최댓값, 최솟값을 모두 입력하지 않아도 된다. 다음 화면의 예를 고려해보자. 화면에선 Selected for Development에 대해 최소 3개, 최대 10개의 이슈가 되도록 제약 사항을 설정했다. In Progress 열에 대해선 최대 이슈의 개수만 5개로 제한했으나, 최솟값은 없다. 이는 해당 열에 이슈가 전혀 없어도 됨을 의미한다. Done 열에는 최대 15개의 이슈를 놓도록 해, 팀이 완료된 이슈의 임계치에 도달하고 릴리즈가 필요할 때, 이를 통보받는다.

보드에 열 제약 사항을 설정한 후, 규칙을 위반할 때마다 지라는 즉시 애자일 보드에 대해 경고를 알려준다. 예를 들어 다음 화면에선 Selected for Development 열에 두 개의 이슈가 있으며, 이 열은 최소 3개의 이슈를 가져야 하므로, 해당 열은 노란색으로 강조된다. In Progress 열에선 6개의 이슈가 있으며, 최대 5개의 이슈로 제한되므로 해당 열은 빨간색으로 강조된다.

지라는 제약 사항이 위반됐을 때 열을 강조할 뿐, 제약 사항을 위반한다고 실제 작업을 멈추지 않음을 주의하자. 제약 사항은 단순히 팀에게 프로세스에서 뭔가가 잘못됐고, 이에 대한 재검토와 교정이 필요함을 경고하는 수단일 뿐이다.

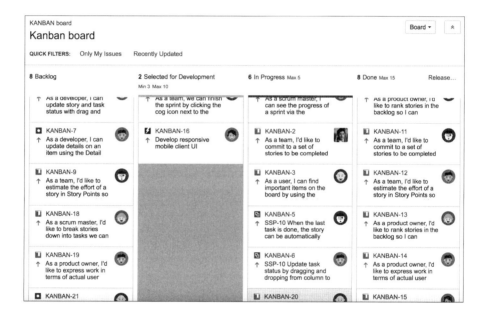

스윔레인 구성

앞에서 본 바와 같이, 지라의 애자일 보드는 유사한 이슈를 가로 행에 그룹화할 수 있다. 워크플로우 상태에 매핑되는 열과 달리 직접 추가한 사용자 정의 필드를 포함한 아무 기준으로 스윔레인을 정의할 수 있다. 보드에 스윔레인을 설정하기 위해 다음 절차대로 수행해야 한다.

1. 대상 프로젝트의 애자일 보드로 이동한다.

2. Board 메뉴를 클릭하고 Configure 옵션을 선택한다.

3. 왼쪽 내비게이션 패널에서 Swimlanes 옵션을 선택한다.

4. Base Swimlanes on 필드에서 스웜레인을 정의하고 싶은 방법을 선택한다.

5. Queries 옵션을 선택하면, 보드에 추가하고자 하는 각 스웜레인에 대한 쿼리를 정의해야 한다.

스웜레인을 정의하는 방법을 선택할 때, 다섯 가지 옵션이 있다.

- Queries: 스웜레인은 직접 정의한 JQL 쿼리에 기반해 적용된다. 각 스웜레인에 대해 원하는 이슈를 리턴할 JQL 쿼리를 직접 정의해야 한다. 하나 이상 여러 개의 쿼리에 일치하는 이슈는 첫 번째 스웜레인에만 포함될 것이다. JQL은 10장, '검색, 보고, 분석'에서 다룰 것이다.

- Stories: 스웜레인은 사용자 스토리에 기반해 적용된다. 동일 스토리에 속한 서브태스크는 동일한 스웜레인에 표시될 것이다.

- Assignee: 스웜레인은 각 이슈의 담당자에 기반해 적용된다. 동일한 담당자에 배정된 이슈는 동일한 스웜레인에 그룹화될 것이다. '스크럼' 절에서 본 예제 스크럼 보드는 이 옵션을 사용한다.

- Epics: 스웜레인은 각 이슈가 속한 에픽에 기반해 적용된다. 동일한 에픽에 포함된 이슈는 모두 동일한 스웜레인으로 그룹화될 것이다.

- No Swimlanes: 애자일 보드에서 스웜레인을 사용하지 않을 것이다. 모든 이슈는 하나의 행으로 그룹화된다.

다음 예제에서 보는 것처럼, Queries 옵션을 사용해 두 개의 스웜레인을 정의했다(추가로 기본 레인인 Everything Else가 있다). JQL 쿼리를 가지고, 기능 요구가 고객에서 온 것인지 혹은 내부 검토에 의한 것인지 결정하는 사용자 정의 필드인 Source 필드에 기반해 검색하고자 한다. 사용자 정의 필드는 5장, '필드 관리'에서 다룰 것이다.

보는 바와 같이 스윔레인을 구성할 때 많은 유연성이 있으며, JQL로 스윔레인에 대해 어떤 규칙이라도 정의할 수 있다.

퀵 필터 정의

기본적으로 애자일 보드는 모든 이슈를 보여준다. 스크럼에선 스프린트에 있는 모든 이슈를 보여주며, 칸반에선 릴리즈되지 않은 모든 이슈를 보여줄 것이다. 우선순위가 가장 높은 이슈 같이 특정 이슈에 대해 관심을 갖고자 한다면 매우 산만할 수 있다. 스윔레인이 이 문제를 해결하는 것을 도와줄 수 있지만, 보드에 너무 많은 이슈가 있는 것은 여전히 매우 "noisy^{잡음이 많음}"할 수 있다.

지라가 가진 유용한 기능 가운데 하나가 보드에서 사전에 정의된 필터를 여러 개 만들 수 있다는 것이다. 관심 없는 이슈를 빠르게 걸러내고 사용자와 관련된 이슈만 보드에 보이도록 할 수 있다. 이는 다른 이슈가 보드에서 제거되는 것이 아니라 뷰에서 단순히 숨겨지는 것임을 주목하자.

지라는 이미 Only My Issues와 Recently Updated라는 두 개의 내장 퀵 필터를 제공한다. 자신의 필터를 다음과 같은 절차로 만들 수 있다.

1. 해당 프로젝트의 애자일 보드로 이동한다.

2. Board 메뉴를 클릭하고 Configure 옵션을 선택한다.

3. 왼쪽 내비게이션 패널에서 Quick Filters 옵션을 선택한다.

4. 새 필터의 이름과 걸러진 이슈를 리턴할 JQL 쿼리를 입력한다.

다음 예에선 Customer Requests라는 새로운 필터를 생성하고 Source 필드 값이 Customer로 지정된 이슈를 검색하는 JQL을 사용하고 있다.

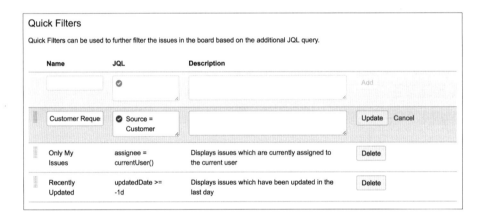

새 필터를 추가한 후, 해당 필터는 기존 필터와 함께 알파벳 순서로 표시될 것이다. 필터를 클릭하면 바로 기준과 맞지 않는 이슈를 걸러낼 것이다. 또한 다음 화면과 같이 여러 필터를 선택해 이슈에 대한 필터를 서로 연결할 수도 있다.[2] 여기선 Customer Requests와 Recently Updated 필터를 활성화해, 최근 수정된 고객으로부터 요청된 이슈를 보여주게 된다.

---

2 퀵 필터 간 연결은 AND 논리 연산으로 걸러진다. – 옮긴이

프로젝트에서 새로운 애자일 보드 생성

3장 초반에 설명한 바와 같이 스크럼 및 칸반 프로젝트 템플릿을 사용해 새 프로젝트를 생성할 때, 지라는 자동으로 프로젝트에 대한 애자일 보드를 생성할 것이다. 이 기본적인 보드와 함께 프로젝트를 위해 추가 보드를 생성할 수 있다.

예를 들어 스크럼 프로젝트를 생성했다면, 두 개의 팀이 해당 프로젝트에서 작업하고 있다. 두 번째 팀을 위한 새로운 스크럼 보드를 생성할 수 있어서 각각의 팀이 자신의 애자일 보드에서 작업할 수 있고 각 팀은 서로 상대할 수 없다. 또 다른 예는 두 번째 팀이 칸반을 이용해 프로젝트 일부를 운영해야 할 때이다. 스크럼 프로젝트에 새로운 칸반 보드를 쉽게 추가할 수 있기 때문에 각 팀은 동일 프로젝트에서 원하는 애자일 방법을 사용할 수 있다. 프로젝트에 새로운 애자일 보드를 추가하는 방법은 다음과 같다.

1. 대상 프로젝트의 애자일 보드로 이동한다.

2. 왼쪽 상단의 현재 보드 이름을 클릭하고, **Create board** 옵션을 선택한다.

3. 생성하고자 하는 애자일 보드 타입을 선택하고, 새 보드를 생성하기 위해 온 스크린 마법사의 가이드대로 따라 한다.

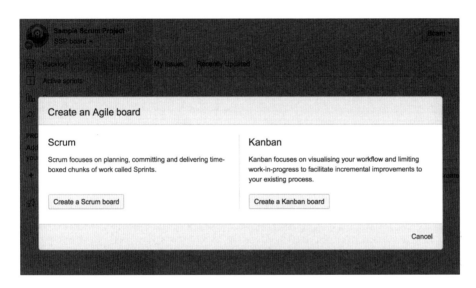

애자일 보드가 생성된 후, 왼쪽 상단에 애자일 보드 메뉴가 추가될 것이다. 그리고 원하는 보드를 선택해 보드 간 전환이 가능하다.

▎ 보드에 다중 프로젝트 포함

기본적으로 새 프로젝트를 생성할 때 생성된 애자일 보드는 현재 프로젝트에 대한 이슈만 포함할 것이다. 프로젝트가 자체적으로 완비됐을 때는 대개 좋다. 하지만 관련된 다중 프로젝트가 있는 경우나 서로 의존성이 있을 때가 있다. 그리고 전체적인 그림을 얻기 위해선 이 모든 프로젝트로부터 이슈를 가져와 하나의 애자일 보드에 보여줘야 한다.

다행스럽게도 지라는 이것이 가능하다. 여기서 알아야 할 한 가지는 지라는 어떤 이슈가 보드에 포함될 것인가를 정의하기 위해 필터를 사용한다는 점이다. 필터는 저장된 검색 쿼리와 같다. 그리고 프로젝트가 생성될 때 지라는 현재 프로젝트로부터 모든 이슈를 포함하는 필터 하나를 자동으로 생성한다. 이것이 프로젝트와 같이 생성된 기본 애자일 보드가 항상 프로젝트의 이슈만 보여주는 이유이다. 필터는 10장, '검색, 보고, 분석'에서 다룬다.

따라서 다른 프로젝트의 이슈를 애자일 보드에 포함하려면 다음과 같이 보드가 사용하는 필터를 업데이트해야 한다.

1. 대상 프로젝트의 애자일 보드로 이동한다.

2. Board 메뉴를 클릭하고, Configure 옵션을 선택한다.

3. 왼쪽 내비게이션 패널에서 General 옵션을 선택한다.

4. 보드에서 현재 사용 중인 필터를 업데이트하고자 한다면 Saved Filter 옵션에서 Edit Filter Query 링크를 클릭한다. 다른 선택지로 이미 원하는 모든 이슈를 포함하는 필터가 있을 경우 현재 필터 위로 마우스 커서를 올려두고 클릭, 사용할 새 필터를 선택할 수 있다.

 사용자가 필터가 리턴하는 이슈를 볼 수 있게 하려면 필터가 해당 사용자에게 공유돼야 한다. 필터가 보드에 설정된 사용자 그룹과 동일한 그룹에 공유됐는지 확인하자. 일반적으로 필터를 프로젝트로 공유할 수 있다.

요약

3장에선 지라 소프트웨어를 통해 제공하는 소프트웨어 프로젝트 템플릿을 소개했다. 스크럼과 칸반이라는 두 가지 지원되는 주요 애자일 방법론에 대해서도 알아봤다. 지라를 사용해 각각의 방법론에 따라 프로젝트를 운영할 수 있는 방법과 제공하는 기능에 대해 설명했다.

또한 프로젝트 소유자로서 필요에 맞게 애자일 보드를 구성하는 데 사용 가능한 일부 커스터마이징 옵션을 살펴봤다. 팀의 워크플로우에 더 적합하도록 보드의 열을 커스터마이징하는 방법과 유사한 이슈를 함께 그룹화하는 데 스윔레인을 사용하는 방법을 살펴봤다. 뷰로부터 관계없는 이슈를 쉽게 걸러내기 위한 퀵 필터 생성법을 봤으며, 이를 통해 관심 있는 이슈에 집중할 수 있다.

4장에선 프로젝트에서 작업하는 주요 데이터인 이슈issues와 이것으로 무엇을 할 수 있는지 보게 될 것이다.

04

이슈 관리

3장에서 지라가 여러 가지 목적으로 다양한 조직에서 사용할 수 있는 매우 유연한, 다용도 도구임을 살펴봤다. 소프트웨어 개발 조직은 지라를 소프트웨어 개발 수명 주기와 버그 트래킹을 위해 사용하는 반면, 고객 서비스 조직은 고객의 불만과 제안 사항을 추적하고 기록하는 데 사용할 수 있다. 이러한 이유로 지라에서 이슈는 현실 세계 시나리오에서 적용할 수 있는 모든 사항을 표현할 수 있다. 일반적으로 지라에서 이슈는 한 명 이상이 영향을 받을 수 있는 작업 단위를 나타낸다.

4장에선 이슈 관리를 위해 지라에서 제공하는 기본 기능과 고급 기능을 살펴본다. 학습하는 내용은 다음과 같다.

- 지라에서의 이슈
- 이슈의 생성, 편집, 삭제

- 프로젝트 간 이슈의 이동
- 투표와 감시를 통한 이슈에 관심 표현하기
- 첨부 파일 올리기와 이슈 링크하기를 포함한 이슈 관련 고급 작업

▌이슈 이해

지라를 어떻게 사용하는지에 따라 이슈는 다른 것을 나타낼 수 있고, 사용자 인터페이스에서도 매우 다르게 보일 수 있다. 지라 코어에선 이슈가 태스크를 나타내며 다음과 같이 보일 것이다.

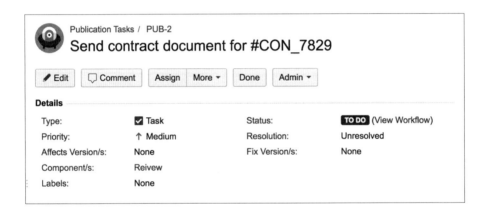

반면 지라 소프트웨어에선 애자일 보드를 사용하고 있다면 이슈는 스토리나 에픽을 나타낼 수 있으며, 다음과 같이 보일 것이다.

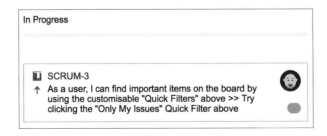

어떤 이슈가 무엇을 표현할 수 있는지, 어떤 이슈가 어떻게 표시될지 그리고 어떻게 보일지에 대해서는 차이가 있지만, 지라 내 모든 이슈는 다음과 같은 공통적인 핵심 사항이 많다.

- 이슈는 반드시 프로젝트에 소속돼야 한다.
- 이슈 타입으로 알려진 타입[type]을 반드시 가져야 한다. 이슈 타입은 이슈가 무엇을 나타내는가를 표시한다.
- 반드시 요약[summary]을 갖고 있어야 한다. 요약은 이슈가 무엇에 대한 것인가에 대한 한 줄 설명과 같은 역할을 한다.
- 상태[status]를 갖고 있어야 한다. 상태는 이슈가 주어진 시점에 워크플로우에서 어디에 있는지를 표시한다. 7장, '워크플로우와 비즈니스 프로세스'에서 워크플로우에 대해 설명한다.

요약하자면 지라에서 이슈는 지라 코어에서 태스크, 지라 소프트웨어에서 스토리, 지라 서비스 데스크에서 요청 사항과 같이 단일 사용자에 의해 완료될 수 있는 작업 단위를 나타낸다. 이들(태스크, 스토리, 요청 사항)은 모두 이슈의 다른 형태이다.

▌ 지라 이슈 요약

살펴본 바와 같이, 지라에서 이슈는 완료돼야 하는 작업 단위를 표시하는 현실 세계의 무언가가 될 수 있다. 이 절에선 지라 코어 및 지라 소프트웨어의 사용자 인터페이스에서 지라가 이슈를 어떻게 표현하는지 살펴볼 것이다. 지라 서비스 데스크는 11장, '지라 서비스 데스크'에서 살펴볼 것이다. 이 또한 다른 인터페이스를 갖고 있다.

먼저, 지라 코어에서 이슈에 대해 살펴보자. 다음 화면은 전형적인 이슈의 예를 보여준다. 이슈를 더 이해하기 쉬운 영역[section]으로 나눈다. 다음 표에는 이슈에 강조된 각 영역에 대한 설명이 있다. 이 뷰는 종종 issue summary, 또는 view issue 페이지라고 부른다.

이 영역은 다음 표에 설명돼 있다.

영역(Section)	설명
project/issue key	이슈가 속한 프로젝트를 보여준다. 이슈 키(issue key)는 현재 이슈의 고유한 식별자이다. 쉬운 탐색을 위한 이정표 역할을 한다.
issue summary	이슈에 대한 간략한 요약이다.
issue export options	이슈에 대한 다양한 뷰 옵션이다. XML, Work 및 Printable 옵션이 있다.
issue operations	'편집(edit), 할당(assign), 코멘트(comment)'와 같이 이슈에 대해 사용자가 수행할 수 있는 동작이다. 4장의 다음 절에서 다룬다.
workflow options	워크플로우 전이를 가능하게 한다. 7장, '워크플로우와 비즈니스 프로세스'에서 다룬다.
issue details/fields	이슈 타입과 우선순위 같은 이슈 필드를 나열한다. 사용자 정의 필드도 이 영역에 표시된다. 5장, '필드 관리'에서 다룬다.

영역(Section)	설명
user fields	담당자(assignee)나 리포터(reporter)와 같은 사용자 타입 필드에 특화된다. 5장, '필드 관리'에서 다룬다.
date fields	생성 날짜와 마감 날짜와 같은 날짜 형식 필드에 특화된다. 5장, '필드 관리'에서 다룬다.
attachments	이슈의 모든 첨부 파일을 나열한다.
sub-tasks	이슈는 더 작은 서브태스크로 쪼개질 수 있다. 어떤 이슈가 서브태스크를 갖고 있으면 이 영역에 나열된다.
comments	현재 사용자가 볼 수 있는 모든 주석을 나열한다.
work log	항상 사용자가 이슈에 기록한 정보를 추적해 나열한다. '시간 추적' 절에서 자세히 보도록 하자.
history	변경 이전/이후 값을 포함해 이 이슈에 대해 발생한 모든 변경 사항에 대해 추적을 유지한다.
activity	history와 유사하지만 더 사용자 친화적인 방법으로 정형화돼 있다. 내용에 대해 RSS feed도 생성할 수 있다.

지라 소프트웨어는 스크럼이나 칸반을 운영할 때 애자일 보드 사용자 인터페이스를 사용한다. 이 인터페이스는 3장, '애자일 프로젝트에 지라 사용하기'에 설명된 바와 같이 보드상에 카드 형태로 이슈를 보여주며, 카드는 이슈에 대한 더 간단한 요약을 갖고 있다. 하지만 카드를 클릭하면 지라는 앞의 표와 같이 이슈에 대한 자세한 정보를 펼쳐서 보여줄 것이다.

이슈로 작업하기

이슈는 지라의 중심이다. 다음 절에서 사용자가 이슈로 무엇을 할 수 있는지 살펴본다. 이슈에 대한 각 액션은 특정한 권한을 요구한다는 것을 알고 있어야 한다. 권한은 9장, '지라 보안'에서 다룬다.

이슈 생성

새로운 이슈를 생성할 때 많은 필드에 값을 채워야 할 것이다. 이슈 요약^{Summary}과 타입^{Issue Type} 같은 일부 필드는 필수 사항인 반면, 이슈 설명^{Description}과 같은 필드는 선택 사항이다. 5장에서 필드에 대해 더욱 자세히 살펴본다.

지라에는 새로운 이슈를 생성할 수 있는 몇 가지 방법이 있다. 다음 가운데 하나를 선택할 수 있다.

- 화면 상단의 **Create** 버튼을 클릭한다.
- 키보드에서 **C** 키를 누른다.

이렇게 하면 다음 화면과 같이 **Create Issue** 대화 상자가 나타날 것이다.

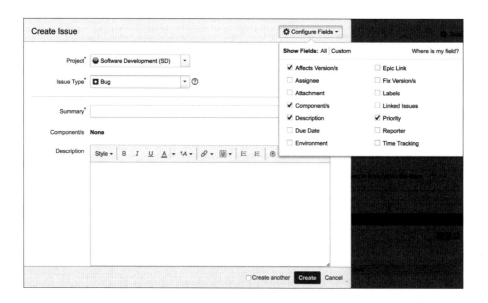

화면을 보면 알겠지만 상당히 적은 숫자의 필드들이 있다. 그리고 필수 필드에는 이름 다음에 붉은색 별표(*)가 표시된다.

관리자는 어떤 필드가 이슈 생성 대화 상자의 일부가 될 것인지 설정한다. 그러나 사용자는 다음 절차를 수행해 추가적인 필드를 숨김으로써 자신만의 이슈 생성 화면을 커스터마이징해 만들 수 있다.

1. 오른쪽 상단의 **Configure Fields** 옵션을 클릭한다.

2. **Custom** 옵션을 선택한다.

3. 앞의 화면과 같이 숨기고자 하는 모든 필드를 선택 해제하고, 표시하고자 하는 필드를 선택한다.

 사용자는 자신에게만 이러한 필드를 숨기거나 보이도록 할 수 있다. 오직 지라 관리자만이 실제로 모든 사용자에 대해 전체적으로 필드를 숨기거나 보이게 할 수 있다.

Create 버튼 옆에 **Create another** 옵션이 있다. 이 옵션을 체크하고 **Create** 버튼을 클릭하면 **Create Issue** 대화 상자는 화면상에 유지되고 우선순위, 컴포넌트, 마감 시간 같은 이전에 입력한 값을 기억한다. 이 방법은 대화 상자의 모든 사항을 다시 채우는 것을 피하고 실제로 값이 달라지는 **Summary** 필드와 같은 일부 필드만 업데이트할 수 있다. 이 기능을 사용하면 더 짧은 시간 동안 많은 이슈를 빠르게 생성할 수 있다.

이슈 편집

지라에는 이슈를 편집할 수 있는 두 가지 방법이 있다. 첫 번째는 매우 전통적인 방법으로 **Edit** 버튼을 클릭하거나 키보드의 E 키를 누르는 것이다. 그러면 현재 이슈에 대해 편집 가능한 모든 필드를 가진 이슈 편집 대화 상자가 나타날 것이다. 이렇게 하면 한 번에 여러 필드를 수정할 수 있다.

두 번째 선택은 인라인 편집$^{in-line\ editing}$이다. 이 기능을 사용하면 편집 대화 상자가 열릴 때까지 기다릴 필요 없이 이슈를 보고 원하는 필드를 바로 편집할 수 있다. 마우스를 화면 아래로 스크롤해 필드를 찾아보자. 필드를 인라인으로 편집하려면 마우스를 움직여 커서를 업데이트하려는 값 위에 놓고 Edit 아이콘이 나타나길 기다려서 그 아이콘을 클릭, 편집을 시작하면 된다.

편집 가능한 필드는 이슈 편집 작업에 사용되는 스크린으로 통제된다. 스크린은 6장, '스크린 관리'에서 다룰 것이다.

이슈 삭제

지라에서 이슈를 삭제할 수 있다. 보통 이슈를 종료하거나 중복으로 표시하는 것이 더 좋지만, 실수로 이슈가 생성됐거나 중복됐다면 이슈를 삭제해야 할 것이다. 이슈 종료에 대해선 7장, '워크플로우와 비즈니스 프로세스'에서 설명한다.

 지라에서 이슈의 삭제는 영구적이다. 나중에 다시 복원할 수 있도록 삭제된 레코드를 휴지통에 넣는 다른 애플리케이션과 다르게, 지라는 이슈를 시스템에서 완전히 삭제한다. 삭제된 이슈를 검색하기 위한 유일한 방법은 이전 백업으로 지라를 복구하는 것뿐이다.

이슈를 삭제하는 방법은 다음과 같다.

1. 삭제할 이슈로 이동한다.

2. More 메뉴에서 Delete 옵션을 클릭한다. 그러면 Delete Issue 대화 상자가 나타날 것이다.

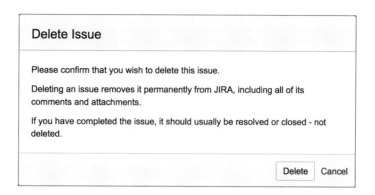

3. 지라에서 이슈를 영구적으로 제거하기 위해 Delete 버튼을 클릭한다.

지라에서 이슈를 영구적으로 삭제하면, 첨부 파일과 주석을 포함한 모든 관련 데이터가 제거된다.

프로젝트 간 이슈 이동

이슈가 생성되면 이슈는 프로젝트와 연관된다. 그러나 이슈를 한 프로젝트에서 다른 프로젝트로 이동시킬 수 있다. 매우 간단한 과정처럼 들릴 수도 있지만, 여러 단계가 포함돼 있고 고려해야 할 사항이 있다.

먼저 새로운 프로젝트에 현재 이슈 타입이 존재하지 않는다면 새로운 이슈 타입을 결정해야 한다. 두 번째로 이슈의 상태를 매핑해야 한다. 세 번째로 현재 프로젝트에는 존재하진 않지만 새로운 프로젝트에는 있으며 이 필드가 필수로 설정돼 있다면, 그 필드의 값을 결정해야 한다. 해야 할 일이 많은 것처럼 들리는가? 다행히도 지라는 모든 이런 항목의 처리를 돕기 위해 고안된 마법사를 제공한다.

이슈를 이동하는 방법은 다음과 같다.

1. 이동시킬 이슈로 이동한다.
2. More 메뉴의 Move 옵션을 클릭한다. 그러면 Move Issue 마법사가 호출된다.

Move Issue 마법사는 기본적으로 4단계로 돼 있다.

첫 번째 단계는 이슈를 옮길 프로젝트를 선택하는 것이다. 그리고 새로운 이슈 타입을 선택해야 한다. 새로운 프로젝트에 동일한 이슈 타입이 있으면, 보통 이를 사용해 계속 진행할 수 있다.

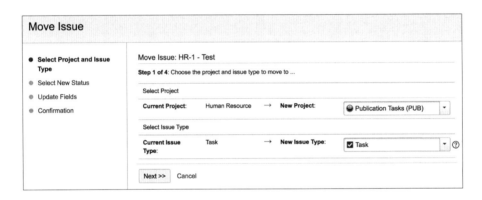

두 번째 단계로 현재의 이슈를 새로운 프로젝트의 워크플로우에 매핑할 수 있다. 이슈의 상태^{Status}가 대상 프로젝트에 존재한다면 마법사는 이 단계를 건너뛸 것이다.

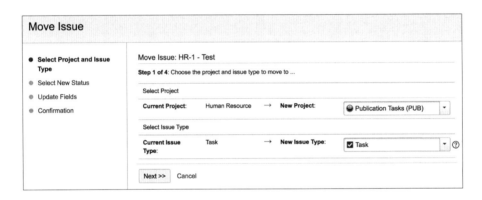

세 번째 단계는 새로운 프로젝트에는 존재하지만 현재 프로젝트에는 없는 모든 필드를 보여주고 값을 요구한다. 다시 한 번 누락된 필드가 없다면 이 단계는 건너뛸 것이다.

마지막 네 번째 단계는 이슈를 프로젝트 A에서 프로젝트 B로 이동하는 데 적용된 변경 사항에 대한 요약을 보여준다. 모든 정보가 정확한지 확인할 수 있는 마지막 기회다. 실수가 있다면 첫 번째 단계로 돌아가 다시 시작할 수 있다. 이러한 변경 사항에 만족하는 경우 Move를 클릭해 이슈의 이동을 확정하자.

이슈가 이동되면, 이슈는 새로운 프로젝트에 기반한 새로운 이슈 키^{Issue Key}를 갖게 된다. 그러나 이전 이슈 키를 갖고 이슈에 접근하려고 하는 경우에 여전히 지라에선 리다이렉트가 가능하다.

이슈에 투표하기

지라에서 이슈에 대한 관심을 표현하는 가장 간단한 방법은 투표^{vote}하는 것이다. 인기도에 따라 이슈의 우선순위를 관리하는 조직이나 팀에서, 투표는 이러한 정보를 수집하는 훌륭한 메커니즘이다.

이러한 예 가운데 하나는 애틀라시안이 고객이 구현되길 원하는 기능이나 수정돼야하는 버그를 고객의 필요에 따라 선택하고 투표하는 것처럼 지라를 사용하는 방법이다(예: https://jira.atlassian.com/browse/JRA-9). 이것은 제품 관리자와 마케팅 팀이 시장의 요구와 자신의 제품을 가장 잘 발전시키는 방법에 대한 통찰력을 얻게 한다.

투표할 때 염두에 두어야 할 점은 한 이슈에는 한 번만 투표를 할 수 있단 사실이다. 여러 다른 이슈에 여러 번 투표할 순 있다. 그러나 주어진 이슈 하나에는 오직 한 번만 투표를 할 수 있다. 이는 사용자 한 명이 계속해서 같은 이슈에 투표해 최종 통계의 비율을 망쳐버리는 것을 방지한다. 그리고 이미 투표한 이슈에 대해 투표를 취소할 수 있다. 취소한 뒤 다시 동일한 이슈에 투표할 수도 있다. 이렇게 다시 투표를 해도 한 번 투표한 것으로 계산된다.

이슈에 투표하려면 Votes 옆 Vote for this issue 링크를 클릭만 하면 된다. 이슈에 투표한 경우 아이콘의 색깔이 있는 상태로 나타난다. 아직 이슈에 대해 투표하지 않았다면 아이콘은 회색으로 표시된다. 그리고 자신이 만든 이슈에 투표할 수 없다는 것을 알고 있어야 한다.

이슈 알림 수신

지라는 사용자에게 이슈의 업데이트에 관해 자동으로 이메일 알림[e-mail notifications]을 보낼 수 있다. 일반적으로 알림 이메일은 이슈의 보고자[reporter], 담당자[assignee], 그리고 이슈에 관심을 등록한 사람에게만 전송된다. 이러한 동작은 Notification Schemes를 통해 변경될 수 있으며 8장, '이메일과 알림'에서 설명한다.

사용자는 감시할 이슈를 선택해 이슈에 관심을 등록할 수 있다. 이슈에서 감시[watch]를 선택하면, 업데이트 활동에 대한 이메일 알림을 받을 수 있다. 이슈 감시 중단을 선택할 수도 있으며, 지라로부터 업데이트 이메일을 받는 것을 중단할 수 있다. 사용자는 다른 사용자를 감시자[watchers] 목록에 추가할 수 있다.

이슈를 감시하려면 Start watching this issue 링크를 클릭하면 된다. 이미 이슈를 감시하고 있다면 Stop watching this issue 문장이 나타날 것이다. 이 링크를 다시 클릭하면 이슈 감시를 중단하고 다음과 같은 화면이 나타날 것이다.

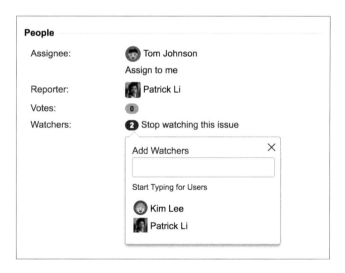

사용자가 이슈를 생성하면, 지라는 해당 사용자를 자동으로 감시자로 추가한다.

또한 지라는 감시 아이콘 옆에 전체 감시자를 표시함으로써 얼마나 많은 사람이 적극적으로 이슈를 감시하는지 보여준다. 전체 감시자 목록을 보기 위해선 Watchers 옆에 숫자를 클릭할 수 있다.

사용자에게 이슈 할당

이슈가 생성되면 보통 이슈를 할당받은 사용자가 이슈에 대한 작업을 시작할 것이다. 그 후 사용자는 추가 검증을 위해 QA 직원에게 이슈를 추가로 할당할 수 있다.

이슈를 다른 사용자에게 다시 할당해야 할 때가 많다. 예를 들면 현재 담당자가 없거나 이슈가 특정 담당자 없이 생성되는 경우가 있다. 또 다른 예로는 이슈가 워크플로우의 다른 단계에서 다른 사람에게 할당되는 경우다. 이런 이유로 지라는 이슈가 생성된 이후 사용자가 이슈를 재할당하는 것을 허용한다.

이슈 할당 방법은 다음과 같다.

1. 할당하려는 이슈로 이동한다.
2. Issue 메뉴 바에서 Assign 버튼을 클릭하거나, 키보드의 A 키를 누른다(여기에서도 인라인 편집 기능을 사용할 수 있다).
3. 이슈의 새로운 담당자를 선택하고 부가적으로 새로운 담당자에게 정보를 제공하기 위해 주석을 추가한다.
4. Assign 버튼을 클릭한다.

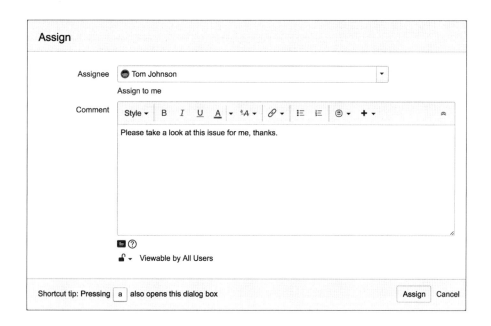

이슈가 재할당되면 이슈의 담당자 값은 새로운 사용자로 업데이트될 것이다. 새 담당자는 할당 사실을 알려주는 알림 이메일을 받게 된다. 또한 Unassigned 옵션을 선택, 간단하게 이슈에 대한 할당을 해제할 수 있다. 할당이 취소된 이슈는 담당자가 없으며, 누구의 활성 이슈 목록에도 나타나지 않는다.

 키보드의 I 키를 눌러 이슈를 자신에게 빠르게 할당할 수 있다.

다른 사용자와 이슈 공유

지라에서 다른 사용자에게 이슈를 이메일로 보내기 원한다면 이슈의 URL을 이메일에 복사해서 붙이는 대신 지라에 내장된 공유 기능을 사용할 수 있다. 공유 아이콘을 클릭하거나 키보드의 S 키를 누르는 것이다. 그러면 다음과 같은 화면이 보인다. 이슈를 공유하려는 사용자를 선택하고 Share 버튼을 클릭한다.

 이슈를 공유받는 사용자가 해당 이슈에 접근 권한이 없으면 해당 사용자는 이슈 세부 사항을 볼 수 없다.

▌ 이슈 링크

지라는 이슈에 대해 사용자 지정 하이퍼링크의 생성을 허용한다. 이것은 사용자에게 이슈에 대해 더 많은 정보를 제공할 수 있게 한다. 지라에선 두 가지 타입의 링크를 생성할 수 있다. 각각 지라 내에 있는 다른 이슈에 대한 링크와 웹 페이지 같은 웹에 있는 임의의 리소스에 대한 링크다.

이슈를 다른 이슈와 링크

이슈는 어떤 식으로든 다른 이슈와 연관된다. 이슈 A는 이슈 B의 진행을 차단하고 있을 수 있고, 또는 이슈 C는 이슈 D의 중복이 될 수 있다. 이슈에 이런 정보를 기술하기 위해 설명을 추가하거나, 중복되는 경우에는 이슈 가운데 하나를 삭제할 수 있다. 그러나 이러한 방법으로는 모든 관계를 추적하는 것이 어렵다. 다행히 지라는 표준 이슈 링크 기능을 통해 훌륭한 해결책을 제공한다.

표준 이슈 링크^{Standard Issue Link}는 동일 지라 인스턴스에서 이슈를 하나 이상의 다른 이슈와 링크하는 것을 허용한다. 따라서 다른 프로젝트의 두 이슈를 함께 링크할 수 있다(사용자가 두 프로젝트 모두 접근할 수 있는 경우). 이러한 방법으로 이슈끼리 링크하는 것은 매우 간단하다. 사용자는 링크 대상 이슈가 무엇인지 알기만 하면 된다.

1. 링크를 생성할 이슈의 view issue 페이지로 이동한다.

2. More 메뉴에서 Link를 선택한다. link issue 대화 상자가 나타날 것이다.

3. 왼쪽 패널에서 JIRA Issue 옵션을 선택한다.

4. This issue 드롭다운 메뉴에서 이슈의 링크 타입을 선택한다.

5. 링크할 대상 이슈를 선택한다. 원하는 이슈를 찾기 위해 검색 기능을 사용할 수 있다.

6. Link 버튼을 클릭한다.

이슈를 링크하면 해당 링크는 View Issue 페이지의 Issue Links 영역에 표시될 것이다.
지라는 대상 이슈의 이슈 키, 설명, 우선순위, 상태를 표시할 것이다.

원격 콘텐트와 이슈 링크

표준 지라 이슈 링크는 여러 이슈를 동일 지라 인스턴스에 링크하는 것을 가능하게 한
다. 지라는 이슈를 인터넷상의 웹 페이지와 같은 리소스에 링크하는 것도 허용한다.

원격 이슈 링크의 사용은 표준 이슈 링크와 매우 흡사하다. 차이는 이슈를 선택하는
대신 대상 리소스의 URL 주소를 지정하는 것이다.

1. Link Issue 대화 상자를 연다.

2. 왼쪽 패널의 Web Link 옵션을 선택한다.

3. 대상 리소스에 대한 URL 주소를 지정한다. 지라는 자동으로 리소스의 적절한 아이콘을 로드하려고 시도할 것이다.

4. Link Text 필드에 링크 이름을 입력한다. 여기에 입력하는 이름은 이슈를 볼 때 링크에 대해 표시된다.

5. Link 버튼을 클릭한다.

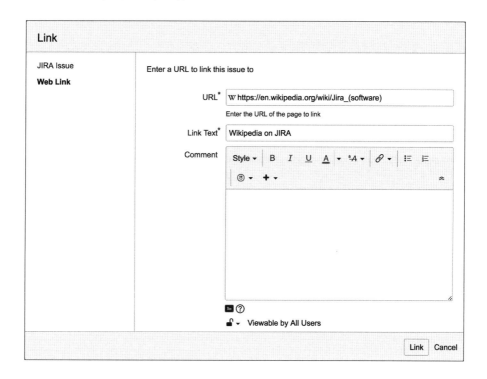

▌ 이슈 복제

새로운 이슈를 생성해야 할 필요가 있고 이미 기반이 되는 이슈가 있는 경우, 지라에선 원래 이슈를 복제해 기존 이슈를 기반으로 한 데이터를 가진 이슈를 빠르게 생성할 수 있다. 이슈 복제는 대부분 필드가 채워진 채로 이슈를 빠르게 생성할 수 있다. 예를 들어 두 소프트웨어 제품에 동일한 버그가 있는 경우도 있다. 하나의 프로젝트에서 버그 보고를 생성한 후, 다른 프로젝트에서 이 이슈를 간단히 복제할 수 있다.

복제된 이슈는 원본 이슈에서 모든 필드를 복사할 것이다. 그러나 복제된 이슈는 (기존 이슈와 다른) 완전히 분리된 이슈다. 두 이슈 가운데 하나에 추가적인 작업을 수행해도 다른 이슈에는 영향을 주지 않는다.

이슈가 복제되면, 두 이슈 사이에 관계를 만들기 위해 자동으로 Clone 링크가 생성된다.

지라에서 이슈 복제는 간단하고 단순하다. 복제된 이슈를 위해 해야 하는 것은 새로운 요약 정보(summary 필드)를 지정(또는 문장 앞에 CLONE으로 표시된 기본 요약 정보를 수락)하는 것뿐이다.

1. 복제할 이슈로 이동한다.
2. More 메뉴에서 Clone을 선택한다.
3. 새로 복제된 이슈에 대한 새 요약 정보Summary를 입력한다.
4. 모든 서브태스크를 복사하고 싶다면 Clone Sub Tasks 체크박스를 선택한다.
5. Create 버튼을 클릭한다.

이슈가 성공적으로 복제되면 새롭게 복제된 이슈의 이슈 요약 페이지로 이동한다.

▌ 시간 추적

때때로 이슈는 작업이 가능한 단일 작업 단위를 나타내기 때문에 사용자가 이슈에 대해 작업한 시간을 기록하는 것이 타당하다. 사용자는 이슈를 완료하는 데 요구되는 추정된 노력을 지정할 수 있고, 지라는 진행 상황을 추적할 수 있게 해준다. 지라는 오른쪽의 Time Tracking 패널에서 설명과 함께 다음 그림과 같이 이슈에 대한 시간 추적 정보를 표시한다.

- Estimated : 이슈를 완료하는 데 요구되는 초기 추정 시간을 나타낸다. 버그를 고치는 데 필요한 추정 시간을 예로 들 수 있다.
- Remaining : 이슈가 완료되기까지 남아 있는 시간을 나타낸다. 초기 추정치와 사용자에 의해 기록된 시간을 기준으로 지라에 의해 자동으로 계산된다. 그러나 다음 절에 나오듯 이슈에 대한 사용자 작업 로그는 이 값을 덮어쓸 수 있다.
- Logged : 이슈에 대해 사용된 총 시간을 표시한다.

초기 추정치 지정

초기 추정치$^{Original\ estimate}$는 이슈로 표현되는 작업을 완료하는 데 필요한 예상 시간을 나타낸다. 이것은 Time Tracking 영역 아래 파란색 막대로 보인다.

초기에 추정한 값을 지정하려면 시간 추적의 활성화와 Time Tracking 필드가 이슈 생성 및 편집 스크린에 추가 확인해야 할 필요가 있다. 필드와 스크린은 5장, '필드 관리'와 6장, '스크린 관리'에서 각각 논의할 것이다.

초기 추정한 값을 지정하기 위해서는 이슈 생성 및 편집 스크린의 Original Estimate 필드에 값을 입력한다.

작업 로깅

지라에서 작업 로깅은 이슈에 대한 작업에 소요된 총 시간(작업량)을 명시할 수 있도록 한다. Time Tracking이 활성화되고 권한을 갖고 있다면, 모든 이슈에 대해 작업 로그를 기록할 수 있다. 권한에 관한 내용은 10장, '검색, 보고, 분석'에서 다룬다.

이슈에 대한 작업 로그를 기록하기 위해선 다음 단계를 수행한다.

1. 작업 로그를 기록할 이슈로 이동한다.

2. More 메뉴에서 Log Work를 선택한다.

3. 로그를 기록할 총 시간을 입력한다. 주, 일, 시간, 분을 지정하려면 각각 w, d, h, m을 사용하면 된다.

4. 작업 로그를 기록하고자 하는 날짜를 선택한다.

5. 부가적으로 남아 있는 추정치를 조정하는 방법을 선택한다.

6. 수행한 작업에 대한 설명을 추가한다.

7. 부가적으로 작업 로그 항목을 볼 수 있는 사람을 선택한다.

8. Log 버튼을 클릭한다.

이슈에 대한 작업 로그를 기록할 때, Remaining Estimate 값이 어떤 방법으로 영향을 받을 것인가를 선택할 수 있다. 기본적으로 이 값은 초기 추정치에서 기록된 로그의 총량을 빼서 자동으로 계산된다. 그러나 남아 있는 추정치를 특정 값으로 설정하거나 로그에 기록된 작업량과 다른 값으로 줄이는 등, 이용 가능한 다른 옵션을 선택할 수 있다.

 Time Tracking 섹션에서 시간 로그를 기록하려면 + 표시를 클릭할 수도 있다.

▌ 이슈와 코멘트

지라는 사용자가 이슈에 코멘트comments를 다는 것을 허용한다. 이미 본 것처럼 다른 사용자에게 이슈를 할당할 때 코멘트 생성이 가능했다. 여러 사용자가 같은 이슈에 대한 작업을 하고, 정보를 공유하기 위해 협력하는 것을 가능하게 하는 매우 유용한 기능이다. 지원 인력(이슈 담당자)은 이슈에 대한 코멘트를 추가함으로써 비즈니스 사용자(이슈 리포터)에게 더 많은 설명을 요청할 수 있다. 지라에 내장된 알림 시스템과 함께 사용하면 자동 이메일 알림 기능은 이슈의 리포터, 담당자 및 이슈를 감시하고 있는 다른 사용자에게 자동으로 이메일을 보낸다. 알림 기능은 8장, '이메일과 알림'에서 다룬다.

코멘트 추가

기본적으로 모든 로그인 사용자는 접근할 수 있는 이슈에 코멘트를 추가할 수 있다. 코멘트를 추가하는 방법은 다음과 같다.

1. 코멘트를 추가하려는 이슈로 이동한다.
2. Comment 옵션을 클릭하거나, 키보드의 M 키를 누른다.
3. 텍스트 상자에 코멘트를 입력한다. 코멘트를 볼 수 있는 사람에 대한 제한을 미리 보고 설정할 수 있다.

4. Add 버튼을 클릭, 코멘트를 추가한다.

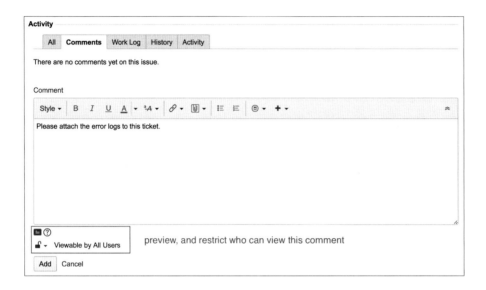

코멘트를 추가하면 하단에 있는 Activity 영역의 Comments 탭에서 해당 코멘트를 볼 수 있다. 코멘트를 추가할 때 코멘트에 대한 접근 제어를 통해 코멘트를 볼 수 있는 사람을 선택할 수 있다. 해당 이슈를 보는 외부 사용자가 있고, 내부 사용자만 코멘트를 보게 하고 싶을 때 매우 유용하다.

이슈에 코멘트를 추가 후 코멘트의 내용을 편집하고, 보안 설정을 하거나 코멘트를 삭제할 수 있다. 코멘트를 편집하거나 삭제하기 위해 코멘트 위로 마우스 커서를 위치시키면 코멘트 관리 옵션이 오른쪽에 나타날 것이다.

코멘트에 퍼머링크 만들기

때로는 이전에 만든 코멘트를 다른 사람이 참조하길 원할 수 있다. 사람들에게 이슈를 이야기하고, 추가한 코멘트를 찾을 때까지 수백 개의 코멘트 사이를 스크롤하게 할 수도 있지만, 지라에선 관심 대상 코멘트로 직접 이동할 수 있는 퍼머링크permalink [1]를 생성할 수 있다.

코멘트에 대한 퍼머링크를 생성하는 방법은 다음과 같다.

1. 퍼머링크를 만들 코멘트로 이동한다.

2. 코멘트 위에 마우스 커서를 두면 코멘트 관리 옵션이 나타난다.

3. 퍼머링크 아이콘을 클릭한다. 코멘트가 옅은 파랑으로 강조될 것이다.

이제 브라우저 URL 바에 샘플 링크인 http://sample.jira.com/browse/DEMO-1?focusedCommentId=10100&page=com.atlassian.jira.plugin.system.issuetabpanels:commenttabpanel#comment-10100과 유사한 주소가 나타나는 것을 확인할 수 있다(이슈 키 다음 focusedCommendId 부분을 확인하라). 해당 URL을 복사한 후 붙여 넣는다. 그리고 해당 URL을 동료에게 알려주면 된다. 링크를 클릭하면, 바로 강조된 코멘트로 이동한다.

▌ 첨부 파일

지금까지 살펴본 바와 같이 지라는 데이터를 저장하는 데 Summary와 Description 같은 필드를 사용한다. 대부분 문제는 없지만, 애플리케이션 로그 파일이나 화면과 같이 복잡한 데이터를 갖고 있을 땐 복잡한 데이터를 담아내기 불충분하다. 이때 첨부

---

1   퍼머링크(permalink)는 permanent link의 합성어로 블로그 기록 안의 특정한 글에 대한 링크다. 블로그 첫 페이지에서 글이 넘어갔더라도 퍼머링크는 변하지 않고 고유하게 남아 있기 때문에 링크가 쉽게 죽지 않는다. 그래서 특정 블로그 글로 바로 접근할 수 있게 해준다. - 옮긴이

파일이 필요하다. 지라에선 로컬 컴퓨터의 파일이나 스크린샷을 첨부하는 것이 가능하다.

파일 첨부

지라 이슈에 파일을 첨부하는 가장 쉬운 방법은 드래그 앤 드롭이다.

1. 파일을 첨부하려는 이슈로 이동한다.

2. 첨부할 파일을 브라우저로 드래그 앤 드롭한다. 다음 화면과 같이 이슈에 파일을 드롭할 수 있는 곳을 표시하는 윤곽선이 보일 것이다.

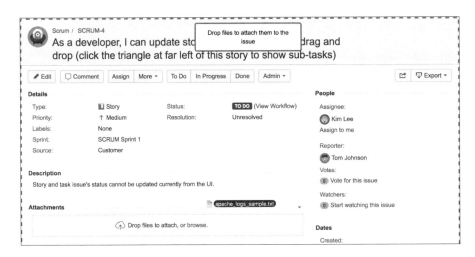

드래그 앤 드롭은 파일을 첨부하는 가장 쉬운 방법이지만 수동으로도 파일을 선택해 첨부할 수 있다.

1. 파일을 첨부하려는 이슈로 이동한다.

2. More 메뉴에서 Attach File을 선택한다.

3. 파일 브라우저에서 첨부할 파일을 선택해 첨부한다.

파일 타입에 따라 이미지나 PDF와 같은 특정 파일은 다운로드 없이 지라 UI에서 바로 볼 수 있다.

스크린샷 첨부

이슈에 임의의 파일을 첨부하는 것 외에, 지라에선 시스템 클립보드에서 스크린샷을 직접 첨부할 수 있다. 이렇게 하면 스크린샷을 찍어 디스크상의 물리적인 파일로 저장하고 지라에 파일을 저장하지 않아도 된다.

스크린샷 첨부 방법은 다음과 같다.

1. 운영체제에서 스크린샷을 찍는다. 운영체제가 윈도우라면 Print Screen 키를 누른다.
2. 스크린샷을 첨부할 이슈로 이동한다.

3. 키보드에서 Ctrl+V 키를 누른다. 스크린샷이 앞의 패널로 붙여넣기가 된다.

4. 스크린샷의 파일 이름을 입력하거나 기본 이름 그대로 사용한다.

5. Upload 버튼을 클릭한다.

█ 이슈 타입과 서브태스크

앞서 살펴본 바와 같이 지라에서 이슈는 소프트웨어 개발 태스크에서 프로젝트 관리 마일스톤까지 많은 범위의 것들을 표현할 수 있다. 이슈 타입^{Issue type}은 어떤 한 종류의 이슈를 다른 종류의 이슈와 구분하는 것이다.

각 이슈는 이슈 타입 필드로 표시되는 타입을 갖는다(따라서 이슈 타입으로 이름 붙인다). 이것은 사용자가 이슈 타입이 무엇인지 알 수 있도록 하고, 이슈에 대해 표시돼야 하는 필드가 어떤 것인지 같은 이슈의 여러 측면에 대한 결정을 돕는다.

기본 이슈 타입은 간단한 소프트웨어 개발 프로젝트에선 굉장히 유용하지만 다른 과제에서는 필요한 사항을 만족시키지 못한다. 모든 사람의 요구를 만족시킬 수 있는 시스템을 만드는 건 불가능하기 때문에, 지라는 사용자 자신의 이슈 타입을 생성하고 프로젝트에 할당하는 것을 허용한다. 예를 들어 업무 지원 프로젝트에서 티켓^{ticket}이라고 하는 사용자 정의 이슈 타입을 생성하길 원할 수 있다. 사용자는 이 사용자 정의 이슈 타입을 생성해, 해당 이슈 타입을 Help Desk 프로젝트에 할당할 수 있다. 다른 사용자는 시스템에서 버그 대신 티켓을 기록할 수 있을 것이다.

이슈 타입은 Manage Issue Types 페이지를 통해 관리된다. 이 페이지 접근 방법은 다음과 같다.

1. 지라 관리자 계정으로 지라에 로그인한다.

2. 지라 관리 콘솔로 이동한다.

3. Issues 탭을 선택하고 Issue Type 옵션을 선택한다. Issue Types Administration 페이지가 나타날 것이다.

다음 화면은 지라 소프트웨어가 제공하는 기본 이슈 타입 목록을 보여준다. 지라 코어만 설치됐다면 보이는 목록이 다를 것이다.

이슈 타입 생성

사용자는 이슈 타입을 몇 가지든 생성할 수 있다. 새로운 이슈 타입 생성 방법은 다음과 같다.

1. Issue Types Administration 페이지로 이동한다.

2. Add Issue Type 버튼을 클릭한다.

3. 새로운 이슈 타입을 위한 이름과 설명을 입력한다.

4. 새로운 이슈 타입이 표준 이슈 타입이 될 것인지 서브태스크 이슈 타입이 될 것인지를 선택한다.

5. Add를 클릭, 새로운 이슈 타입을 생성한다.

새로운 이슈 타입이 생성되고 나면 기본 아이콘이 할당된다. 할당된 아이콘을 변경하고 싶다면 Edit 링크를 클릭하고 이슈 타입의 아이콘으로 새로운 이미지를 선택하면 된다.

이슈 타입 삭제

이슈 타입을 삭제할 때 이미 사용 중인 이슈 타입일 수도 있단 점을 염두에 두어야 한다. 이는 해당 이슈 타입으로 생성된 이슈가 있음을 의미한다. 따라서 이슈 타입을 삭제할 때 사용 중인 이슈에 새로운 이슈 타입을 선택해줘야 한다. 좋은 소식은 지라가 이러한 사항을 처리한다는 점이다. 다음 화면에서 보는 바와 같이 Bug 이슈 타입을 삭제하려고 하면, 지라는 Bug 타입의 이슈가 6개 있다고 알려준다. 사용자는 이러한 이슈에 Improvement 같은 새로운 이슈 타입을 할당해야 한다.

Delete Issue Type: Bug   이 이슈 타입을 사용하는 이슈 6개를 보려면 클릭하세요.

Note: This issue type cannot be deleted - there are currently **6** matching issues with no suitable alternative issue types (only issues you have permission to see will be displayed, which may be different from the total count shown on this page).

In order for an issue type to be deleted, it needs to be associated with one workflow, field configuration and field screen scheme across all projects. If this is not the case, JIRA can not provide a list of valid replacement issue types.

Cancel

▌ 서브태스크

지라는 특정 시점에 하나의 이슈에 대해 오직 한 사람(담당자: assignee)만 작업하는 것을 허용한다. 이러한 설계는 한 이슈가 한 사람에 대해 추적이 가능한 단일 작업 단위인 것을 보장한다. 그러나 현실에선 동일 이슈에 대해 여러 사람이 작업해야 할 상황을 자주 발견할 수 있다. 이것은 빈약한 분할이나 단순히 작업이 가지는 특성이 원인이 될 수 있다. 이유가 무엇이든 간에, 지라는 서브태스크를 통해 이러한 문제를 해결할 수 있는 메커니즘을 제공한다.

서브태스크^{Subtasks}는 여러 가지 면에서 이슈와 유사하다. 실제로 서브태스크는 특별한 이슈의 종류이다. 서브태스크는 반드시 부모 이슈를 갖고 있어야 한다. 그들의 이슈 타입은 서브태스크 이슈 타입으로 표시된다. 모든 서브태스크는 이슈라고 말할 수 있지만, 모든 이슈가 서브태스크는 아니다.

모든 이슈는 개별적으로 할당되고 추적 가능한 하나 이상의 서브태스크를 가질 수 있다. 서브태스크는 또 다른 서브태스크를 가질 수 없다. 지라는 오직 한 단계의 서브태스크만을 지원한다.

서브태스크 생성

서브태스크는 이슈에 속하기 때문에 새로운 서브태스크를 생성하기 전에 먼저 (서브태스크의 부모가 될) 이슈로 이동할 필요가 있다.

1. 서브태스크를 생성하려는 이슈로 이동한다.
2. More 메뉴에서 Create Sub-Task를 선택한다.

Create Issue 대화 상자와 유사한 대화 상자를 보게 될 것이다. 그러나 여기서 알아야 하는 한 가지는 이슈 생성 때와 다르게 서브태스크를 생성하려는 프로젝트를 선택할 수 없다는 것이다. 이것은 지라가 부모 이슈에 기반해 프로젝트 값을 결정할 수 있기 때문이다. 또한 선택 가능한 이슈 타입은 오직 서브태스크라는 것도 알고 있어야 한다.

이러한 차이 이외에 서브태스크를 생성하는 것은 일반적인 이슈를 생성하는 것과 차이가 없다. 대화 상자에서 보이는 필드를 커스터마이징하고, Create another 옵션을 선택해 여러 개의 서브태스크를 빠르게 생성할 수 있다.

서브태스크가 생성되면, 부모 이슈의 **Sub-Tasks** 영역에 생성된 서브태스크가 추가될 것이다. **Sub-Tasks** 영역에서 이슈에 속한 모든 서브태스크와 그들의 상태를 볼 수 있다. 서브태스크가 완료되면 옆에 녹색 눈금을 갖게 된다.

Sub-Tasks				+ ˅
1.	Prepare contract document		DONE	John Kennedy
2.	Review contract with legal team		DONE	Tom Johnson
3.	Contact and send contract document for signature		TO DO	*Unassigned*

▌ 이슈 타입 스킴

이슈 타입 스킴^{Issue type schemes}은 프로젝트에 적용할 수 있는 이슈 타입의 템플릿 또는 모음이다. 다음 화면에서 보는 것과 같이 지라는 **Default Issue Type Scheme**을 제공하며, 이 스킴은 특정 이슈 타입 스킴이 적용되지 않은 모든 프로젝트에 적용된다. 새 프로젝트를 생성할 때, 선택한 프로젝트 템플릿에 기반해 새 이슈 타입 스킴이 생성된다. 새 스킴은 템플릿 기반으로 미리 채워진 이슈 타입을 갖고 있을 것이다. 다음 화면에서 Test Project를 위한 **TP: Project Management Issue Type Scheme**과 Software Development 프로젝트를 위한 **SD: Software Development Issue Type Scheme** 두 가지를 볼 수 있다.

사용자 자신의 이슈 타입을 생성할 때, 해당 이슈 타입을 사용 가능하게 하려면 이슈 타입을 프로젝트가 사용하는 이슈 타입 스킴에 추가해야 한다.

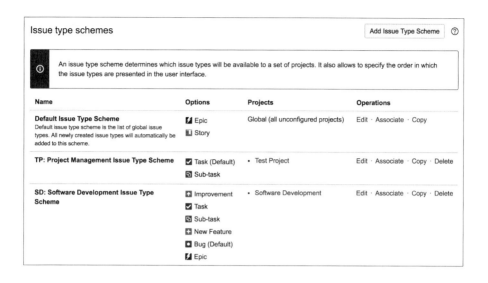

이슈 타입 스킴에 이슈 타입 추가하기

새로운 이슈 타입 스킴을 생성하는 방법은 다음과 같다.

1. 지라 관리 콘솔로 이동하다.

2. Issues 탭을 선택하고, Issue Type Schemes 옵션을 선택한다. Issue Type Schemes 페이지가 나타날 것이다.

3. 이슈 타입을 추가할 이슈 타입 스킴의 Edit 링크를 클릭한다.

4. Available Issue Types list에서 스킴에 포함되기 원하는 이슈 타입을 끌어다 Issue Types for Current Scheme 목록에 드롭한다.

5. Default Issue Type의 값을 선택한다. 이는 부가 선택 사항임을 알아야 한다. 새로운 스킴에 대해 최소한 하나 이상의 이슈 타입을 선택한 후에 기본 이슈 타입을 선택할 수 있다.

6. Save 버튼을 클릭한다.

Modify Issue Type Scheme — TP: Project Management Issue Type Scheme   **+ Add Issue Type**

SHARED BY 1 PROJECT

Scheme Name*   TP: Project Management Issue Type S

Description

Default Issue Type   Task

Change the order of the options by **dragging and dropping** the option into the desired order. Similarly, **drag and drop** the option from one list to the other to add or remove them.

Issue Types for Current Scheme   **Available Issue Types**

Remove all   Add all

☑ Task   ☑ Epic

Sub-task (sub-task)   Story

                              Improvement

           Bug   New Feature

Save   Reset   Cancel

▌ 이슈 우선순위

우선순위는 사용자가 이슈의 중요성을 설정하는 것을 돕는다. 사용자는 이슈에 대해 우선순위 값을 먼저 할당하고, 나중에 이를 이용해 작업해야 하는 이슈 목록을 정렬할 수 있다. 따라서 팀이 먼저 집중해야 할 이슈가 어떤 것인지 결정하는 것을 돕는다. 지라는 다음 화면에서와 같이 바로 사용할 수 있는 다섯 단계의 우선순위 수준을 제공한다.

View Priorities

The table below shows the priorities used in this version of JIRA, in order from highest to lowest.

- **Translate priorities**

Name	Description	Icon	Color	Order	Operations
Highest	This problem will block progress.	↑	■	↓	Edit · Delete · Default
High	Serious problem that could block progress.	↑	■	↑ ↓	Edit · Delete · Default
Medium	Has the potential to affect progress.	↑	■	↑ ↓	Edit · Delete · Default
Low	Minor problem or easily worked around.	↓	■	↑ ↓	Edit · Delete · Default
Lowest	Trivial problem with little or no impact on progress.	↓	■	↑	Edit · Delete · Default

사용자는 자체적인 우선순위를 생성해 우선순위 목록을 커스터마이징할 수 있다. 새로운 우선순위를 생성하려면 다음 단계를 따른다.

1. 지라 관리 콘솔로 이동한다.

2. Issues 탭을 선택하고 Priorities 옵션을 선택한다.

3. 새로운 우선순위의 이름과 설명을 입력한다.

4. 새로운 우선순위에 대한 아이콘을 선택하기 위해 select image 링크를 선택한다.

5. 우선순위에 대한 색상을 지정한다. HTML의 16진수 코드를 바로 입력하거나 색상 선택기color picker를 사용해 원하는 색상을 선택할 수 있다. 여기서 선택된 색상은 스프레드시트로 이슈를 내보낼 때와 같이 아이콘 이미지를 표시하지 못할 경우 사용된다.

6. Add 버튼을 클릭한다.

우선순위는 시스템 전역적이다. 이것은 모든 프로젝트가 동일한 우선순위 세트를 공유함을 의미한다.

HR 프로젝트

이번 실습에선 3장에서 생성한 프로젝트 설정을 계속 사용할 것이다. 프로젝트에 다음과 같은 구성을 추가한다.

- HR 프로젝트에 특화된 새로운 이슈 타입 세트
- 새 이슈 타입을 사용 가능하도록 이슈 타입 스킴에 추가

새로운 이슈 타입 추가

프로젝트는 인사 팀을 위한 것이기 때문에, 지라에서 제공하는 기본 이슈 타입을 보완해 몇 가지 사용자 정의 이슈 타입을 생성해야 한다. 이번 실습에선 New Employee와 Termination 두 가지 새로운 이슈 타입을 생성할 것이다.

이슈 타입의 연관 설정을 위한 첫 번째 단계는 필요한 두 이슈 타입, New Employee와 Termination[2]을 생성하는 것이다.

1. Issue Types 페이지로 이동한다.
2. Add Issue Type 버튼을 클릭한다.
3. Name 필드에 New Employee를 입력한다.
4. Add 버튼을 클릭, 새 이슈 타입을 생성한다.

---

2 원서에는 incident와 ticket으로 돼 있다. - 옮긴이

이제 표에 새 이슈 타입이 보여야 한다. 이제는 Termination 이슈 타입을 추가해보자.

1. 다시 **Add Issue Type** 버튼을 클릭한다.

2. Name 필드에 **Termination**를 입력한다.

3. **Add** 버튼을 클릭, 새 이슈 타입을 생성한다.

이제 New Employee와 Termination 이슈 타입 둘 다 보여야 한다. 그러나 이것은 사용 가능한 새로운 이슈 타입을 만든 것이지, 프로젝트에서 새로운 이슈를 생성할 때 옵션으로 사용할 순 없다. 앞절에서 얘기한 것처럼 프로젝트가 사용하는 이슈 타입 스킴에 새 이슈 타입을 추가해야 함을 기억하자.

이슈 타입 스킴 업데이트

HR 프로젝트에 대해 이슈 타입을 오직 New Employee와 Termination으로만 제한하길 원한다. 그러나 여전히 Bug와 다른 기본 이슈 타입이 필요한 다른 프로젝트가 영향받길 원하지 않는다. 따라서 우리 팀과 다른 팀에서 사용 가능한 HR 프로젝트를 위해 새로운 이슈 타입 스킴을 생성할 필요가 있다.

1. Issue Type Schemes 페이지로 이동한다.

2. 대상 이슈 스킴의 edit 링크를 클릭한다. 지라가 생성한 기본 이슈 타입 스킴은 HR: Task Management Issue Type Scheme으로 돼 있을 것이다.

3. Available Issue Types 패널에서 New Employee와 Termination 이슈 타입을 끌어다 Issue Types for Current Scheme 패널에 넣는다.

4. Save 버튼을 클릭한다.

마무리하기

생성 및 설정된 모든 사항과 함께 프로젝트로 되돌아가서 모든 것이 어떻게 보이는지 확인하기 위해 새로운 이슈를 생성할 수 있다. 모든 것이 잘 진행됐다면, 다음과 유사한 화면을 보게 될 것이다.

▎ 요약

4장에선 지라에 어떤 이슈가 있는지 알아보고 이슈를 생성, 편집, 삭제하는 기본적인 동작을 살펴봤다. 또한 첨부 파일 추가, 서브태스크 생성, 여러 이슈에 대한 링크 생성 등 이슈를 조작하고 사용하는 방법을 향상시키기 위해 지라에서 제공하는 고급 동작도 살펴봤다.

5장에선 필드와 사용자로부터 추가 정보를 얻어 저장하기 위해 자체적인 사용자 정의 필드를 생성하는 방법을 살펴본다.

05

필드 관리

프로젝트는 이슈로 구성되고, 이슈는 필드로 이뤄진다. 앞에서 봐 온 것처럼, 필드는 데이터를 저장해 사용자에게 보여준다. 지라에는 문자와 숫자를 입력할 수 있는 간단한 텍스트 필드부터 사용자가 날짜나 사람을 선택할 수 있도록 지원하는 선택기picker와 같은 복잡한 필드에 이르기까지 다양한 형태가 있다.

정보 시스템은 그 안에 들어 있는 데이터만큼 유용하다. 필드를 효과적으로 사용하는 방법을 학습한 후에 사용자는 지라를 데이터의 수집, 처리 및 보고서 작성을 위한 강력한 정보 시스템으로 사용할 수 있다.

5장에선 필드에 대해 자세하게 살펴보고, 필드가 지라의 다른 구성 요소와 어떻게 연관돼 있는지 배운다. 이를 사용자 정의customized 필드와 설정 기능을 통해 HR 프로젝트로 확장할 것이다. 5장에서 학습하는 내용은 다음과 같다.

- 내장 필드^{built-in field}와 사용자 정의 필드^{custom field} 이해하기
- 사용자 정의 필드를 통해 사용자 정의 데이터 수집하기
- 필드 구성을 통해 필드에 동작 추가하기
- 필드 구성 스킴^{field configuration schemes}에 대한 이해 및 프로젝트 적용 방법

▎ 내장 필드

지라는 다양한 내장 필드를 제공한다. 4장에서 이미 몇 가지 내장 필드를 봤다.
Summary, Priority, Assignee 같은 필드는 모두 내장 필드이다. 내장 필드는 이슈의
근간을 구성하고 있으며, 사용자가 임의로 시스템에서 삭제할 수 없다. 따라서 내장
필드를 시스템 필드^{system field}라고도 한다. 다음 표는 지라에서 가장 중요한 내장 필드
를 정리한 목록이다.

시스템 필드	상세 설명
Assignee	이슈를 담당해 처리하는 사용자
Summary	이슈의 한 줄 요약
Description	이슈에 대한 자세한 설명 제공
Reporter	이 이슈를 보고한 사용자(대부분 이슈를 생성한 사람이 되지만, 항상 그런 것은 아니다)
Component/s	이슈가 연관된 컴포넌트
Affects Version/s	이슈 현상이 발견된 버전
Fix Version/s	이슈가 해결될 버전
Due Date	이슈의 예정 완료일
Issue Type	이슈의 종류(예: Bug, New Feature 등)
Priority	이슈의 상대적인 중요도
Resolution	이슈의 현재 해결 상태(예: Unresolved 혹은 Fixed)
Time Tracking	사용자가 이슈를 해결하기까지 걸리는 시간을 추정할 수 있도록 함

사용자 정의 필드

지라가 제공하는 내장 필드는 기본적인 사용에 있어서 충분하지만 대부분의 팀에는 기본 필드만으로 불가능한 특별한 요구 사항이 발생한다. 지라에선 조직이 필요로 하는 요구 사항에 맞출 수 있도록 사용자가 정의한 필드를 생성하고 추가할 수 있다. 이를 사용자 정의 필드라고 한다.

▌ 사용자 정의 필드 타입

모든 사용자 정의 필드는 사용자 정의 타입이며, 동작, 형태, 기능을 제어한다. 따라서 사용자가 지라에 사용자 정의 필드를 추가하는 것은, 사용자 정의 필드 타입으로 인스턴스를 추가하게 되는 것이다.

지라는 사용자가 바로 사용할 수 있는 20개 이상의 사용자 정의 필드 타입을 제공한다. 마감일자due date 필드가 날짜 선택기date picker인 것처럼, 많은 사용자 정의 필드 타입은 내장 필드와 동일하다. 사용자 정의 필드는 내장된 대응 필드에선 이용할 수 없는 간결함과 유연성을 제공한다. 이후에 나오는 표들은 지라의 모든 표준 사용자 정의 필드 타입과 특성을 정리한 목록이다.

표준 필드

표준 필드standard fields는 지라에서 가장 기본적인 필드 형식이다. 표준 필드는 사용자가 임의의 텍스트를 입력할 수 있는 텍스트 필드처럼 사용하기가 간단하고 직관적이다.

사용자 정의 필드 타입	상세 설명
Date Picker	날짜 선택기로부터 입력받아 유효한 날짜만 입력할 수 있는 필드
Date Time Picker	날짜 시간 선택기로부터 입력받아 유효한 날짜와 시간만 입력할 수 있는 필드

사용자 정의 필드 타입	상세 설명
Labels	이슈에 추가할 태그를 입력할 수 있는 필드
Number Field	수를 저장하고 유효성을 검사하는 입력 필드
Radio Button	하나의 값만 선택할 수 있는 라디오 버튼
Select List(cascading)	첫 번째 선택한 값에 따라 두 번째 선택 옵션 리스트가 다른 다중 선택 리스트
Select List(multiple choice)	설정 가능한 옵션 리스트 중에서 복수의 선택이 가능한 필드
Select List(single choice)	설정 가능한 옵션 리스트 중에서 한 개만 선택이 가능한 필드
Text Field(multi-line)	큰 텍스트 콘텐트 항목이 가능한 다중 라인 텍스트 영역
Text Field(single-line)	255자 이하의 간단한 텍스트 입력만 가능한 기본적인 단일 링크 입력 필드
URL Field	유효한 URL을 활성화하는 입력 필드
User Picker(single user)	팝업 사용자 선택기 창 혹은 자동 완성 기능을 통해 지라 사용자 베이스 중에서 하나의 사용자를 선택하는 필드

고급 필드

고급 필드^{advanced fields}는 현재 프로젝트로부터 버전을 선택할 수 있는 Version Picker 필드처럼 특수한 기능을 제공한다. 사용자가 협력업체^{third-party}의 추가 기능(다음 절에서 설명한다)으로부터 임의의 사용자 정의 필드를 설치했다면, 해당 사용자 정의 필드가 목록에 표시된다.

사용자 정의 필드 타입	상세 설명
Group Picker(multiple group)	팝업 선택기 창을 통해 하나 이상의 사용자 그룹을 선택할 수 있는 필드
Group Picker(single group)	팝업 선택기 창을 통해 하나의 사용자 그룹을 선택할 수 있는 필드
Hidden Job Switch	지라와 Perforce[1]를 연동했을 때 사용되는 필드 타입
Job Checkbox	지라와 Perforce를 연동했을 때 사용되는 필드 타입

---

1   소스 파일 형상 관리 도구이다. 자세한 사항은 http://www.perforce.com/을 참고한다. - 옮긴이

사용자 정의 필드 타입	상세 설명
Project Picker(single project)	사용자가 시스템에서 볼 수 있는 프로젝트 리스트를 보여주는 선택 리스트
Text Field(read only)	사용자가 데이터를 바꿀 수 없는 읽기만 가능한 텍스트 필드. 프로그램으로만 데이터를 변경할 수 있다.
User Picker(multiple users)	팝업 선택기 창을 통해 사용자 베이스[2]에서 하나 이상의 사용자를 선택할 수 있는 필드
Version Picker(multiple versions)	현재 프로젝트에서 가능한 버전 중에서 하나 이상의 선택이 가능한 필드
Version Picker(single version)	현재 프로젝트에서 가능한 버전 중에서 하나만 선택이 가능한 필드

지금까지 본 것처럼, 지라는 직관적인 사용자 정의 필드 타입 목록을 제공한다. 또한 많은 협력업체에서 개발한 다양한 사용자 정의 필드 타입을 사용할 수 있다(플러그인이나 추가 기능 형태로 이용 가능하다). 이러한 사용자 정의 필드는 자동 계산, 데이터베이스에서 직접 혹은 외부 시스템에 접속해 데이터 열람하기 같은 다양한 특수 기능을 제공한다. 플러그인이 설치되면 다른 벤더에서 제공하는 사용자 정의 필드를 추가하는 과정은 지라에서 제공하는 사용자 정의 필드를 추가하는 과정과 동일하다. 아래는 유용한 사용자 정의 필드를 제공하는 플러그인 목록이다. 이 사용자 정의 필드는 애틀라시안 마켓플레이스인 http://marketplace.atlassian.com에서 찾을 수 있다.

- **JIRA Enhancer Plugin**: "언제 이슈가 마지막으로 닫혔는가?"와 같이 이슈에 대한 중요 이벤트 발생 시 자동으로 날짜를 보여주는 다양한 사용자 정의 필드를 제공한다.
- **JIRA Toolkit Plugin**: 이슈에 관여한 사용자에 대한 통계, 이슈에 마지막으로 코멘트가 달린 날짜 등 다양한 사용자 정의 필드를 제공한다.
- **nFeed**: 사용자가 데이터베이스, 원격 파일, 웹 서비스에 연결해 데이터를 열람하고 이를 표시할 수 있는 사용자 정의 필드 모음을 제공한다.

---

2 지라에 등록된 전체 사용자 목록을 의미한다. – 옮긴이

- 21 CFR Part 11 E-Signature: 이슈에 대한 종료를 승인하는 등 지라에서 이슈에 전자 서명할 수 있는 기능을 제공한다
- SuggestiMate for JIRA: 이슈를 새로 생성하거나 이미 존재하는 이슈를 볼 때, 유사하면서 잠재적으로 중복되는 이슈를 보여주는 특수한 사용자 정의 필드를 제공한다.

검색기

모든 정보 시스템에서 데이터를 저장하는 것은 일부 기능일 뿐이다. 사용자는 나중에 데이터를 열람할 수 있길 바라며, 보통 검색을 통해 열람할 수 있다. 지라 역시 마찬가지다. 지라의 필드는 데이터를 저장하고 표시하는 기능을 담당하고, 이에 대응해서 검색 기능을 제공하는 검색기가 있다.

지라에서 모든 필드는 기본적으로 연계된 검색기searcher를 갖고 있다. 따라서 사용자는 별도의 설정 없이 Summary나 Assignee 필드를 갖고 해당 이슈를 검색할 수 있다. 하지만 외부 업체 추가 기능의 일부 사용자 정의 필드는 하나 이상의 사용 가능한 검색기를 갖고 있기도 한다. 사용자는 사용자 정의 필드 편집을 통해 기본적으로 적용되는 검색기를 변경할 수 있다.

 지라 UI에서 검색기는 search template으로 불린다.

사용자 정의 필드 컨텍스트

Priority와 Resolution 같은 내장 필드는 지라 시스템 전체에 적용된다. 따라서 내장 필드는 모든 프로젝트에 동일하게 적용된다. 그러나 사용자 정의 필드는 훨씬 유연하게 적용할 수 있다.

Select list와 Radio button 같은 사용자 정의 필드 타입은 프로젝트마다, 혹은 같은 프로젝트 내에서 각 이슈 타입마다 다르게 조합이 가능하다. 이를 가능하게 하는 것은 사용자 정의 필드 컨텍스트^{custom field context}이다.

사용자 정의 필드 컨텍스트는 적용 가능한 프로젝트와 이슈 타입을 조합해 구성된다. 사용자가 이슈를 다룰 때 지라는 프로젝트와 현재 이슈의 타입을 확인해 조합과 일치하는 컨텍스트가 있는지 확인한다. 컨텍스트가 확인되면 지라는 선택 옵션^{selection option}과 일치하는 별도 설정된 사용자 정의 필드를 로딩한다. 하지만 컨텍스트가 없으면, 사용자 정의 필드는 로딩되지 않는다.

 지라에서 프로젝트와 이슈 타입 조합에 맞는 컨텍스트가 없으면 해당 이슈에 대한 사용자 정의 필드는 존재하지 않는다.

다음 절에선 사용자 정의 필드 컨텍스트를 설정하는 방법을 다룬다. 사용자 정의 필드를 추가할 때 올바른 컨텍스트 설정인지 확인해야 하는 것을 반드시 기억하자.

█ 사용자 정의 필드 관리

사용자 정의 필드는 지라 시스템 전체적으로 사용되며 생성 및 설정 등의 관리를 위해선 전역적인 지라 관리자 권한이 필요하다.

지라는 관리의 편의를 위해 한곳에서 모든 사용자 정의 필드를 관리한다. 사용자 정의 필드 관리 페이지에 접속하는 방법은 다음과 같다.

1. 지라 관리자^{JIRA administrator} 권한을 가진 사용자로 로그인한다.
2. 지라 관리 콘솔로 이동한다.

3. Issue 탭을 선택 후, Custom Fields 옵션을 선택한다.

Custom Fields 페이지에서 모든 사용자 정의 필드 목록을 볼 수 있으며 각각의 사용자 정의 필드의 이름, 타입, 포함된 컨텍스트 및 표시되는 스크린을 볼 수 있다.

사용자 정의 필드 추가

새로운 사용자 정의 필드를 생성하는 작업은 여러 단계의 절차가 필요하다. 지라는 이를 쉽게 할 수 있도록 마법사^{wizard}를 제공한다. 새 사용자 정의 필드를 추가하는 절차는 두 단계의 필수 절차와 하나의 선택적 절차로 구성된다. Select list 사용자 정의 필드 유형을 추가하는 경우, 사용자는 먼저 사용자 정의 필드 유형을 선택하고, 옵션에 통해 사용자 정의 필드 이름을 선택한다. 마지막 선택적 절차는 필드를 어느 스크린에 적용할지 결정하는 것이다. 다음 순서로 사용자 정의 필드를 추가해보자.

1. Custom Fields 페이지로 이동한다.
2. **Add Custom Field** 버튼을 클릭하면 첫 번째 단계로 진입해 생성할 사용자 정의 필드 타입을 선택할 수 있다.

3. 추가할 사용자 정의 필드를 찾아 선택하고 Next를 클릭하면 두 번째 단계를 진행한다. 이 단계에서 사용자 정의 필드의 이름과 선택 사항을 지정할 수 있다.

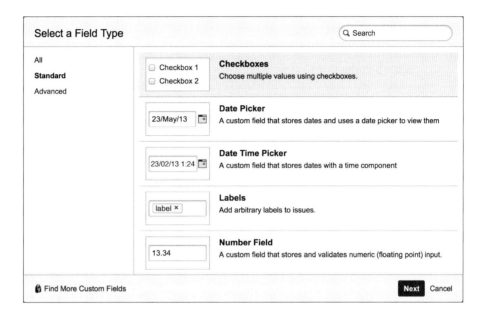

 찾고 있는 사용자 정의 필드 타입이 없으면, 좌측의 All 옵션을 선택한 후 다시 검색해본다.

4. Name과 Description 필드에 각각 값을 입력한다. Select List와 같은 선택 기반의 사용자 정의 필드를 생성하려면, 사용자는 선택할 옵션 리스트를 추가 입력해야 한다(추후 변경 가능하다).

5. Create 버튼을 클릭하면 마지막 단계에서 생성한 필드를 적용할 스크린을 지정할 수 있다. 이미 사용자 정의 필드가 지라에 추가돼 있으면 이 단계는 필수 절차가 아니므로 반드시 스크린에 필드를 추가할 필요는 없다. 필드와 스크린에 대해서는 6장, '스크린 관리'에서 설명한다.

6. 스크린을 선택하고 Update를 클릭한다. 다음 화면은 생성한 필드를 Default
   Screen에 추가한 모습이다.

Associate field Department to screens

Associate the field Department to the appropriate screens. You must associate a field to a screen before it will be displayed.
New fields will be added to the end of a tab.

Screen	Tab	Select
Default Screen	Field Tab	☑
Resolve Issue Screen	Field Tab	☐
Workflow Screen	Field Tab	☐

Update   Cancel

사용자 정의 필드가 생성 완료되면 이슈를 생성/편집/조회할 때 적절한 스크린에 해
당 필드가 보일 것이다.

사용자 정의 필드 편집과 삭제

생성된 사용자 정의 필드는 사용자가 언제든지 세부 사항을 편집할 수 있다. 사용자
는 사용자 정의 필드에 Configure와 Edit 기능이 있다는 것을 인지했을 것이다. 처음
에는 두 개가 혼동될 것이다. Configure는 사용자 정의 필드와 관련된 선택 사항을
지정하는 것이고, 자세한 내용은 다음 절에서 설명한다. Edit는 사용자 정의 필드의
이름, 상세 설명, 검색 템플릿$^{Search\ template}$ 등 지라 시스템 전반적인 선택 사항을 지정
하는 것이다.

1. Custom Fields 페이지로 이동한다.
2. 편집할 사용자 정의 필드의 톱니바퀴^{Cog} 아이콘을 클릭, Edit 옵션을 선택한다.
3. 이름이나 검색 템플릿과 같은 사용자 정의 필드의 세부 사항을 변경한다.
4. Update 버튼을 클릭, 변경 내용을 적용한다.

사용자 정의 필드의 검색 템플릿을 변경할 때 사용자는 다음 사항에 주의해야 한다. 변경 사항은 즉시 적용되지만 지라가 검색을 정상적으로 수행하려면 전체 시스템에 대한 인덱스 재생성re-index을 수행해야 한다. 각 검색 템플릿마다 기본적인 검색 데이터 구조가 다르기 때문이다. 따라서 지라는 새로 적용된 검색 템플릿에 대해서 검색 인덱스를 업데이트해야 한다.

예를 들어 검색기가 없는 사용자 정의 필드에 검색기를 적용하면, 지라는 인덱스를 다시 생성하기 전까지 아무것도 검색할 수 없다. 따라서 검색 템플릿이 바뀔 때, 지라는 다음 그림과 같이 사용자에게 인덱스를 다시 생성하라는 경고 메시지를 보여준다.

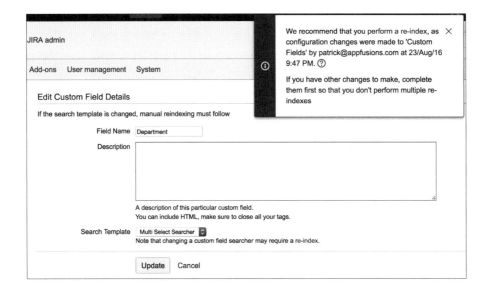

 시스템을 중단하지 않으려면 백그라운드 인덱스 재생성(re-index) 옵션을 선택한다.

검색과 인덱싱에 대한 자세한 내용은 10장, '검색, 보고, 분석'에서 다룬다.

사용자 정의 필드 삭제는 다음과 같이 할 수 있다.

1. Custom Fields 페이지로 이동한다.

2. 삭제할 사용자 정의 필드의 도구 아이콘을 클릭, Delete 옵션을 선택한다.

3. Delete 버튼을 클릭, 사용자 정의 필드를 삭제한다.

삭제된 사용자 정의 필드는 다시 복구할 수 없다. 또한 해당 필드의 데이터를 검색하거나 열람할 수 없다. 삭제된 필드와 똑같은 타입과 똑같은 이름을 가진 사용자 정의 필드를 만들어도 지라는 필드마다 고유 식별자$^{unique\ identifier}$를 지정하기 때문에, 이전의 사용자 정의 필드의 데이터는 상속되지 않는다. 따라서 필드를 삭제하기 전에는 꼭 지라 프로젝트를 백업하길 권장한다.

사용자 정의 필드 설정

지금까지 사용자 정의 필드를 생성, 관리하는 방법을 살펴봤다. 이제는 고급 설정 옵션을 살펴본다. 사용자 정의 필드 타입마다 서로 다른 설정 옵션을 갖고 있다. 모든 사용자 정의 필드가 하나 이상의 컨텍스트를 지정하는 옵션을 갖는 반면, 선택 목록 기반$^{selection\ list\text{-}based}$의 사용자 정의 필드의 경우에는 사용자가 옵션 리스트를 지정할 수 있다. 다음 절에선 각 설정 옵션을 설명한다.

사용자 정의 필드를 설정하려면 사용자는 다음과 같이 Configure Custom Field 페이지로 이동해야 한다.

1. Custom Fields 페이지로 이동한다.

2. 필드 리스트 중에서 설정할 사용자 정의 필드의 톱니바퀴 아이콘을 클릭해 Configure 옵션을 선택한다. Configure Custom Field 페이지로 이동할 것이다.

다음 그림에서 Department 사용자 정의 필드는 두 개의 컨텍스트를 사용할 수 있다. 하나는 모든 프로젝트(Help Desk 프로젝트 제외)에 적용되는 기본 컨텍스트인 Default Configuration Scheme이고, 다른 하나는 Help Desk 프로젝트에만 적용되는 Help Desk Configuration Scheme이다.

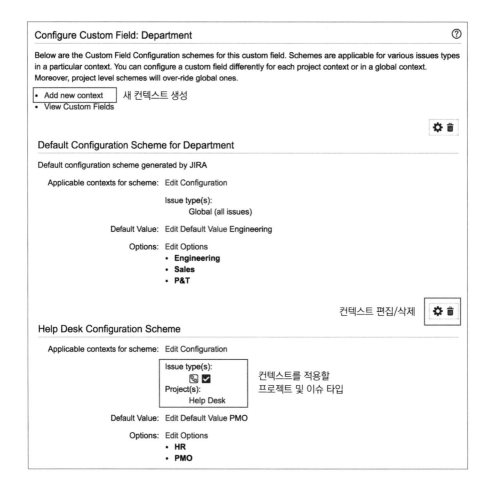

사용자 정의 필드 컨텍스트 추가

때때로 프로젝트마다 다르게 동작하는 사용자 정의 필드가 필요할 때가 있다. 예를 들면 Department라는 선택 목록^{select list} 사용자 정의 필드가 있을 때, 이슈가 생성되는 프로젝트에 따라 다른 옵션 리스트나 다른 기본값을 보여주길 원할 것이다.

이러한 수준의 사용자 정의를 적용하려면, 한 개의 사용자 정의 필드에 대해 여러 개의 사용자 정의 컨텍스트를 생성해야 한다. 앞서 본 바와 같이 사용자 정의 필드 컨텍스트는 이슈 타입과 프로젝트의 조합으로 구성된다. 따라서 위의 예에서 Task 이슈 타입과 Help Desk 프로젝트를 위한 컨텍스트를 생성하고 PMO를 기본 부서^{default department}로 지정할 수 있다.

 지라에서 사용자는 컨텍스트를 이용해 이슈 타입과 프로젝트별 사용자 정의 필드를 설정할 수 있다. 각 프로젝트는 사용자 정의 필드마다 오직 한 개의 컨텍스트 설정만 허용한다.

새로운 사용자 필드 컨텍스트를 만드는 것은 매우 간단하다. 컨텍스트를 정의하기 위한 이슈 타입과 프로젝트만 결정하면 된다.

1. 새로운 컨텍스트를 생성할 사용자 필드의 Configure Custom Field 페이지로 이동한다.

2. Add new context 링크를 클릭, Add configuration scheme context 페이지로 이동한다.

3. Configuration scheme 레이블 필드에 새로운 사용자 정의 필드 컨텍스트 이름을 입력한다.

4. Choose applicable issue types 아래 새 컨텍스트가 적용될 이슈 타입을 선택한다.

5. **Choose applicable context** 아래 새 컨텍스트가 적용될 프로젝트를 선택한다.

6. **Add** 버튼을 클릭, 새 사용자 정의 필드 컨텍스트를 생성한다.

각각의 프로젝트는 사용자 정의 필드마다 오직 한 개의 사용자 정의 필드 컨텍스트에만 적용될 수 있다(단, 글로벌 컨텍스트는 이에 해당되지 않는다). 어떤 프로젝트가 컨텍스트에 사용되면 다음에 새로운 컨텍스트를 생성할 때 프로젝트 리스트에 해당 프로젝트가 보이지 않는다. 예를 들면 Project A에 대한 컨텍스트를 생성했다면 같은 사용자 정의 필드에 대해 추가로 컨텍스트를 생성할 때, Project A는 선택 사항으로 리스트에 보이지 않는다. 같은 프로젝트에 대해 중복된 컨텍스트를 생성하는 실수를 방지하기 위한 것이다.

새로 사용자 정의 필드 컨텍스트를 생성할 때 생성된 컨텍스트는 다른 컨텍스트로부터 Default Value와 Select Options 같은 기본 컨텍스트 설정값을 상속받지 않는다. 사용자는 직접 새 컨텍스트의 설정 옵션을 다시 입력하고 유지 보수해야 한다.

선택 옵션 구성

사용자 정의 필드 타입으로 리스트[list], 체크박스[checkboxes], 라디오 버튼[radio buttons] 및 멀티버전을 선택해보자. 사용자는 해당 필드를 사용하기 전에 선택 옵션을 구성해야 한다. 선택 옵션은 사용자 정의 필드 컨텍스트마다 설정된다. 따라서 사용자 정의 필드를 다른 프로젝트에서 사용할 때 다른 선택 옵션이 보이도록 할 수 있다.

선택 옵션을 설정하려면 먼저 다음과 같이 사용자 정의 필드를 선택하고, 옵션을 적용할 컨텍스트를 결정한다.

1. **Custom Fields** 페이지로 이동한다.

2. 선택 옵션 설정 대상 사용자 정의 필드의 **Configure** 옵션을 클릭한다.

3. 선택 옵션 설정 대상 사용자 정의 필드 컨텍스트의 **Edit Option** 링크를 클릭한다.

4. Add New Custom Field Option 영역에 있는 옵션 값을 입력하고 Add 버튼을 클릭, 값을 추가한다. 옵션 값은 시스템에 입력되는 순서대로 추가되는데, 사용자는 직접 위쪽이나 아래쪽으로 이동시켜 순서를 변경할 수 있고 Sort options alphabetically를 클릭해서 자동으로 정렬할 수 있다.

5. Done 버튼을 클릭, 선택 옵션 설정을 끝낸다.

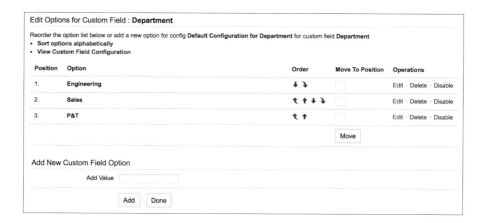

기본값 설정

대다수 사용자 정의 필드는 기본값을 설정하면 특별한 경우가 아니면 사용자는 필드 값을 입력하지 않아도 된다. 텍스트 기반 사용자 정의 필드의 경우, 사용자가 이슈를 생성하거나 편집할 때, 텍스트 기본값이 표시된다. 선택 기반 사용자 정의 필드의 경우, 옵션 값이 기본으로 설정된 값이 될 것이다.

기본값에 대해 선택 옵션을 설정하는 것과 마찬가지로 기본값 또한 사용자 정의 필드 컨텍스트마다 정의할 수 있다.

1. Custom Fields 페이지로 이동한다.

2. 선택 옵션을 설정하고자 하는 사용자 정의 필드의 Configure 옵션을 클릭한다.

3. 기본값을 적용할 사용자 정의 필드 컨텍스트의 Edit Default Value 링크를 클릭한다.

4. 사용자 정의 필드의 기본값을 설정한다.

5. Set Default 버튼을 클릭, 기본값을 설정한다.

기본값은 사용자 정의 필드 유형별로 설정할 수 있다. 텍스트 기반 사용자 정의 필드의 경우, 임의의 텍스트 문자열을 입력할 수 있고 선택 기반 사용자 정의 필드는 직접 추가한 옵션 중에 하나를 선택할 수 있다. 사용자 선택기처럼 선택기 기반 사용자 정의 필드의 경우, 사용자 베이스에서 한 명을 선택해 기본값으로 지정할 수 있다.

▌필드 구성

살펴본 바와 같이 지라에서 필드는 데이터를 저장하고 화면에 표시하는 데 사용된다. 또한 필드는 필드 구성에서 정의된 동작을 지정할 수 있다. 지라에선 각 필드에 대해 아래와 같은 동작을 설정할 수 있다.

- **Field description**: 이슈를 편집할 때 필드 아래 나타나는 상세 설명 텍스트이다. 필드 설정에서 필드 컨텍스트별로 다른 상세 설명 텍스트를 지정할 수 있다.
- **Visibility**: 필드를 나타나게 할지 숨길지를 설정한다.
- **Required**: 이슈를 생성하거나 편집할 때 해당 필드에 값이 반드시 입력돼야 하는지, 혹은 비어 있어도 되는지를 지정한다. 선택형 필드나 체크박스, 라디오 버튼 같은 사용자 정의 필드에 적용되면 리스트에서 None 옵션을 제거한다.
- **Rendering**: 텍스트 기반 필드에서 내용을 렌더링하는 방법을 지정한다(위키 렌더러wiki renderer, 혹은 간단한 텍스트 렌더러simple text renderer를 선택할 수 있다).

필드 구성을 통해 사용자는 지라에서 내장 필드와 사용자 정의 필드 모두 개별적으로 제어할 수 있다. 프로젝트마다 새로운 필드를 생성하는 것보다 이미 있는 필드를 재사용하는 것이 좋기 때문에, 지라에선 다수의 필드 구성을 생성해 동일한 필드에 대해 다른 동작을 지정할 수 있으며, 프로젝트마다 다른 설정을 적용할 수 있다.

이제 다음 절에서 다수의 필드 설정을 관리하고 적용하는 방법을 보게 될 것이다. 그러나 먼저 새로운 필드 구성을 생성하는 방법과 필드 구성으로 무엇을 할 수 있는지 자세히 살펴보자.

지라 관리 콘솔을 통해 필드 구성 관리^{field configuration management} 페이지에 접근할 수 있다.

1. 지라 관리 콘솔로 이동한다.
2. Issue 탭을 선택한 후 Field Configuration 옵션을 선택하면 View Field Configuration 페이지로 이동한다.

필드 구성 추가

필드 구성을 새로 추가하는 작업은 매우 간단하다. 사용자는 새로운 필드 구성의 이름과 간단한 설명을 지정하면 된다.

1. View Field Configurations 페이지로 이동한다.
2. Add Field Configuration 버튼을 클릭한다.
3. 새 필드 구성에 대한 이름과 설명을 입력한다.
4. Add 버튼을 클릭, 필드 구성을 생성한다.

'필드 구성 스킴' 절에서 설명하겠지만 필드 구성은 이슈 타입과 연결되므로 필드 구성의 이름을 정할 때 관련된 이슈 타입과 버전을 끝에 붙여서 이름을 정하는 것이 좋다. Bugs Field Configuration 1.0과 같은 형태가 좋은 이름이다. 이런 방법으로 필드 구성이 바뀌면 복구할 수 있는 변경 이력을 남겨두고 버전을 증가시킬 수 있다.

필드 구성을 생성한 후에는 필드 구성은 필드 구성 스킴이 연결될 때까진 사용되지 않는다. 이 방법에 대해선 다음 절에서 설명한다.

필드 구성 관리

새 필드 구성을 생성하는 방법을 알고 있으므로 이제 다양한 설정 옵션에 대해 자세히 살펴보자. 우선 간단하게 복습해보자. 각 필드 구성은 지라 내 사용 가능한 모든 필드를 포함하고, 그 동작은 각 필드 구성에서 정의한다. 이제 필드 구성을 필드 구성 스킴과 연결할 것이다. 필드 구성 스킴은 필드 구성이 주어진 이슈에 대해 언제 활성화될지를 결정한다.

다음 단계를 수행해 필드 구성 옵션에 접근해보자.

1. View Field Configurations 페이지로 이동한다.
2. 설정할 필드 구성의 Configure 링크를 클릭, View Field Configuration 페이지로 이동한다.

이 페이지에서 모든 필드와 선택한 필드 구성에 대해 현재 설정된 옵션을 볼 수 있다.

그림에서 보는 바와 같이 각 필드마다 설정할 수 있는 몇 개의 옵션이 있으며, 이 옵션들은 필드 타입에 따라 달라진다. 각각의 옵션을 보면 어떤 옵션은 서로 오버라이드override함을 주목할 필요가 있다. 지라에서 사용자의 시스템을 망가뜨리는 구성 조합이 실수로 발생하는 것을 방지하기 위한 것이다. 어떤 필드가 동시에 hidden과 required로 설정됐다면, 사용자는 이슈를 생성하거나 편집할 수가 없다. 따라서 지라에선 hidden으로 설정된 필드에 대해 required로 설정하는 것이 불가능하다.

필드 상세 설명

의미 있는 필드 이름은 필드가 어떤 용도에 사용되는지 사용자가 쉽게 이해할 수 있도록 한다. 마찬가지로 간단한 상세 설명을 제공하면 컨텍스트와 의미를 더 효과적으로 전달할 수 있다. 필드 상세 설명field description은 이슈를 생성하거나 편집할 때 필드 아래에 있다. 필드 상세 설명을 추가하려면 다음과 같이 하면 된다.

1. 사용할 필드 구성의 View Field Configuration 페이지로 이동한다.
2. 상세 설명을 설정할 필드의 Edit 링크를 클릭한다.
3. 필드에 대한 상세 설명을 입력한 후, Update를 클릭한다.

 사용자 정의 필드의 경우, 여기서 입력한 상세 설명은 사용자가 맨 처음 생성할 때 입력한 상세 설명을 재정의할 것이다.

필드 요구 사항

사용자는 이슈 내 특정 필드를 필수 요소로 지정할 수 있다. 이 기능은 사용자가 이슈 생성 시 중요한 정보를 반드시 입력하도록 하는 데 유용하다. 지원 시스템에서 사용자에게 필드에 오작동하는 시스템을 입력하도록 설정하고 이 필드를 강제적으로 반드시 입력하게 해서, 지원 기술자가 알 수 있도록 하는 건 당연한 일이다.

이미 필수 필드를 실제로 본 적이 있다. Summary나 Issue Type 같은 시스템 필드는 지라에서 강제 필드이다(또한 사용자가 설정 옵션을 바꿀 수 없다). 사용자가 필수 필드에 값을 입력하지 않으면, 지라는 해당 필드 바로 아래에 값이 필요하다는 오류 메시지를 보여준다.

지라에서 새로운 사용자 정의 필드를 추가하면 기본적으로 선택 필드가 돼 사용자가 값을 입력하지 않아도 된다. 사용자는 다음과 같이 해당 필드를 필수 필드로 지정할 수 있다.

1. 사용할 필드 구성의 View Field Configuration 페이지로 이동한다.
2. 필수 요구 사항으로 지정할 필드에 대해 Required/Optional 링크를 클릭한다.

필드가 필수 요구 사항으로 지정되면, 필드의 이름 옆에 빨간색으로 작은 required라는 텍스트 레이블이 나타난다. 이슈를 생성하거나 편집할 때는, 필드 이름 옆에 붉은색 별표(*) 표시가 있다. 이는 지라가 필수 필드를 표시하는 방식이다.

필드 가시성

지라에서 대부분의 필드는 사용자에게 감춰져 있을 수 있다. 필드가 숨김 설정 됐을 때, 사용자는 이슈 생성, 이슈 업데이트, 이슈 보기 등 어떤 스크린에서도 해당 필드를 볼 수 없다. 필드를 보이게 하거나 숨기는 방법은 다음과 같다.

1. 사용할 필드 구성의 View Field Configuration 페이지로 이동한다.
2. 보이게 하고 싶거나 숨기고 싶은 필드의 Show/Hide 링크를 각각 클릭한다.

필드가 숨김 설정되면 스크린에 보이지 않고 사용자는 해당 필드로 검색할 수 없다. 하지만 스크립트와 같은 도구를 사용하면 숨겨진 필드의 값을 수정할 수 있다. 때문에 자동 프로세스에 사용되는 데이터를 저장할 때 숨겨진 필드를 사용한다.

모든 필드가 숨길 수 있는 것은 아니다. Summary나 Issue Type 같은 내장 필드는 숨길 수 없다. 어떤 필드를 숨김 설정하면 그 필드를 필수 필드로 지정할 수 없음을 알 수 있다. 앞서 언급한 것처럼, 어떤 필드를 필수 필드로 설정하면 지라는 이슈를 생성하거나 편집할 때 해당 필드에 반드시 값을 넣도록 강제한다. 따라서 필드가 숨겨져 있다면 사용자는 해당 필드의 값을 입력할 수 있는 방법이 없고, 더 이상 작업을 진행할 수 없을 것이다. 이런 이유로 지라는 어떤 필드가 숨김 설정이 돼 있을 때 필수 필드 옵션을 자동으로 해제한다. 반대로, 필드를 필수 필드로 지정했다면 해당 필드를 숨길 때 필수 필드 설정이 자동으로 해제된다. 즉, 경험의 법칙$^{rule\ of\ thumb}$에 따르면 필드 가시성에 의해 필드 요구 사항이 재정의된다는 것이다.

 필드는 숨김 설정과 필수 요소 설정을 동시에 할 수 없다.

필드 렌더링

렌더러^{renderer}는 필드를 보거나 편집할 때, 해당 필드가 표시되는 방법을 제어한다. 일부 내장 필드와 사용자 정의 필드는 하나 이상의 렌더러를 갖고 있고, 이러한 필드에서 사용자는 어떤 것을 사용할지 선택할 수 있다. 예를 들어 Description과 같은 텍스트 기반의 필드에 대해서 사용자는 간단한 텍스트 렌더러$^{simple\ text\ renderer}$나, 더 많은 양식을 제공하는 위키 마크업$^{wiki\ markup}$을 사용할 수 있는 더 정교한 위키 형식 렌더러$^{wiki\ style\ renderer}$를 사용하도록 선택할 수 있다.

지라는 네 가지 렌더러를 제공한다.

- **기본 텍스트 렌더러** $^{Default\ text\ renderer}$: 텍스트 기반 필드의 기본 렌더러다. 내용은 일반적인 텍스트로 표시된다. 텍스트가 지라 이슈 키로 해석되면, 렌더러는 이를 자동으로 HTML 링크로 바꾼다.

- **위키 형식 렌더러**^{Wiki style renderer} : 텍스트 기반 필드의 강화된 렌더러다. 사용자가 텍스트 콘텐트를 꾸밀 수 있도록 위키 마크업을 제공한다.
- **선택 목록 렌더러**^{Select list renderer} : 선택 기반 필드의 기본 렌더러다. 표준 HTML 선택 리스트로 표시된다.
- **자동완성 렌더러**^{Autocomplete renderer} : 선택 기반 필드의 강화된 렌더러다. 사용자가 필드를 입력하는 중간에 사용자에게 힌트를 주는 자동완성 기능을 제공한다.

다음 표는 특수한 렌더러를 설정할 수 있는 모든 필드 리스트와 가능한 옵션을 정리한 것이다.

필드	선택 가능한 렌더러
Description	위키 형식 렌더러 및 기본 텍스트 렌더러
Comment	
Environment	
Component	자동완성 렌더러 및 선택 목록 렌더러
Affects version	
Fix versions	
Free Text Field(unlimited text) 타입 사용자 정의 필드	위키 형식 렌더러 및 기본 텍스트 렌더러
Text Field 타입 사용자 정의 필드	
Multi Select 타입 사용자 정의 필드	자동완성 렌더러 및 선택 목록 렌더러
Version Picker 타입 사용자 정의 필드	

필드의 렌더러를 설정하는 방법은 다음과 같다.

1. 사용할 필드 구성의 View Field Configuration 페이지로 이동한다.
2. 렌더러를 지정할 필드의 Renderer 링크를 클릭, Edit Field Renderer 페이지로 진입한다.

3. 가능한 렌더러 항목을 보여주는 드롭다운 목록에서 렌더러를 선택한다.

4. Update 버튼을 클릭, 렌더러를 지정한다.

외부 업체가 개발한 다른 사용자 정의 렌더러도 있다. 사용자 정의 필드와 마찬가지로, 이러한 사용자 정의 렌더러는 추가 기능으로 제공돼 지라에 설치할 수 있다. 설치후 해당 렌더러 적용이 가능한 필드 타입의 선택 항목에서 이 렌더러를 볼 수 있을 것이다.

JEditor 플러그인은 좋은 예이다. JEditor는 Description 같은 모든 텍스트 기반 필드에서 서식 있는 텍스트 편집기를 제공한다

▍스크린

이슈를 조회/생성/편집할 때 필드를 보이게 하려면 해당 필드를 스크린screen에 둬야한다. 사용자는 이미 스크린을 새 사용자 정의 필드를 생성할 때 본 적이 있다. 사용자 정의 필드를 어느 스크린에 추가할지 선택하는 것은 사용자 정의 필드 생성 프로세스의 여러 절차 가운데 하나다. 6장, '스크린 관리'에서 자세히 다루며, 5장에선 스크린을 이해하는 데 많은 시간을 할애하지 않는다.

지금은 필드가 스크린에 추가된 후 사용자는 해당 필드를 또 다른 스크린에 추가하거나 스크린에서 완전히 제거할 수 있단 사실을 알아야 한다. 만약 사용자가 하나의 필드만 갖고 작업한다면 사용자는 필드 구성에서 스크린을 설정할 수 있다. 업데이트할필드가 여러 개라면 더 좋은 방법은 스크린으로 직접 설정 작업을 하는 것이다. 이 방법은 6장, '스크린 관리'에서 다룬다.

필드 구성에서 필드를 숨기는 것과 필드를 스크린에 위치시키지 않는 것 사이에는 미묘한 차이가 있다. 두 경우 모두 필드가 보이지 않는다는 점에서 최종 결과는 유사하지만 필드를 숨기면 기본값 사용이나 워크플로우의 사후 기능(post-function: 7장, '워

크플로우와 비즈니스 프로세스'에서 다룬다), 혹은 사용자 정의 스크립트를 사용해 필드에 값을 지정할 수 있다. 이는 숨겨져 있을 뿐 필드가 있음을 의미한다. 하지만 필드가 스크린에 없으면 값을 지정할 수 없고, 해당 필드는 이슈의 일부가 아닌 것으로 간주될 수 있다. 또 다른 차이는 필드 숨김은 해당 필드 구성을 사용하는 프로젝트에서 추가된 필드를 갖고 있는 모든 스크린에 대해 해당 필드를 숨길 것이다.

▌ 필드 구성 스킴

여러 개의 필드 구성이 있을 때, 지라는 필드 구성 스킴을 통해 각 설정을 언제 적용할지 결정한다. 필드 구성 스킴은 필드 설정을 이슈 타입에 매핑한다. 이 스킴은 하나 이상의 프로젝트에 연결할 수 있다.

필드 설정 스킴은 이슈 타입에 매핑된 여러 필드 설정을 그룹으로 묶어서, 이들을 프로젝트에 한 번에 적용할 수 있도록 해준다. 이후 프로젝트는 이슈 타입에 따라 어떤 필드 구성을 적용할지 결정할 수 있다. 임의의 프로젝트에서 사용자는 bug 타입과 task 타입 이슈에 대해서 각각 다른 필드 구성을 적용할 수 있다.

여러 구성을 스킴으로 그룹핑하면 스킴을 재사용해 여러 프로젝트와 연결할 수 있기 때문에, 사용자는 반복 작업할 필요 없이 기존에 설정된 필드 구성을 재사용할 수 있다.

필드 구성 스킴 관리

사용자는 View Field Configuration Schemes 페이지에서 모든 필드 구성 스킴을 관리할 수 있다. 사용자는 이 페이지에서 스킴을 추가, 설정, 편집, 삭제, 복사가 가능하다.

1. 지라 관리자 콘솔로 이동한다.

2. Issues 탭을 선택한 후, Field Configuration Schemes 옵션을 선택하면 View Field Configuration Schemes 페이지로 이동한다.

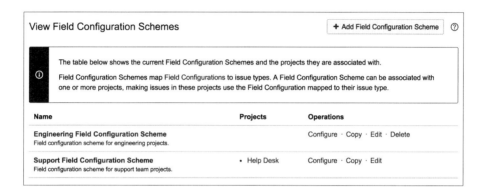

필드 구성 스킴 추가

필드 구성을 그룹핑하는 첫 번째 단계는 새 필드 구성 스킴을 생성하는 것이다. 기본적으로 지라는 어떤 필드 구성 스킴도 제공하지 않는다. 모든 프로젝트는 시스템의 기본 필드 구성을 사용한다. 새로운 필드 구성 스킴은 필드 설정과 이슈 타입 간의 모든 매핑을 갖고 있다.

새로운 필드 구성 스킴을 생성하려면 스킴의 이름과 선택 항목인 상세 설명을 지정하기만 하면 된다.

1. View Field Configuration Schemes 페이지로 이동한다.
2. Add Field Configuration Scheme 버튼을 클릭한다. 이름을 입력한다.
3. 새 필드 구성 스킴의 이름과 설명을 입력한다.
4. Add 버튼을 클릭, 스킴을 생성한다.

필드 구성 스킴은 프로젝트에 적용되기 때문에 적용할 프로젝트에 따라 스킴에 이름을 붙이는 것이 좋다. 이를테면 Sales 프로젝트에 대한 스킴 이름은 Sales Field

Configuration Scheme으로 설정할 수 있다. 또한 이름을 통해 변경 사항을 관리하기 쉽게 이름에 버전을 추가할 수 있다.

새로운 필드 설정 스킴이 생성되면 시스템에 있는 모든 스킴 목록과 함께 테이블에 표시될 것이다. 이때 생성된 스킴에는 어떠한 설정도 매핑돼 있지 않고 프로젝트와 연결되지 않았기 때문에 해당 스킴은 아직 사용할 수 없다.

필드 구성 스킴 설정

새로운 필드 구성 스킴이 준비되면 사용자는 필드 구성과 이슈 타입 간 매핑을 추가할 수 있다. 한 개의 필드 구성 스킴 내에서 한 개의 필드 타입은 오직 한 개의 필드 구성에만 매핑할 수 있다. 반면 필드 구성은 여러 개의 이슈 타입에 매핑될 수 있다. 다음 화면에선 Task Field Configuration은 Task 이슈 타입에 적용되며, Default Field Configuration은 명시적으로 매핑되지 않은 모든 나머지 이슈 타입에 적용된다.

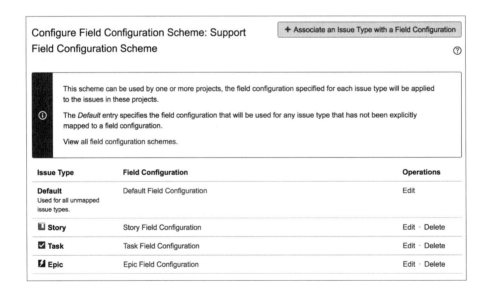

하나의 이슈 타입은 오직 하나의 필드 구성만 적용할 수 있다.

필드 구성 스킴이 생성되면 지라는 기본 매핑을 생성해 매핑되지 않은 모든 이슈 타입을 기본 필드 구성에 적용한다. 기본 매핑은 스킴에서 정의되지 않은 매핑에 대해 포괄적인catch-all 조건으로 사용되므로 사용자는 이 기본 매핑을 삭제할 수 없다. 사용자는 이러한 기본 매핑에 우선해 적용할 매핑을 정의하면 된다.

1. View Field Configuration Schemes 페이지로 이동한다.

2. 설정할 필드 구성 스킴의 Configure 링크를 클릭한다.

3. Associate and Issue Type with a Field configuration 버튼을 클릭한다.

4. 대화 상자에서 이슈 타입과 필드 구성을 선택한다.

5. Add 버튼을 클릭, 매핑을 추가한다.

다른 이슈에 대한 매핑을 추가하려면 위의 과정을 반복하면 된다. 매핑되지 않은 모든 이슈 타입은 Default 매핑을 사용할 것이다.

필드 구성 스킴과 프로젝트의 연결

사용자가 새로운 필드 구성 스킴을 생성해 매핑을 만들고 나서 마지막 단계는 구성/설정이 적용돼 동작하도록 스킴과 프로젝트를 연결하는 것이다.

일단 필드 구성 스킴이 프로젝트와 연결되면 사용자는 모든 연결을 제거해 스킴이 비활성화될 때까지는 해당 스킴을 삭제할 수 없음을 알고 있어야 한다.

필드 구성 스킴을 프로젝트와 연결하는 방법은 다음과 같다.

1. 연결 대상 프로젝트의 관리 페이지로 이동한다.

2. 왼쪽 패널의 **Fields** 옵션을 클릭한다.

3. **Action** 메뉴에서 **Use a different scheme**을 선택한다.

4. 새로운 필드 구성 스킴을 선택하고 **Associate** 버튼을 클릭한다.

다음 화면에서 볼 수 있듯이, 프로젝트는 Support Field Configuration Scheme을 사용하고 있으며 해당 스킴은 두 개의 설정을 갖고 있다.

- Task 이슈 타입은 Task Field Configuration을 사용하고 있다.
- Sub-task와 같은 모든 다른 이슈 타입은 Default Field Configuration을 사용하고 있다.

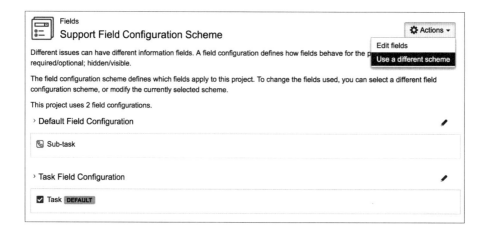

 사용자는 각 필드 구성을 클릭해 각 설정의 세부 사항을 볼 수 있다.

HR 프로젝트

지금까지 지라에서 필드를 다루는 방법을 살펴봤다. 이제는 HR 프로젝트로 전개해보자. 이번에 할 일은 주요 부가적인 유용한 정보를 기록할 수 있도록 몇몇 새로운 사용자 정의 필드를 추가하는 것이다. 또한 HR 팀을 위해 특별히 설계된 사용자 정의 필드 구성을 생성할 것이다. 마지막으로 이러한 필드, 구성 및 프로젝트를 필드 구성 스킴을 통해 연결해 모두 함께 묶을 것이다.

사용자 정의 필드 설정

인사^{HR}를 위한 프로젝트를 만들고 있기 때문에, 이미 4장에서 New Employee와 Termination 두 가지 이슈 타입을 생성했다. New Employee 이슈 타입에 Direct Manager라는 새로운 사용자 정의 필드를 추가할 것이다. 이는 모든 것이 완료됐을 때, 관리자가 새로운 팀원이 시작할 준비가 됐음을 알 수 있도록 하기 위함이다. 관리자는 이미 조직에 있기 때문에, 사용자 선택기$^{user\ picker}$ 필드를 사용할 것이다. 따라서 지라는 해당 사용자를 자동으로 검색할 수 있다.

Termination 이슈 타입에는 Last Day라는 새 사용자 정의 필드를 추가할 것이다. 이는 직원을 위한 마감일이 언제인지 알 수 있도록 하기 위함이다. 이 필드는 날짜 선택기$^{date\ picker}$를 사용할 것이다. 따라서 날짜 형식을 동일하게 맞출 수 있다.

이러한 사용자 정의 필드를 만드는 방법은 다음과 같다.

1. View Custom Fields 페이지로 이동한다.
2. Add Custom Field 링크를 클릭한다.
3. User Picker 사용자 정의 필드 타입을 선택한다.
4. 사용자 정의 필드의 이름을 Direct Manager로 한 후, Create를 클릭한다.

5. HR: Task Management Create Issue Screen, HR: Task Management Create Issue Screen, HR: Task Management Create Issue Screen 세 개를 선택하고, Update를 클릭한다.

6. 위의 2~5단계를 반복하되, Date Picker 필드 타입을 선택하고, Last Day로 이름을 지정한다.

필드 구성 설정

사용자 정의 필드가 모두 준비됐다. 다음 단계는 생성된 사용자 정의 필드의 동작을 지정할 수 있도록 새로운 필드 구성을 하는 것이다. 여기서 할 일은 두 사용자 정의 필드를 모두 required로 설정하는 것이다. 이렇게 하면 지라에 이슈가 입력될 때, 사용자는 이 필드의 값을 반드시 입력해야 한다. 하지만 Direct Manager 필드는 New Employee 이슈 생성 시에만 필수여야 하고, Termination에 대해서는 아니어야 한다. 이렇게 하기 위해선 두 개의 필드 구성을 만들어야 한다.

1. View Field Configuration 페이지로 이동한다.

2. Add Field Configuration 링크를 클릭한다.

3. 새로운 필드 구성의 이름을 New Employ Field Configuration으로 지정한다.

4. Add 버튼을 클릭해 새로운 필드 구성을 생성한다. 이제는 새 필드 구성을 갖고, 이 구성을 새로 만든 사용자 정의 필드에 추가할 수 있다.

5. Direct Manager 사용자 정의 필드의 Required 링크를 클릭한다.

6. 2~5단계를 반복해 새로운 Termination Field Configuration을 만들고, Last Day 필드를 필수 입력 항목으로 만든다.

필드 구성 스킴 설정

사용자 정의 필드를 생성해 관련 선택 사항을 설정하고 새로운 필드 구성을 생성한 후 각각의 필드에 동작을 지정했다. 이제는 이것들을 스킴에 추가할 것이다.

1. View Field Configuration Scheme 페이지로 이동한다.

2. Add Field Configuration Scheme 버튼을 클릭한다.

3. 이 스킴을 HR 프로젝트에 적용할 것이므로, 새로운 필드 구성 스킴의 이름을 HR Configuration Scheme으로 지정한다.

4. Add 버튼을 클릭해 새로운 필드 구성 스킴을 생성한다.

생성한 필드 구성 스킴을 갖고 필드 구성을 New Employee와 Termination 이슈 타입에 연결할 수 있다.

1. Associate an Issue Type with a Field Configuration 버튼을 클릭한다.

2. 이슈 타입으로 New Employee 이슈 타입, 필드 구성을 New Employee Field Configuration을 설정한다.

3. Add 버튼을 클릭해 연결을 추가한다.

4. Termination 이슈 타입과 Termination Field Configuration에 대해 1단계에서 3단계까지의 절차를 반복한다.

마무리하기

좋다. 어려운 작업이 모두 끝났다. 새로운 사용자 정의 필드, 필드 구성, 필드 구성 스킴을 만들었고 마지막으로 모든 것이 함께 작동하는지 보면 된다.

1. HR 프로젝트의 Project Administration 페이지로 이동한다.

2. 왼쪽의 Fields 링크를 클릭하고, Actions 메뉴에서 Use a different scheme 옵션을 클릭한다.

3. HR Field Configuration Scheme을 선택하고, Associate 버튼을 클릭한다.

자, 이제 모든 것이 끝났다! 스스로를 칭찬하고 편하게 앉아 만든 것이 잘 동작하는지 살피기만 하면 된다.

HR 프로젝트에서 New Employee 이슈 타입을 만들면 페이지의 가장 아래에 새로 만든 사용자 필드가 보일 것이다. 다음 화면에 보이는 것처럼 Direct Manager 필드는 필수 입력 사항이므로, 이 값을 선택하지 않으면 에러 메시지를 표시된다. 반면 Last Day 필드는 선택 사항이다.

New Employee 이슈 타입과 Termination 이슈 타입 모두 동일한 스크린 셋을 사용하기 때문에, 여기서는 Direct Manager와 Last Day 사용자 정의 필드가 모두 보인다. 다음 장에서 별도의 스크린을 사용하는 방법을 살펴볼 것이다. 하지만 적절한 이슈 타입은 필드 구성을 사용해 필드를 숨길 수도 있다.

계속해서 필드를 채워 New Employee 이슈를 생성하자. **View Issue** 페이지에서, 사용자가 만든 사용자 정의 필드가 입력한 값과 함께 표시될 것이다.

▎요약

5장에선 지라의 필드와 사용자 정의 필드를 통해 사용자 데이터를 저장하는 방법을 살펴봤다. 필드 구성과 스킴을 사용해 다른 컨텍스트에서 필드에 대한 다른 동작을 정의하는 방법을 배웠다.

6장에선 스크린에 필드를 공식적으로 적용해 5장에서 학습한 필드를 확장하고 필드와 스크린을 조합해 이슈를 생성, 저장할 때 사용자에게 가장 자연스럽고 논리적인 형태를 제공하는 방법을 배울 것이다.

06

스크린 관리

필드는 사용자로부터 데이터를 수집한다. 다양한 요구 사항을 처리하기 위해 광범위한 필드 타입으로부터 사용자 정의 필드를 생성하는 방법을 살펴봤다. 실제로 데이터수집은 어느 정보 시스템에서나 핵심적인 기능이지만, 이는 시스템 기능의 일부일 뿐이다. 마찬가지로 어떻게 데이터를 기록하는가도 매우 중요하다. 데이터 입력 형식은 사용자가 압도당하지 않도록 구성돼야 하고, 필드의 보편적인 흐름은 논리적으로 구조화되고 각 영역으로 그룹화될 필요가 있다. 이것이 스크린을 설명하는 이유다.

6장에선 5장에서 중단했던 부분으로 돌아가 필드와 스크린의 관계를 살펴보고, 더 좋은 사용자 경험을 제공하고 지라를 커스터마이징하기 위해 스크린 사용 방법을 상세히 살펴본다. 6장에서 학습하는 내용은 다음과 같다.

- 스크린이 무엇이고 어떻게 생성하는가
- 필드를 스크린에 추가하는 방법
- 탭을 이용해 스크린을 논리적인 영역으로 분리하는 방법
- 스크린과 이슈 동작의 관계
- 스크린을 프로젝트, 이슈 타입과 연결하는 방법

▌ 지라와 스크린

스크린으로 작업을 시작하기에 앞서 스크린이 무엇이고, 지라에서 어떻게 사용되는 가를 이해해야 할 필요가 있다.

일반적인 종이 기반의 형식에 비유하면 지라의 필드는 채워야 할 체크박스나 공백과 같고, 스크린은 문서 그 자체 형식과 같다. 지라에서 필드가 생성될 때 사용자에게 보이기 위해선 스크린에 필드가 추가돼야 한다. 따라서 스크린을 필드의 그룹이나 컨테이너 같은 것이라고 말할 수 있다.

대부분의 경우 스크린은 스크린 스킴^{screen schemes}을 통해 이슈의 동작과 연결된다. 스크린 스킴은 스크린 생성, 보기, 편집 등의 이슈 동작과 연결된다. 따라서 각 스크린마다 다른 동작을 적용할 수 있다. 스크린 스킴은 이슈 타입별 스크린 스킴과 연결돼, 프로젝트에 적용될 때 스크린 스킴을 이슈에 연결한다. 이를 통해 프로젝트의 각 이슈 타입은 각각 서로 다른 세 가지 스크린을 갖게 된다. 스크린이 직접 사용되는 유일한 경우는 스크린이 워크플로우 전환과 연결됐을 때다. 지라에서 워크플로우는 이슈가 가질 수 있는 다양한 상태를 정의한다. 예를 들면 이슈는 open 상태에서 close 상태로 갈 수 있다. 상태 전환은 이슈를 어떤 상태에서 다른 상태로 이동시키는 동작이며, 지라에선 사용자가 선택한 스크린을 동작의 일부로 표시한다. 워크플로우는 7장, '워크플로우와 비즈니스 프로세스'에서 다룬다.

스크린이 지라에서 어떻게 사용되는지 도식화하기 위해 애틀라시안은 다음과 같이
필드, 스크린 및 각각의 스킴 간의 관계를 요약한 그림을 제공한다.

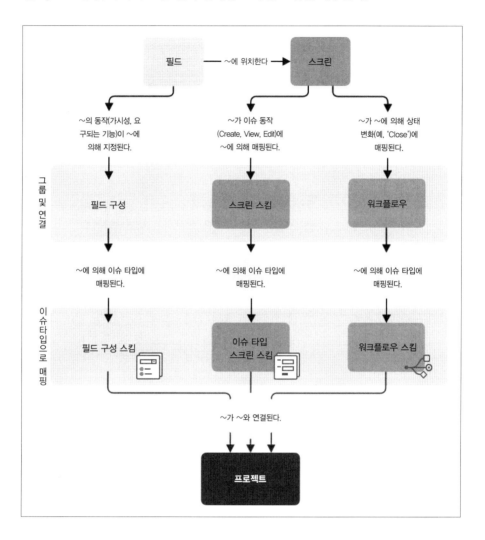

스크린으로 작업하기

많은 다른 소프트웨어 시스템이 사용자에게 스크린을 표시하는 데 제한된 제어 기능을 제공하는 반면, 지라는 스크린 커스터마이징에 있어서는 매우 유연하다. 관리자는 스크린을 생성하고, 스크린에 어떤 필드를 넣을지, 어떤 순서로 놓을지 결정할 수 있다. 또한 주요 이슈 관련 동작에 대해 어떤 스크린에 표시되도록 할 것인지 결정할 수 있다. 지라에서 다음과 같은 동작에 대해 사용자 정의 스크린^{customized screens}을 설계해 생성할 수 있다.

- 이슈 생성 대화 상자에서 이슈를 생성하는 동작
- 이슈를 업데이트할 때 이슈를 편집하는 동작
- 이슈가 생성되고, 사용자가 생성된 이슈를 표시하는 보기 동작
- 워크플로우 상태 전환하면서 워크플로우를 관리하는 동작(워크플로우는 7장, '워크플로우와 비즈니스 프로세스'에서 설명한다)

스크린은 관리자 콘솔^{administration console}에서 중앙 집중식으로 관리된다. 이는 스크린을 생성하고 구성하려면 지라 관리자 권한이 필요하다는 것을 의미한다. 다음과 같은 절차를 통해 스크린 페이지로 이동할 수 있다.

1. 지라 관리자로 로그인한다.
2. 지라 관리자 콘솔로 이동한다.
3. Issue 탭을 선택하고 Screen 옵션을 선택하면, View Screens 페이지로 이동한다.

View Screen 페이지에선 지라 인스턴스에서 현재 가용한 모든 스크린 리스트를 볼 수 있다. 관리자는 스크린을 선택해 스크린에 어느 필드를 추가할지, 스크린을 어떻게 탭으로 나눌지 구성할 수 있다.

여기서 열거된 각각의 스크린에 대해 지라는 각 스크린이 어떤 스크린 스킴에 속해 있는지, 그리고 사용 중인 워크플로우를 표시한다. 스크린 스킴이나 워크플로우에 속해 있는 스크린은 Delete 옵션이 보이지 않음을 알 수 있다. 따라서 관리자는 사용 중인 스크린은 삭제할 수 없다. 다음 화면에서 볼 수 있듯이 스크린을 삭제하려면 먼저 스크린을 스크린 스킴 및 워크플로우로부터 연결 해제해야 한다.

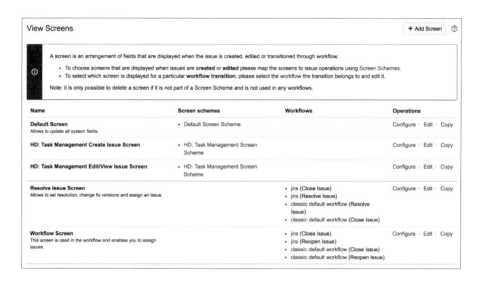

위 화면에서 보듯이, 각 스크린에 대해 다음과 같은 동작이 가능하다.

- Configure: 필드를 어느 스크린에 위치시킬지 설정한다. Edit와 혼동하지 말아야 한다.
- Edit: 스크린의 이름 및 상세 설명을 업데이트한다.
- Copy: 선택한 스크린의 사본을 만든다. 이 사본은 탭과 필드 구성을 모두 복제한다.
- Delete: 선택한 스크린을 삭제한다. 스크린이 스크린 스킴이나 워크플로우에 의해 사용 중이지 않을 때만 가능하다.

여기서 열거된 스크린은 지라 서비스 데스크에 영향이 없다. 지라 서비스 데스크의 스크린과 필드 구성은 11장, '지라 서비스 데스크'에서 설명할 것이다.

스크린 추가

지라는 세 개의 기본 스크린을 제공하며(여기 나열돼 있다), 새로운 프로젝트를 생성할 때마다 해당 프로젝트에 대해 선택한 템플릿을 기반으로 새로운 스크린 셋이 생성된다. 이러한 프로젝트 특화 스크린은 모두 프로젝트 키 값으로 시작되는 이름을 갖게 된다. 예를 들어 HD가 프로젝트 키 값인 경우, HD: Task Management View Issue Screen이 된다.

- **Default Screen**: 이슈를 생성, 편집, 열람할 때 사용된다.
- **Resolve Issue Screen**: 이슈를 해결하고 닫을 때 사용된다.
- **Workflow Screen**: 워크플로우 순서에 따라 이슈 상태를 천이할 때 사용된다.
  (Reopen Issue처럼 스크린을 가지도록 구성할 경우에만)

기본 스크린과 프로젝트 생성에 의해 자동으로 생성된 스크린들로 대부분의 기본적인 요구 사항을 처리할 수 있지만, 얼마 지나지 않아서 기본 스크린으로는 처리할 수 없는 요구 사항과 마주치게 될 것이고, 이때는 조정이 필요하다. 예를 들어 priority와 같이 특정 필드는 read-only로 유지하길 바라며 이슈 생성 후에는 변경할 수 없길 원한다면, 생성과 편집에 별도의 스크린을 설정해 이와 같이 원하는 대로 할 수 있다. 또 다른 예는 bug나 task 같은 이슈 타입별 다른 생성 및 편집 스크린을 적용하는 것이다. 이 경우, 다음과 같은 방법으로 지라에서 사용자 정의 스크린을 생성해야 한다.

1. View Screens 페이지로 이동한다.
2. Add Screen 버튼을 클릭해 Add Screen 대화 상자를 연다.

3. 새 스크린에 대해 의미 있는 이름과 설명을 입력한다. 스크린의 이름을 정할 때, 해당 스크린의 목적에 따라 이름을 짓는 것이 좋다. 이를테면 HD: Bug Create Screen은 해당 스크린이 HD 프로젝트에서 새로운 버그 이슈를 생성 하기 위한 스크린이라는 것을 알려준다.

4. Add 버튼을 클릭, 스크린을 생성한다.

이제 비어 있는 스크린이 생성됐으며 그 안에는 아무 필드도 없다. 다음 절에서 스크린에 필드를 추가하고 사용하는 방법을 살펴본다.

스크린 편집/삭제

관리자는 구성을 항상 최신으로 유지하고 세부 사항을 업데이트하기 위해 기존 스크린을 편집할 수 있다. 다음과 같은 방법으로 스크린을 편집해보자.

1. View Screens 페이지로 이동한다.

2. 업데이트할 스크린의 Edit 링크를 클릭, Edit Screen 페이지로 이동한다.

3. 스크린 이름과 상세 설명을 수정한다.

4. Update 버튼을 클릭, 변경 사항을 적용한다.

스크린을 삭제하려면 우선 해당 스크린이 스크린 스킴이나 워크플로우에서 사용되지 않아야 한다. 스크린이 스크린 스킴이나 워크플로우와 연결돼 있다면, 해당 스크린을 삭제할 수 없다. 따라서 관리자는 우선 연결을 해제해야 한다. 스크린을 삭제하는 방법은 다음과 같다.

1. View Screens 페이지로 이동한다.

2. 삭제할 스크린의 Delete 링크를 클릭, 확인을 위한 Delete Screen 페이지로 이동한다.

3. Delete 버튼을 클릭, 스크린을 삭제한다.

 스크린을 삭제한다고 해서 스크린에 있던 필드까지 삭제되진 않는다.

스크린 복사

스크린은 논리적으로 정렬된 많은 필드로 복잡하게 구성될 수 있다. 따라서 이미 비슷한 스크린이 있음에도 불구하고 새로운 스크린을 처음부터 생성하는 방법은 효율적이지 않다. 지라에선 다른 구성 요소entity와 마찬가지로 기존 스크린을 복제할 수 있다. 이는 동일한 필드를 다시 추가하는 데 드는 시간을 줄여준다.

1. View Screens 페이지로 이동한다.

2. 복사하려는 스크린에 대한 Copy 링크를 클릭하면 Copy Screen 페이지로 이동한다.

3. 스크린의 이름과 상세 설명을 입력한다.

4. Copy 버튼을 클릭, 스크린을 복사한다.

스크린 구성

새로운 스크린을 생성하는 것은 빈 종이 한 장을 얻는 것과 같다. 재미있는 부분은 스크린에 필드를 추가하고 배치시키는 것이다. 지라의 필드는 하나의 열에 위에서 아래로 배치되고 표시된다. 관리자는 어떤 필드를 추가할 것인지, 어떤 순서로 그 필드를 배치할 것인지에 대한 모든 사항을 제어할 수 있다.

이에 대한 유일한 예외는 View 스크린이다. 사용자가 이슈를 볼 때, 필드는 타입별로 함께 그룹으로 보인다. 예를 들어 reporter나 assignee 같은 사용자 필드는 페이지의 우측 상단에 함께 표시된다. 또한 Summary와 Issue 타입과 같은 내장 필드는 스크린에서 배제되더라도 이슈를 볼 때 여전히 표시된다는 점에 주목할 필요가 있다. 이런 필드는 관리자가 스크린에서 위치를 변경할 수 없다.

또한 지라는 스크린을 하나의 형식 내에서 탭^{tab}이나 페이지^{page}로 나눌 수 있는 기능을 제공한다. 관리자는 이 모든 작업을 하나의 구성 페이지에서 할 수 있다. 이러한 단순함과 유연성의 결합은 지라를 가장 강력한 도구로 만든다.

다음의 순서대로 스크린을 구성해보자.

1. View Screens 페이지로 이동한다.

2. 구성할 스크린의 Configure 링크를 클릭한다.

이 페이지에서는 다음과 같은 작업이 가능하다.

- 스크린에 필드를 추가하거나 제거하기
- 필드의 순서 조정하기
- 스크린에서 탭 추가하거나 삭제하기
- 필드를 다른 탭으로 옮기기

스크린에 필드 추가

처음 생성된 스크린은 거의 쓸모가 없다. 스크린이 사용자에게 보여줄 아이템을 가지려면, 관리자는 우선 스크린에 필드를 추가해야 한다.

1. 구성할 스크린의 Configure Screen 페이지로 이동한다.

2. Select Field... 드롭다운 목록에서 추가할 필드명을 입력해 해당 필드를 선택한다. 지라는 자동으로 입력한 필드를 매치시켜 다음과 같은 그림을 보여준다.

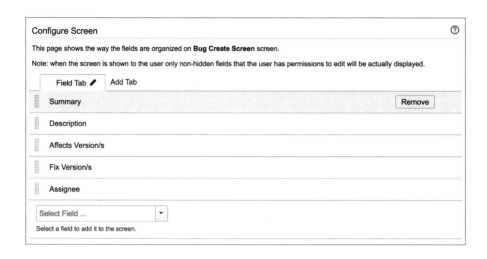

추가된 필드는 목록의 가장 아래에 나타나며, 순서는 드래그 앤 드롭만으로 조정이
가능하다.

스크린에서 필드 삭제

필드는 스크린에서 완전히 제거할 수 있다. 필드가 제거되면 해당 필드는 사용자가
해당 스크린을 볼 때 표시되지 않는다. 필드를 스크린에서 삭제하고 숨기는 것(5장에
서 본 내용이다) 사이에는 미묘한 차이가 있다. 둘 다 필드를 보이지 않도록 하지만 필
드를 제거하면 이슈는 생성 시 해당 필드에 대한 값을 받지 않는다. 이는 필드의 기본
값이 설정됐을 때 매우 중요해진다. 필드가 삭제되면 이슈는 필드의 기본값을 갖지 않
으며, 필드가 단순히 숨겨져 있을 경우에는 기본값이 적용되지만 보이진 않는다.

필드를 스크린에서 제거할 때는 확인 대화 상자가 나타나지 않기 때문에 주의해야 한
다. 새로운 이슈 생성 시 사용되는 스크린에서 Summary와 같은 필수 필드를 제거하
는 경우 주의하기 바란다. 5장, '필드 관리'에서 살펴본 바와 같이 지라는 필수 요소로
지정된 필드는 숨길 수가 없다. 하지만 지라는 필수 요소 필드를 스크린에서 제거하

는 것을 막지 않는다. 따라서 지라가 스크린에 없는 필드 값을 요구하는 상황에서 더 이상 진행하지 못하고 끝나 버릴 수 있다. 이는 일반 사용자에게 매우 황당한 에러 메시지를 보여줄 것이다.

1. 삭제할 스크린의 Configure Screen 페이지로 이동한다.
2. 마우스를 삭제할 필드 위로 이동해 Remove 버튼을 클릭한다.

 스크린에서 필드를 삭제할 때 이미 생성된 이슈는 해당 필드 값을 잃어버리지 않는다. 해당 필드를 다시 추가하면 해당 필드 값이 다시 표시된다.

▌ 스크린 탭 활용

대부분 관리자는 필드를 스크린에 순차적으로 추가하고 사용자는 해당 필드를 위에서부터 아래로 입력할 것이다. 하지만 입력해야 하는 엄청난 필드 수로 인해 복잡하고 어지러운 스크린이 돼 버리거나, 일부 필드를 논리적인 그룹으로 함께 묶고 나머지를 그 그룹에서 분리하고 싶은 경우가 있을 수 있다. 이러한 이유로 지라는 탭을 제공한다.

사용자가 스크린에 모든 값을 꼭 채워야 한다면 탭은 모든 문서를 작성하는 개별 페이지나 영역이 될 것이다. 탭은 왼쪽에서 오른쪽으로 추가되므로 탭 설계 시 논리적으로 왼쪽에서 오른쪽으로 흘러가도록 하는 것이 좋다. 예를 들어 첫 번째 탭에선 summary와 description 같은 일반적인 정보를 수집하고, 다음 탭에선 특정 도메인 domain-specific 정보를 수집할 수 있다.

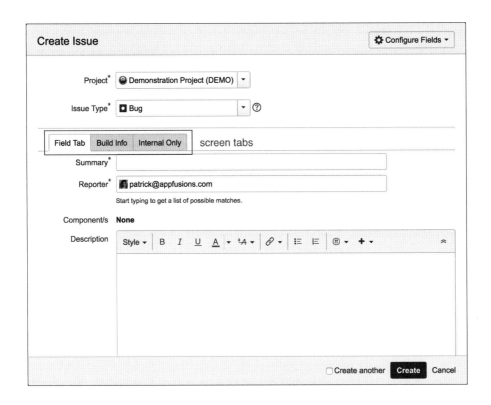

스크린에 탭 추가

지라에서 관리자는 스크린에 탭을 추가할 수 있다. 모든 스크린은 기본적으로 Field Tab이라는 기본 탭을 갖고 있다. 이 기본 탭은 모든 필드를 보유하고 있다. 관리자는 새로운 탭을 스크린에 추가해 스크린을 나누고 더 효과적으로 관리할 수 있다.

1. View Screens 페이지로 이동한다.

2. 새로운 탭을 생성할 스크린의 Configure 링크를 클릭한다.

3. Add Tab 링크를 클릭하고 탭의 이름을 입력한다.

4. Add 버튼을 클릭, 탭을 생성한다.

212

탭은 가로 방향으로 왼쪽에서 오른쪽으로 생성된다. 관리자가 스크린에 새로운 탭을 만들 때, 새로운 탭은 목록의 가장 마지막에 추가된다. 관리자는 다음 화면에서 보는 것처럼 탭 순서는 목록에서 좌우로 드래그 앤 드롭으로 변경할 수 있다.

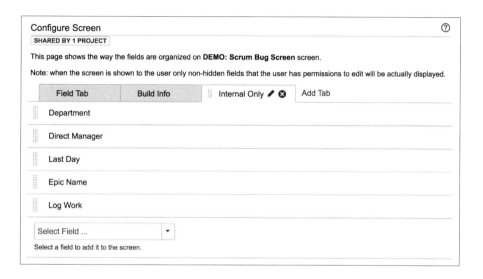

또한 관리자는 해당 필드를 끌어다 다른 탭으로 옮길 수 있다. 이는 필드를 탭에서 삭제하고 다시 새로운 탭에서 해당 필드를 추가하는 시간을 줄일 수 있다.

탭 편집/삭제

스크린과 마찬가지로 관리자는 이름을 바꾸고 스크린에서 탭을 제거하는 등 탭을 유지 보수할 수 있다. 다음 방법으로 탭의 이름을 바꿔보자.

1. View Screens 페이지로 이동한다.
2. 편집할 탭이 있는 스크린의 Configure 링크를 클릭한다.
3. 탭을 클릭해 선택한다.

4. Edit 아이콘을 클릭하고 탭의 새로운 이름을 입력한다.

5. OK 버튼을 클릭, 변경 사항을 적용한다.

탭을 삭제할 때는 탭에 있는 필드가 스크린에서 모두 제거된다. 따라서 해당 필드가 스크린에 계속 보이길 원한다면 필드를 다시 추가하거나 다른 탭으로 옮겨야 한다. 스크린에서 마지막으로 남은 탭은 삭제할 수 없다. 탭을 삭제하는 절차는 다음과 같다.

1. View Screens 페이지로 이동한다.

2. 삭제할 탭이 있는 스크린의 Configure 링크를 클릭한다.

3. 탭을 클릭해 선택한다.

4. Delete 아이콘을 클릭하면, 지라는 해당 탭과 그 안의 모든 필드를 제거할 것인지 확인 요청한다.

5. Delete 버튼을 클릭, 스크린에서 탭을 삭제한다.

▎스크린 스킴으로 작업하기

스크린을 생성하고 관리하는 방법과 스크린에 어떤 필드를 추가해 구성하는 방법을 알고 있다. 퍼즐의 다음 조각은 지라 시스템이 각 이슈의 동작에 대해 표시돼야 하는 스크린을 알 수 있도록 하는 것이다.

스크린은 이슈의 동작 시에 표시되고 스크린 스킴은 스크린과 동작 사이의 매핑을 정의한다. 스크린 스킴을 통해 관리자는 다음과 같이 각 이슈 동작별로 표시해야 하는 스크린을 제어할 수 있다.

- Create Issue: 새로운 이슈를 생성할 때 보이는 스크린
- Edit Issue: 이슈를 편집할 때 보이는 스크린
- View Issue: 이슈를 열람할 때 보이는 스크린

스크린과 마찬가지로 지라에서 프로젝트를 새로 생성할 때마다 프로젝트에 적용될 새로운 스크린 스킴도 별도로 생성되고, 스크린은 이러한 이슈 동작에 자동으로 할당된다.

기본적으로 생성된 것들은 대부분 착수에 문제가 없지만, Issue Type과 같이 이슈를 생성한 이후에는 해당 필드를 편집할 수 없도록 하고 싶은 때가 있을 것이다. 관리자는 보고와 통계 측정과 같은 이유로 올라온 이슈 타입별로 세밀하게 제어하고 싶을 수도 있다. 따라서 사용자가 자유롭게 이슈 타입을 수정할 수 있게 하는 것은 좋은 생각이 아니다. 또 다른 예는 특정 필드는 생성 시에는 그 정보를 알 수 없기 때문에 입력이 필요하지 않다는 것이다. 따라서 일반 사용자를 혼동시키거나 압박하지 말고 이러한 필드는 생성 시에는 그냥 두고, 나중에 정보를 얻었을 때 입력을 요청해야 한다.

스크린의 동작을 하나의 스크린에서 모든 것을 채우는 방식^{one-screen-fits-all approach} 보단 스크린을 여러 개의 이슈 동작으로 나누는 방식 같이, 지라는 스크린을 제어하고 설계하는 데 있어 새로운 수준의 유연성을 제공한다. 마찬가지로 생성 스크린과 편집 스크린같이 스크린 사이에 큰 차이가 없으면 베이스 스크린을 만들고, 업무량을 줄이기 위해 Copy Screen 기능을 사용하길 바란다.

스크린처럼 스크린 스킴을 관리하려면, 지라 관리자 권한이 필요하다. 스크린 스킴을 관리하는 방법은 다음과 같다.

1. 지라 관리자 콘솔로 이동한다.
2. Issues 탭을 선택 후 Screen Schemes 옵션을 선택, View Screen Schemes 페이지로 이동한다.

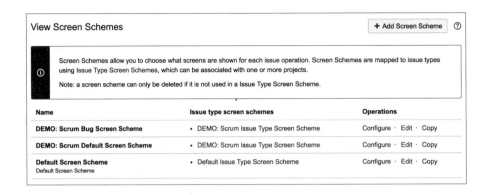

View Screen Schemes 페이지에서 현재 있는 모든 스크린 스킴 목록을 볼 수 있다. 여기서 구성을 관리하고, 이슈 타입 스크린 스킴(다음 절에서 설명)과의 연결 관계도 볼 수 있다.

스크린 스킴 추가

보통은 프로젝트에서 지라가 생성한 스크린 스킴을 사용하고 있을 것이다. 하지만 한 개 이상이 필요한 경우가 있다. 프로젝트에서 다양한 이슈 타입에 따라 다른 스크린 셋을 표시해야 한다면, 이슈 타입마다 새로운 스크린 스킴을 생성해야 한다. 새로운 스크린 스킴을 생성하는 절차는 다음과 같다.

1. View Screen Schemes 페이지로 이동한다.
2. Add Screen Scheme 버튼을 클릭한다.
3. 새 스크린 스킴의 의미 있는 이름과 상세 설명을 입력한다.
4. 스크린 목록에서 기본 스크린을 선택한다. 이 스크린은 특정 이슈 동작에 매핑되지 않은 경우에 표시된다.
5. Add 버튼을 클릭, 스크린 스킴을 생성한다.

216

이 단계에선 새로운 스크린 스킴이 사용되지 않는다. 즉, 해당 스크린 스킴은 어떤 이슈 타입 스크린 스킴과 연결되지 않았음을 의미한다(이슈 타입 스크린 스킴은 다음 절에서 다룬다).

스크린 스킴 생성 후 선택된 기본 스크린이 모든 이슈 동작에 적용된다. 다음 절에서 스크린을 이슈 동작과 연결하는 방법을 살펴본다.

스크린 스킴 편집/삭제

관리자는 기존 스크린 스킴의 이름, 상세 설명 같은 세부 사항을 업데이트할 수 있다. 기본 스크린 선택을 변경하려면 스크린 스킴을 구성해야 한다. 이는 다음 절에서 다룬다. 스크린 스킴을 편집하는 방법은 다음과 같다.

1. View Screen Schemes 페이지로 이동한다.
2. 편집할 스크린 스킴의 Edit 링크를 클릭, Edit Screen Scheme 페이지로 이동한다.
3. 스크린 스킴의 이름과 상세 설명을 새로운 값으로 업데이트한다.
4. Update 버튼을 클릭, 변경 사항을 적용한다.

또한 비활성화된 스크린 스킴은 삭제가 가능하다. 만약 스크린 스킴이 활성화돼 있으면(이슈 타입 스크린 스킴과 연결돼 있다면), 삭제 옵션이 보이지 않을 것이다. 스크린 스킴을 삭제하는 방법은 다음과 같다.

1. View Screen Schemes 페이지로 이동한다.
2. 삭제할 스크린 스킴의 Delete 링크를 클릭, Delete Screen Scheme 페이지로 이동한다.
3. Delete 버튼을 클릭, 스크린 스킴 삭제를 확인한다.

스크린 스킴 복사

스크린 스킴은 스크린처럼 복잡하지 않지만, 처음부터 새로 만들기보단 기존의 스크린 스킴을 복사하는 편이 좋다. 관리자는 스킴의 스크린/이슈 동작 연결(다음 절에서 다룰 것이다)을 복사하고 싶거나, 혹은 스킴을 변경하기 전에 빠르게 백업본을 만들고 싶을 때가 있을 것이다.

기존의 스크린 스킴을 복제하는 방법은 다음과 같다.

1. View Screen Schemes 페이지로 이동한다.
2. 복사할 스크린 스킴의 Copy 링크를 클릭, Copy Screen Scheme 페이지로 이동한다.
3. 스크린 스킴의 이름과 상세 설명을 입력한다.
4. Copy 버튼을 클릭, 선택한 스크린 스킴을 복사한다.

새로운 스크린 스킴 생성과 마찬가지로, 복제된 스크린 스킴 역시 기본적으로는 비활성화돼 있다.

스크린 스킴 구성

앞에서 언급한 것처럼 새로운 스크린 스킴을 생성할 때 모든 이슈의 동작에 대해 기본 스크린으로 동일한 스크린이 선택된다. 이제 생성, 편집, 보기에 같은 스크린을 사용하고 싶다면 설정을 해야 한다. 스크린 스킴을 자세히 설정할 필요는 없지만 이슈 동작마다 각기 다른 스크린이 적용돼야 한다면 이러한 연결을 설정해야 한다.

이슈의 동작이 스크린과 연결이 없을 때 지정된 스크린이 기본 스크린으로 적용된다. 향후 이슈 동작이 스크린에 연결되면 특정 연결은 일반적인 대체 기본 스크린에 우선해 적용된다.

스크린과 이슈 동작 간의 연결은 스크린 스킴 수준별로 관리된다. 다음의 순서로 스크린 스킴을 구성해보자.

1. View Screen Schemes 페이지로 이동한다.

2. 구성해야 하는 스크린 스킴의 Configure 링크를 클릭, Configure Screen Scheme 페이지로 이동한다.

스크린을 이슈 동작에 연결

각 스크린은 하나 이상의 이슈 동작과 연결될 수 있다. 다음과 같은 순서로 이슈 동작을 스크린과 연결해보자.

1. 구성할 스크린 스킴의 Configure Screen Scheme 페이지로 이동한다.

2. Add an Issue Operation with a Screen 버튼을 클릭한다.

3. 스크린에 할당될 이슈 동작을 선택한다.

4. 이슈 동작에 연결될 스크린을 선택한다.

5. Add 버튼을 클릭, 연결을 생성한다.

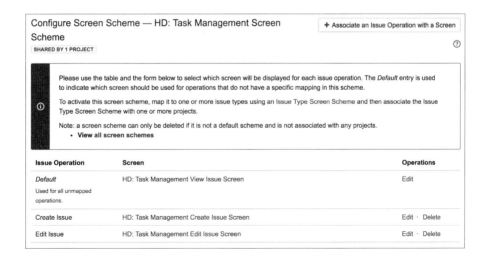

위의 화면에서 보이는 것처럼, **Create Issue**와 **Edit Issue** 동작은 각각 HD : Task Management Create Screen, HD : Task Management Edit Screen과 연결돼 있다. View Issue 동작과 연결된 스크린은 없기 때문에, **View Issue** 동작에 대해서는 HD : Task Management View Screen이 사용될 것이다.

연결 편집/삭제

지라에선 이슈 동작에 대한 연결을 생성한 후, 해당 이슈 동작을 선택 가능한 목록에서 제거한다. 따라서 동일한 이슈 동작에 대해서는 또 다른 연결을 생성할 수 없다. 이슈 동작을 다른 스크린에 연결하려면 다음과 같이 현재의 연결을 편집해야 한다.

1. 구성할 스크린 스킴의 **Configure Screen Scheme** 페이지로 이동한다.
2. 편집할 연결의 **Edit** 링크를 클릭, **Edit Screen Scheme Item** 페이지로 이동한다.
3. 이슈 동작에 연결될 새로운 스크린을 선택한다.
4. **Update** 버튼을 클릭, 변경한 연결을 적용한다.

이미 생성돼 있는 연결이 더 이상 필요 없다면 다음과 같은 방법으로 필요 없는 연결을 제거할 수 있다.

1. 구성할 스크린 스킴의 **Configure Screen Scheme** 페이지로 이동한다.
2. 삭제할 연결의 **Delete** 링크를 클릭한다.

다른 유사한 동작과 다르게 이슈 동작 연결에 대한 삭제는 확인 페이지가 없다. 따라서 **Delete** 링크를 클릭하면 즉시 연결이 삭제됨을 주의해야 한다.

이슈 타입 스크린 스킴

스크린 스킴은 여러 스크린을 함께 그룹으로 묶어 이슈 동작과 연결을 생성한다. 다음 퍼즐 조각은 지라 시스템이 특정 이슈 타입의 이슈를 생성, 보기, 편집할 때 생성한 스크린 스킴을 사용하도록 하는 것이다.

아직 스크린 스킴을 지라와 연결하지 않았다. 지라는 매우 유연하게 이슈 타입 레벨마다 스크린 스킴을 정의할 수 있도록 한다. 이는 프로젝트에서 모든 이슈 타입에 동일한 스크린 스킴을 적용하지 않고 각기 다른 스크린 스킴을 적용할 수 있음을 의미한다. 이슈 타입 스크린 스킴은 이렇게 매우 유연하고도 강력한 기능을 제공한다.

스크린 및 스크린 스킴과 마찬가지로 이슈 타입 스크린 스킴을 생성하고 관리하려면 지라 관리자 권한이 필요하다. 다음과 같은 순서로 이슈 타입 스크린 스킴을 관리해보자.

1. 지라 관리자 콘솔로 이동한다.

2. Issue 탭 선택 후, Issue Type Screen Schemes 옵션을 선택, Issue Type Screen Schemes 페이지로 이동한다.

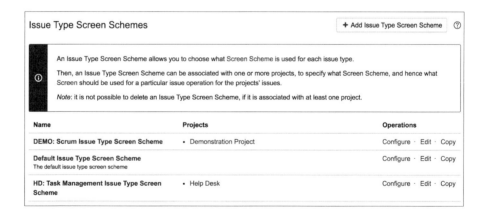

이슈 타입 스크린 스킴 추가

스크린 스킴과 마찬가지로 지라는 프로젝트 생성 시 이슈 타입 스크린 스킴을 자동으로 생성한다. 하나의 프로젝트는 오직 하나의 이슈 타입 스크린 스킴을 가질 수 있기 때문에, 보통은 직접 새로운 이슈 타입 스크린 스킴을 만들 필요가 없다. 하지만 새로운 스킴을 생성하고 싶을 때가 있을 수 있다. 이를테면 롤백$^{roll\ back}$의 경우에 대비해 건드리지 않은 현재의 스킴을 유지하면서 새로운 구성을 시험할 때와 같은 경우가 있을 것이다.

다음의 순서로 새로운 이슈 타입 스크린 스킴을 만들어보자.

1. Issue Type Screen Schemes 페이지로 이동한다.
2. Add Issue Type Screen Scheme 버튼을 클릭한다.
3. 새 이슈 타입 스크린 스킴에 이름과 설명을 입력한다.
4. 스크린 스킴 목록에서 기본 스크린 스킴을 선택한다.
5. Add 버튼을 클릭, 이슈 타입 스크린 스킴을 생성한다.

예상과 같이, 새로운 이슈 타입 스크린 스킴은 아직 미사용 상태이다. 스킴은 프로젝트에 적용이 된 이후에만 활성화된다.

이슈 타입 스크린 스킴 편집/삭제

관리자는 이미 만들어진 이슈 타입 스크린 스킴의 이름 및 상세 설명을 업데이트할 수 있다. 스크린 스킴/이슈 타입 연결에 대한 상세 사항을 변경하려면 이슈 타입 스크린 스킴을 설정해야 한다. 이에 대해서는 다음 절에서 설명한다.

이슈 타입 스크린 스킴을 업데이트하는 방법은 다음과 같다.

1. Issue Type Screen Schemes 페이지로 이동한다.

2. 편집할 이슈 타입 스크린 스킴의 Edit 링크를 클릭, Edit Issue Type Screen Scheme 페이지로 이동한다.

3. 이슈 타입 스크린 스킴의 이름 및 상세 설명을 새로운 값으로 변경한다.

4. Update 버튼을 클릭, 변경 사항을 적용한다.

지라의 다른 스킴과 동일하게 이슈 타입 스크린 스킴 역시 사용 중인 경우에는 삭제가 불가능하다. 지라에서 스킴을 삭제하려면 해당 스킴을 사용하는 프로젝트가 없는지 확인해야 한다. 이슈 타입 스크린 스킴을 삭제하려면 다음과 같은 순서대로 진행하면 된다.

1. Issue Type Screen Schemes 페이지로 이동한다.

2. 삭제할 이슈 타입 스크린 스킴의 Delete 링크를 클릭, Delete Issue Type Screen Scheme 페이지로 이동한다.

3. Delete 버튼을 클릭, 스킴을 제거한다.

이슈 타입 스크린 스킴 복사

지라에선 이슈 타입 스크린 스킴 역시 복제가 가능하다. 관리자는 매우 쉽게 기존에 생성된 이슈 타입 스크린 스킴의 사본을 만들 수 있다. 이 기능은 새로운 구성을 실험하기에 앞서 백업 사본을 만드는 데 매우 유용하다. 단, 이슈 타입 스크린 스킴을 복사한다고 해서 그 안에 포함된 스크린 및 스크린 스킴도 복사되는 것이 아님을 주의해야 한다.

이슈 타입 스크린 스킴을 복사하는 방법은 다음과 같다.

1. Issue Type Screen Schemes 페이지로 이동한다.

2. 복사할 이슈 타입 스크린 스킴의 Copy 링크를 클릭, Copy Issue Type Screen Scheme 페이지로 이동한다.

3. 복제된 새로운 이슈 타입 스크린 스킴의 이름 및 상세 설명을 입력한다.

4. Copy 버튼을 클릭, 스킴을 복사한다.

새로 생성된 이슈 타입 스크린 스킴 역시 프로젝트에서 사용되지 않는 상태이므로 기본적으로 비활성화 상태가 된다.

이슈 타입 스크린 스킴 구성

새로운 이슈 타입 스크린 스킴을 생성해 스크린 스킴과 이슈 타입 간에 새로운 연결을 만들 수 있다. 이 연결은 프로젝트와 이슈 타입을 각각의 스크린으로 묶는다.

각 이슈 타입 스크린 스킴은 별도로 구성돼야 하며, 생성된 연결은 구성된 스킴에 구체화된다. 스크린 스킴을 구성하는 방법은 다음과 같다.

1. Issue Type Screen Schemes 페이지로 이동한다.

2. 설정할 이슈 타입 스크린 스킴의 Configure 링크를 클릭, Configure Issue Type Screen Scheme 페이지로 이동한다.

이슈 타입 스크린 스킴 연결

지라는 스크린 스킴과 이슈 타입 간의 연결을 형성해 이슈 타입별로 어떤 스크린 스킴을 사용할 것인지를 결정한다. 각 이슈 타입은 오직 한 개의 스크린 스킴과 연결할 수 있으나, 모든 스크린 스킴은 하나 이상의 이슈 타입과 연결할 수 있다.

다음과 같은 순서로 새로운 연결을 추가해보자.

1. 구성할 이슈 타입 스크린 스킴의 Configure Issue Type Screen Scheme 페이지로 이동한다.

2. Associate an Issue Type with a Screen Scheme 버튼을 클릭한다.

3. 연결을 추가할 이슈 타입을 선택한다.

4. 이슈 타입과 연결할 스크린 스킴을 선택한다.

5. Add 버튼을 클릭, 연결을 생성한다.

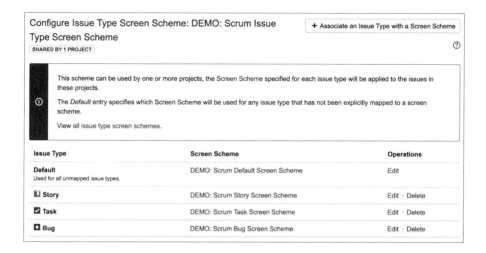

위의 화면처럼 Story, Task 및 Bug 이슈 타입은 각각 DEMO: Scrum Story Screen Scheme, DEMO: Scrum Task Screen Scheme, DEMO: Scrum Bug Screen Scheme과 명시적으로 연결돼 있다. Improvement 같은 다른 이슈 타입은 기본 스킴인 DEMO: Scrum Default Screen Scheme과 연결될 것이다.

연결 편집/삭제

관리자는 Default 연결과 같은 이미 존재하는 연결을 업데이트할 수 있다. Default 연결은 새 이슈 타입 스크린 스킴을 생성할 때, 자동으로 같이 생성된다.

1. 설정할 이슈 타입 스크린 스킴의 Configure Issue Type Screen Scheme 페이지로 이동한다.

2. 편집할 연결의 Edit 링크를 클릭, Edit Issue Type Screen Scheme 페이지로 이동한다.

3. 이슈 타입과 연결할 새 스크린 스킴을 선택한다.

4. Update 버튼을 클릭, 변경 사항을 적용한다.

또한 관리자는 불필요한 연결을 제거할 수 있다. 단, Default 연결은 연결이 정의되지 않은 모든 이슈 타입을 위해 사용되므로, 삭제할 수 없다. 관리자는 스킴을 생성함과 동시에 모든 이슈 타입별로 연결을 정의할 수 있지만, 나중에 새로운 이슈 타입을 추가하면서 추가된 이슈에 대한 스크린 스킴 연결을 잊을 수도 있기 때문에, Default 삭제를 방지하는 것은 매우 중요한 기능이다. 연결을 삭제하는 방법은 다음과 같다.

1. 설정할 이슈 타입 스크린 스킴의 Configure Issue Type Screen Scheme 페이지로 이동한다.

2. Delete 버튼을 클릭, 연결을 제거한다.

스크린 스킴의 연결과 동일하게, 확인 대화 상자를 보여주지 않고 연결을 즉시 삭제한다.

▌ 이슈 타입 스크린 스킴과 프로젝트 연결

새 이슈 타입 스크린 스킴을 활성화하기 위해 다음과 같은 절차를 진행하면, 각 이슈 동작에 대해 스킴에서 정의한 스크린을 표시할 것이다.

1. 대상 프로젝트의 관리자 페이지로 이동한다.

2. 왼쪽 패널에서 Screen 옵션을 클릭한다.

3. Action 메뉴에서 Use a different scheme 옵션을 선택한다.

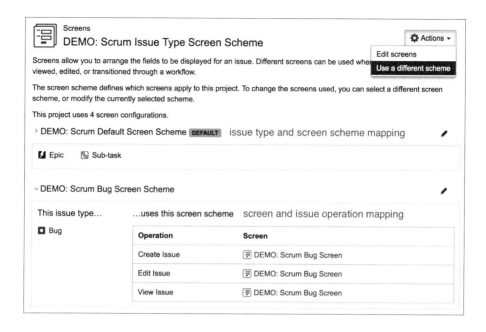

4. Scheme 선택 목록에서 이슈 타입 스킴을 선택한다.

5. Associate 버튼을 클릭한다.

이슈 타입 스크린 스킴을 프로젝트에 연결하면, 지라는 위 화면과 같이 상세한 매핑 내역을 표시한다.

HR 프로젝트

6장에서 익힌 새로운 지식을 5장에서 설정한 필드와 함께 이용해 더욱 훌륭한 사용자 경험을 제공할 수 있도록 지라를 커스터마이징해보자.

이번에 해야 하는 일은 새로운 스크린을 생성하고, 이를 HR 프로젝트에 적용하는 것이다. 제너릭 필드^{generic fields}와 전달을 위해 설계된 특별한 사용자 정의 필드를 구별하고 싶다. 또한 New Employee 타입 이슈와 Termination 타입 이슈에 대해 각각 변경 사항을 적용하고, 서로 다른 이슈 타입에는 변경 사항이 영향을 미치지 않길 원한다. 생산 시스템에서 어떠한 변경 사항에 대해 다루는 방식과 마찬가지로, 지라에서도 변경 사항을 적용하기 전에 현재 데이터를 백업하는 것은 매우 중요하다.

스크린 설정

5장, '필드 관리'에서 HR 팀을 위해 몇몇 사용자 정의 필드를 별도로 설계해 생성했다. 당면한 문제는 모든 새 필드가 적용가능 여부와 관계없이 New Employee와 Termination 이슈 타입 양쪽에 보인다는 것이다. 이것은 두 이슈 타입이 동일한 스크린 셋을 사용하기 때문이다.

이 문제를 해결하기 위해 두 개의 스크린 셋을 새로 만들어 하나는 New Employee 이슈 타입에, 하나는 Termination에 적용할 것이다. 기본 스크린 셋은 Task와 같이 프로젝트에 있는 나머지 이슈 타입을 위해 남겨둘 것이다.

가장 쉬운 방법은 기존 스크린을 복제하는 것이다. 이렇게 하면 모든 필드를 직접 추가할 필요가 없고 실수로 어떤 필드를 추가하는 것을 잊는 일을 방지한다. 각 이슈 타입을 위한 스크린을 생성하는 절차는 다음과 같다.

1. View Screens 페이지로 이동해 HR: Task Management Create Issue Screen 의 Copy 링크를 클릭한다.
2. 새 스크린 이름을 HR: Create/View New Employee Screen으로 지정한다.
3. Copy 버튼을 클릭, 스크린을 생성한다.

이제는 새로운 스크린이 생겼고, 필드를 설정할 수 있다. 이 스크린은 New Employee 이슈를 생성하는 용도이므로 Last Day 필드가 필요 없다.

1. HR: Create/View New Employee Screen에서 Configure 링크를 클릭한다.

2. Last Day 필드 위로 마우스 커서를 위치하고 Remove 버튼을 클릭, 필드를 제거한다.

약간의 양념으로 People이라는 새로운 탭을 생성해 Assignee, Reporter, Direct Manager 필드와 같이 사람과 관련된 모든 필드를 해당 탭으로 재배치할 수도 있다.

생성 스크린을 생성해 설정했다. 새로운 편집 스크린은 아주 약간의 수정을 통해 이와 매우 유사하게 보일 것이다. 이슈 생성 후에는 사용자가 이슈 타입을 바꿀 수 없게 하기 위해 Issue Type 필드를 날려버리고 싶다.

1. HR: Create/View New Employee Screen에서 Copy 링크를 클릭한다.
2. 새 스크린 이름을 HR: Edit New Employee Screen으로 지정한다.
3. Copy 버튼을 클릭, 새 스크린을 생성한다.
4. Issue Type 필드를 제거한다.

이 절차를 반복해 Termination 이슈 타입에 대해서도 새로운 스크린 셋을 생성하자. 이번에는 Last Day 필드를 제거하는 대신 Direct Manager 필드를 두 스크린에서 제거할 것이다.

스크린 스킴 설정

지라가 새 스크린이 어떤 동작에서 표시될 것인지 알 수 있게 하기 위해선 생성 및 구성된 스크린을 이슈 동작과 연결해야 한다. 이를 위해 다음 절차대로 해보자.

1. View Screen Schemes 페이지로 이동해 Add Screen Scheme을 클릭한다.
2. 새 스크린 스킴의 이름을 HR: New Employee Screen Scheme으로 지정한다.
3. HR: Create/View New Employee Screen을 기본 스크린으로 선택한다.
4. Add 버튼을 클릭, 스크린 스킴을 생성한다.

이제, 이 스크린 스킴을 이용해 스크린을 각각의 이슈 동작과 연결할 것이다.

1. Associate an Issue Operation with a Screen 버튼을 클릭한다.

2. Edit Issue 동작에 적용할 HR: Edit New Employee Screen을 선택한다.

이미 HR: Create/View New Employee Screen을 기본 스크린으로 지정했기 때문에, 이 스크린은 Create Issue 동작과 View Issue 동작을 포함한 모든 매핑되지 않은 동작에 적용될 것이다. Create와 View 두 개의 동작에 대해 매핑하지 않으면, 다른 동작과 차이가 없이 동작할 것이다.

New Employee 이슈 타입을 위한 스크린 스킴이 생성됐으며 이제는 Termination 이슈 타입에 대해서도 동일한 절차를 반복한다.

이슈 타입 스크린 스킴 설정

이제 이슈 생성 시 지라가 스크린 스킴을 어떤 이슈에 적용할지 지정해줘야 한다. 지라는 프로젝트를 위한 이슈 타입 스크린 스킴을 한 개 생성했기 때문에, 우리는 적절한 이슈 타입에 우리가 생성한 새 스크린 스킴을 사용할 수 있도록 설정해줘야 한다.

1. Issue Type Screen Schemes 페이지로 이동해 HR: Task Management Issue Type Screen Scheme의 Configure 링크를 클릭한다.

2. Associate an Issue Type with a Screen Scheme 버튼을 클릭한다.

3. Issue Type으로 New Employee를 선택한다.

4. 연결할 스크린 스킴으로 HR: New Employee Screen Scheme을 선택한다.

5. Add 버튼을 클릭, 연결을 생성한다.

New Employee 타입의 이슈는 새로운 스크린이 적용되지만, 다른 타입의 이슈에는 영향을 주지 않을 것이다. 이제 Termination 이슈 타입에 대해서도 이 절차를 반복한다.

마무리하기

다양한 이슈 타입을 새로운 스크린 스킴에 연결해 기존 이슈 타입 스크린 스킴을 재사용하고 있기 때문에 부가적인 변경을 할 필요가 없다. 하지만 새로운 이슈 타입 스크린 스킴을 생성했다면 그 스킴을 HR 프로젝트와 연결해야 할 것이다.

이제 고된 작업의 결과물을 볼 수 있다. 사용자 정의 스크린, 사용자 정의 필드 그리고 탭, 이 모든 것이 함께 잘 동작하고 사용자 데이터가 사용자 정의 필드를 통해 수집되는 것을 볼 수 있을 것이다. 새 New Employee 이슈를 생성해 커스터마이징한 Create Issue 스크린이 다음 화면처럼 보일 것이다.

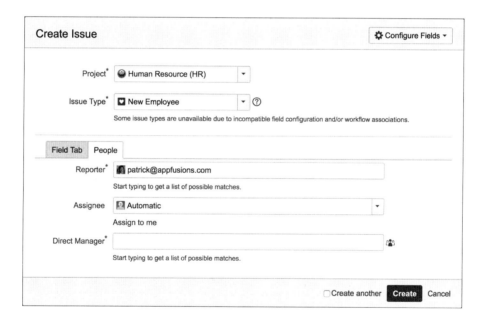

보는 바와 같이 New Employee 이슈 생성 시에 Last Day 필드는 스크린에 더 이상 보이지 않고, 사람 관련 필드는 이제 새로운 People 탭에 보인다. 새로운 Termination 이슈를 생성한다면 Direct Manager 필드는 보이지 않을 것이다.

▌ 요약

6장에선 지라가 스크린을 통해 어떻게 구성돼 보이는지 살펴봤다. 지라에서 스크린은 스크린 스킴을 통해 사용되고, 스킴은 스크린을 이슈의 동작에 매핑하는 것임을 알게 됐다. 또한 이슈 타입 스크린 스킴은 스크린 스킴을 이슈 타입에 매핑하는 데 사용되는 것도 알게 됐다. 따라서 어떤 프로젝트에서든 각 이슈 타입은 별도의 생성, 편집, 보기를 위한 스크린을 가질 수 있다. 또한 스크린을 더 논리적인 필드 그룹별로 나눠 탭으로 나눌 수 있다는 것도 확인했다. 특히 스크린이 많은 필드로 구성돼 있을 때 탭으로 나누는 것은 더욱 효과적이다.

5장에서 본 사용자 정의 필드와 함께, 이제는 능률적으로 데이터 수집을 할 수 있는 효과적인 스크린 설계를 할 수 있다. 7장에선 지라에서 가장 강력한 기능인 워크플로우에 대해 자세히 살펴본다.

07

워크플로우와 비즈니스 프로세스

앞에서 지라의 기본적인 사항과 사용자 정의 필드 및 사용자 정의 스크린을 이용해 데이터를 입력 받고 표시하는 방법을 배웠다. 7장에선 지라의 가장 핵심적이고도 강력한 기능인 워크플로우를 자세히 살펴본다.

워크플로우Workflow는 지라에서 이슈가 어떤 상태에서 다른 상태로 옮겨지는 방법을 제어하는 것이다. 이것은 작업이 진행되면서 업무 담당자가 한 사람에게서 다른 사람으로 전달되는 것과 같다. 대부분의 시스템과는 다르게 지라에선 작업 중인 프로세스를 따라 워크플로우를 직접 생성할 수 있다.

7장에서 학습하는 내용은 다음과 같다.

- 워크플로우는 무엇이고, 어떻게 구성돼 있는가
- 워크플로우와 스크린의 관계
- 상태, 천이, 조건, 검증기^{validators}, 후처리 기능이 무엇인가
- 워크플로우 디자이너로 워크플로우를 만드는 방법
- 워크플로우를 프로젝트와 연결하는 방법

▌비즈니스 프로세스 맵핑

좋은 소프트웨어 시스템은 비즈니스에 적합해야 하며, 비즈니스를 소프트웨어에 맞춰야 하는 것이 아니라고 종종 이야기한다. 지라는 앞의 조건에 대한 좋은 예다. 지라의 강력함은 워크플로우를 이용해 시스템을 현재 사용중인 비즈니스 프로세스 모델에 맞게 구성하기 쉽다는 것이다.

대부분의 비즈니스 프로세스 플로우는 플로우차트로 표현이 가능하다. 예를 들면 전형적인 문서 승인 절차는 문서 준비, 문서 리뷰 및 제출과 같은 태스크를 포함한다. 사용자는 이 태스크를 순차적으로 따라야 한다. 사용자는 이 플로우를 지라 플로우로 쉽게 구현할 수 있다. 각 태스크는 하나의 상태에서 다음 상태로 이동하는 방법을 가이드하는 천이^{transitions}를 갖는 워크플로우 상태^{workflow status}로 표시된다. 실제로 워크플로우 작업을 하는 경우, 프로세스의 논리적인 흐름에 대해 플로우차트로 초안을 작성하고, 이를 지라에서 워크플로우로 구현해보는 것이 좋은 접근 방법이다. 앞으로 보게 되겠지만 지라는 워크플로우를 시각화해서 볼 수 있도록 도와주는 많은 도구를 제공한다.

일반적인 비즈니스 프로세스를 지라 워크플로우에 매핑하는 방법을 간단하게 알아봤다. 이제 워크플로우의 구성 요소와 사용자 정의 워크플로우를 생성하는 방법을 자세히 살펴보자.

▌ 워크플로우의 이해

워크플로우는 지라가 비즈니스 프로세스를 모델링하기 위해 사용한다. 워크플로우는 상태(단계)의 흐름이고, 이슈는 상태와 상태 간의 경로(천이)를 하나씩 통과한다. 지라의 모든 이슈는 이슈 타입과 프로젝트에 따라 적용되는 워크플로우를 갖고 있다. 이슈는 워크플로우에 따라 하나의 상태(예. OPEN)에서 다른 상태(예. CLOSED)로 이동한다. 시라는 다음과 같이 워크플로우를 다이어그램으로 시각화해 설계할 수 있도록 한다.

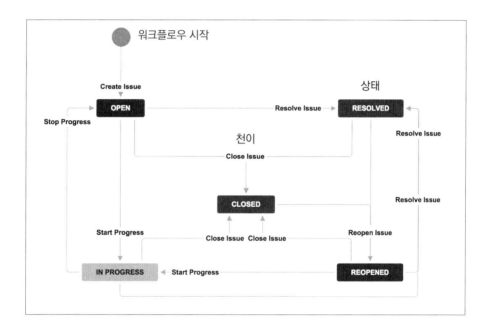

위 다이어그램은 지라의 간단한 워크플로우를 보여준다. 직사각형은 상태, 화살표를 가진 선은 상태를 연결하는 천이를 나타낸다. 이 다이어그램은 보이는 것과 같이 프로세스의 플로우를 표현하는 일반적인 플로우차트와 매우 유사하다.

또한 상태가 다른 색상으로 표시된다는 사실을 알고 있어야 한다. 상태의 색상은 상태가 속한 카테고리에 따라 결정된다. To Do(파랑), In Progress(노랑), 그리고 Done(녹색)의 세 가지 카테고리가 있다. 카테고리는 색상을 지시자로 사용해 이슈가 워크플로우의 어디에 있는지 쉽게 식별하는 데 도움이 된다.

지라의 이슈는 생성된 이후부터 In Progress, Closed와 같은 이슈의 상태로 정의된 단계를 거친다. 이러한 이동은 대부분 사용자 상호작용에 의해 발생하게 된다. 예를 들어 사용자가 Start Progress 링크를 클릭하면, 해당 이슈는 다음 화면에서 보는 것처럼 In Progress 상태로 천이된다.

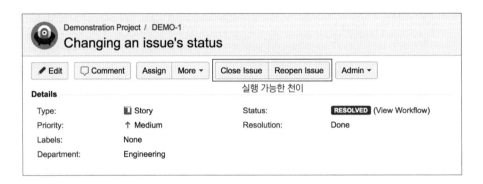

워크플로우의 시작은 명백하다. 워크플로우는 이슈가 생성됐을 때 시작된다. 그러나 워크플로우의 마지막은 가끔 모호할 수 있다. 기본 워크플로우에서 이슈는 Open에서 Closed로 갈 수 있고, Reopened에서 Closed로 다시 돌아갈 수도 있다. 사람들은 관례적으로 워크플로우의 마지막은 Closed라고 명명된 상태나 이슈가 해결책을 갖고 있는 상태라고 말한다. 일단 해결 상태가 되면, 이론적으로는 이슈는 종료가 된 것이다. 지라의 일부 내장 기능들은 이러한 관례를 따른다. 이를테면 해결이 된 것으로 표시된 이슈는 홈페이지상에서 Assigned to Me 목록에 보이지 않는다.

 이슈에 대한 처리가 완료됐을 때 해당 이슈는 resolution을 갖고 있어야 한다.

▌ 워크플로우 관리

워크플로우는 지라 관리 콘솔에서 통제 및 관리가 된다. 따라서 워크플로우를 생성하고 구성하려면 관리자 권한이 필요하다. 워크플로우 관리 방법은 다음 순서를 따른다.

1. 지라에 관리자로 로그인한다.

2. 지라 관리 콘솔로 이동한다

3. Issue 탭 선택 후 Workflow 옵션을 선택하면, View Workflows 페이지로 이동된다.

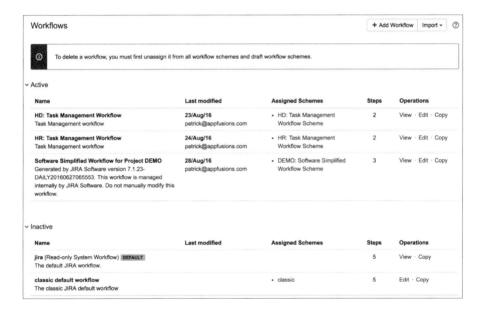

View Workflows 페이지에선 모든 사용 가능한 워크플로우의 목록을 볼 수 있다. 새로운 워크플로우를 생성할 수 있으며 기존의 워크플로우에 대한 관리도 할 수 있다. 페이지는 Active와 Inactive 두 개의 영역으로 구분된다. Active 워크플로우는 프로젝트에서 사용 중인 워크플로우이며, 반대로 Inactive는 사용되고 있지 않은 워크플로우이다. 기본 화면에선 Inactive 영역은 접혀 있다. 앞의 화면은 Inactive 영역이 확장돼 있는 것을 보여준다.

지라는 jira라는 기본적인 읽기 전용 워크플로우를 제공한다. 이 워크플로우는 특정 워크플로우가 지정되지 않은 프로젝트에 적용된다. 따라서 이 jira 워크플로우는 편집이나 삭제가 불가능하다. 지라 7에서, 이 워크플로우는 대부분 기존 프로젝트와 호환을 유지하는 데 사용된다. 새로운 프로젝트는 그들이 선택한 템플릿을 기반으로 생성된 자체적인 워크플로우를 갖는다. 이러한 프로젝트 특화 워크플로우는 HD: Task Management Workflow와 같이 프로젝트 키로 시작하고 프로젝트 템플릿이 뒤따르는 이름을 갖는다.

이슈 상태

지라 워크플로우에서 이슈 상태issue status는 워크플로우에서 이슈의 현재 상태를 나타낸다. 플로우차트와 비교하면 상태는 직사각형이며 프로세스를 따라 이슈가 현재 다이어그램에서 어느 위치에 있는지가 표시된다. 태스크가 비즈니스 프로세스에서 하나의 단계에만 존재할 수 있는 것처럼, 이슈도 한순간에는 하나의 상태로만 있을 수 있다. 예를 들어 이슈는 동시에 open과 closed 상태에 있을 수 없다.

또한 상태에 대한 워크플로우의 용어인 스텝step이 있다. 지라는 워크플로우 관리를 단순화했기 때문에, 스텝과 상태는 상호 교환적으로 사용된다. 일관성을 위해 분리가 필요한 특별한 경우가 아니라면 이 책에선 상태status를 사용한다.

천이

상태는 워크플로우에서의 단계를 의미한다. 이슈가 어떤 상태에서 다음 상태로 가는 경로를 천이transition라고 한다. 천이는 두 개의 상태를 함께 연결한다. 천이는 단독으로 존재할 수 없다. 시작 상태와 끝나는 상태를 가져야 하며, 둘 가운데 하나만 가질 수 있다. 따라서 천이는 조건에 따라 다른 목표 상태로 분리될 수 없다. 또한 천이는 단방향이다. 천이가 A 상태에서 B 상태로 이루어지는 경우, B 상태에서 A 상태로 돌아가는 경로를 원한다면 새로운 천이를 생성해야 한다.

천이의 구성 요소는 다음과 같다.

- Conditions: 이 기준을 만족해야 사용자가 천이를 실행할 수 있다. 이 기준은 보통 사용자가 천이를 실행할 수 있는 권한을 통제하는데 사용된다.
- Validators: 이 검증 기준을 통과해야 천이가 실행된다. 일반적으로 Transition Screen과 함께 사용된다.
- Post Functions: 천이 프로세스의 일부를 수행하는 추가 기능이다.
- Transition Screen: 사용자가 천이를 실행하는 경우에 보이는 추가적인 스크린이다. 천이 과정의 일부로, 추가적인 정보를 수집하는 데 사용된다.
- Triggers: 만약 지라가 스태시^{Stash}나 깃허브^{GitHub} 등과 같은 다른 개발 도구와 통합됐다면, 트리거는 새로운 브랜치 생성하거나 누군가 코드를 커밋하는 것 같은 이벤트가 발생한 경우 자동으로 천이를 실행한다.

처음 세 개의 구성 요소는 천이의 동작을 정의한다. 천이에 대한 사전 검증과 사후 검증을 수행하고, 천이의 실행 후에 후처리 기능을 수행한다. 다음 절에서 이 구성 요소에 대해 자세히 학습한다.

트리거

앞서 설명한 바와 같이, 트리거를 사용하기에 앞서 지라를 다음 시스템 중 하나와 통합할 필요가 있다.

- 애틀라시안 스태시^{Atlassian Stash}
- 애틀라시안 피쉬아이/크루서블^{Atlassian FishEye/Crucible}
- 애틀라시안 비트버킷^{Atlassian Bitbucket}
- 깃허브^{GitHub}

트리거는 통합된 개발 도구로부터 코드 커밋과 같은 변경 사항을 감지한다. 이러한 이벤트가 발생하면, 트리거는 자동으로 워크플로우 천이를 실행한다. 이 경우에 모든 권한이 무시되는 것에 주의해야 한다.

조건

때때로 천이를 수행할 수 있는 사람이나 천이가 수행되는 조건을 통제하고 싶을 때가 있다. 이슈의 승인과 관련한 천이는 관리자 그룹에 속한 사용자만 수행해야 한다면, 일반 직원들은 자신들의 요청에 대해 스스로 승인하는 것이 불가능하게 될 것이다. 이러한 경우가 조건Condition이 사용되는 경우다.

사용자가 천이를 실행하려면 조건의 기준을 만족시켜야 한다. 천이 조건이 만족되지 않으면, 천이는 이슈 열람 화면에서 사용자에게 보이지 않는다. 다음 표는 지라에서 제공하는 조건 목록이다.

조건	상세 설명
Code Committed Condition	해당 이슈에 대한 코드가 커밋되거나 되지 않았을 때에만 (설정에 따라) 천이를 실행할 수 있다.
Hide transition from user	모든 사용자에게 천이를 보이지 않도록 숨긴다. 따라서 후처리 기능에 의해서만 트리거될 수 있다. 이 조건은 천이가 자동 프로세스의 일부로 트리거되는 상황에서 매우 유용하다.
No Open Reviews Condition	천이가 관련돼 완료되지 않은 크루시블 리뷰가 없는 경우에만 가능하다.
Only Assignee Condition	이슈의 현재 담당자만 천이를 할 수 있다.
Only Reporter Condition	이슈를 보고한 사람만이 천이를 할 수 있다.
Permission Condition	설정된 권한을 가진 사용자들만 천이를 할 수 있다.
Sub-Task Blocking Condition	부모 이슈의 천이를 서브태스크의 상태로 제한한다.
Unreviewed Code Condition	현재 이슈와 관련돼 리뷰되지 않은 변경이 없어야 천이를 할 수 있다.
User Is In Group	특정 그룹에 소속된 사용자만 천이를 할 수 있다.
User Is In Group Custom Field	특정 그룹 사용자 필드에 속한 사용자만 천이를 할 수 있다.
User Is In Project Role	특정 프로젝트 역할에 속한 사용자만 천이를 할 수 있다.

검증기

검증기^{Validators}는 천이가 완료되기 전에 특정 기준을 확인한다는 점에서 조건과 매우 유사하다. 일반적인 경우 검증기는 천이 동안에 사용자 입력을 확인하는 데 사용된다. 예를 들어 사용자가 워크플로우 스크린에 있는 모든 필드의 데이터를 입력했는지 확인이 가능하다. 다음 표는 지라가 제공하는 검증기 목록이다.

검증기	상세 설명
Permission Validator	사용자가 특정 권한을 갖고 있는지 확인한다. 천이를 실행한 사용자가 필요한 권한을 갖고 있는지 확인하는 경우 매우 유용하다.
User Permission Validator	사용자가 특정 권한을 갖고 있는지 확인한다. 사용자명을 저장하는 OSWorkflow 변수는 설정이 가능하다. 이 기능은 거의 사용되지 않는다.

후처리 기능

이름에서 알 수 있듯이 후처리 기능^{Post Functions}은 천이가 실행된 이후 발생하는 기능이다. 후처리 기능은 천이를 실행하고 난 후 추가적인 과정들을 수행할 수 있도록 지원한다. 지라는 내부적으로 많은 기능을 수행하기 위해 후처리 기능을 사용한다. 예를 들어 이슈가 천이될 때 지라는 후처리 기능을 사용해 검색 인덱스를 업데이트하고, 이슈의 변경 상태를 반영해 검색 결과를 보여준다.

만약 (검증기의 확인 실패 같은) 천이가 실패하면 해당 천이에 관련된 후처리 기능은 시작되지 않는다. 다음 표는 지라에서 제공하는 후처리 기능 목록이다.

후처리 기능	상세 설명
Assign to Current User	이슈의 담당자를 현재 사용자로 변경한다. 단, 사용자가 assignable user 권한을 갖고 있어야 한다.
Assign to Lead Developer	이슈의 담당자를 프로젝트나 컴포넌트의 리드 개발자로 변경한다.
Assign to Reporter	이슈 담당자를 이슈를 보고한 사람으로 변경한다.
Create Perforce Job Function	천이 완료 후, (필요한) 퍼포스 작업(perforce job)을 생성한다.

후처리 기능	상세 설명
Notify HipChat	하나 이상의 힙챗(HipChat) 대화방에 알림을 보낸다.
Trigger a Webhook	이후 처리 기능이 실행되면, 지라는 이슈 내용을 JSON 형식으로 지정된 URL로 보낸다.
Update Issue Field	지정한 이슈의 필드 내용을 지정한 값으로 변경한다.

▌워크플로우 디자이너

지라는 간단하게 사용할 수 있는 워크플로우 디자이너^{workflow designer} 라고 하는 드래그 앤 드롭 도구를 제공한다. 워크플로우 디자이너는 워크플로우의 생성과 구성을 쉽게 할 수 있도록 도와준다. 마이크로소프트 비지오^{Visio} 같은 다이어그램 도구에 익숙한 사용자라면 워크플로우 디자이너를 아주 편하게 사용할 수 있을 것이다. 또한 텍스트 모드^{Text mode} 라는 또 다른 옵션도 제공한다. 그러나 디자이너가 더 쉽고 많은 기능을 갖고 있으므로 이 책에선 디자이너를 사용하는 방법에 집중한다.

 워크플로우가 복잡해지면, 텍스트 모드가 워크플로우 상태 및 천이를 더 쉽게 관리할 수도 있다.

워크플로우 디자이너는 다음 화면과 같다. 메인 패널에 워크플로우 레이아웃이 있으며, 위쪽에는 Add status, Add transition 버튼과 같은 몇 가지 제어 도구가 있다. 현재는 Diagram 옵션이 선택돼 있는데, Text 옵션을 클릭하면, 지라는 구식 작성^{Authoring} 도구로 변한다.

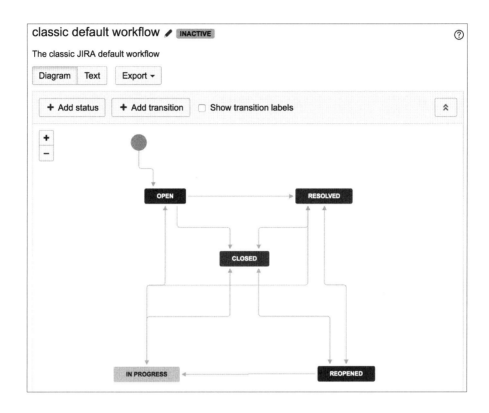

워크플로우 디자이너에서, 상태와 천이를 드래그하거나 재정렬할 수 있다. 각각의 상태와 천이를 클릭하면 화면과 같이 각 속성창이 열릴 것이다. 다음 화면은 Resolve Issue 천이를 클릭한 경우를 보여준다. 이 창에서 우리는 조건이나 검증기 같은 속성을 열람하고 변경할 수 있다.

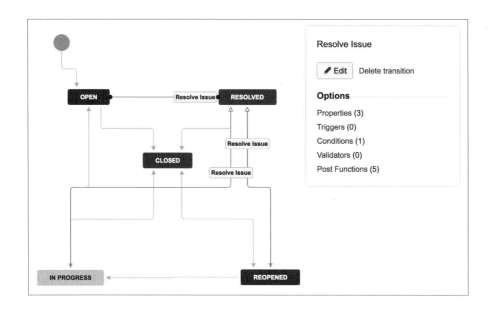

█ 워크플로우 작성

이제 지라에서 새로운 워크플로우를 생성하고 설정하는 방법을 살펴보자. 새로운 워크플로우를 생성하기 위해 필요한 작업은 이름과 상세 설명을 입력하는 것이다.

1. View Workflows 페이지로 이동한다.

2. Add Workflow 버튼을 클릭한다.

3. Add Workflow 대화 상자에서 새로운 워크플로우에 대한 의미 있는 이름을 입력한다.

4. Add 버튼을 클릭, 워크플로우를 생성한다.

새로 생성된 워크플로우에는 기본적으로 생성 상태와 오픈 상태만 포함하고 있기 때문에 필요한 상태와 천이를 추가해야 한다. 다음의 순서로 워크플로우에 새로운 상태를 추가해보자.

1. Add status 버튼을 클릭한다.

2. 드롭다운 목록 가운데 상태를 하나 선택한다. 만약 필요한 상태가 없다면, 상태 이름을 직접 입력하고 Enter 키를 눌러 새로운 상태를 만들 수 있다.

3. 현재의 상태에 상관없이 이슈를 이 상태로 변경하기 원한다면 Allow all status to transition to this one 옵션을 체크한다. 이것은 수동으로 여러 개의 천이를 만들 필요가 없게 해주는 Global Transition을 생성하는 편리한 옵션이다.

4. Add 버튼을 클릭, 워크플로우에 상태를 추가한다. 워크플로우에 추가할 상태에 대해서는 위의 과정을 반복하면 된다.

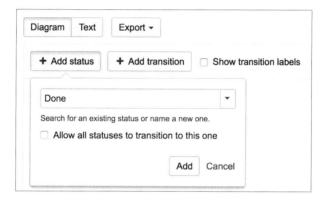

 유사한 많은 상태들을 관리하지 않기 위해선 가능한 기존 상태들을 재사용해야 한다.

이제 워크플로우에 필요한 모든 상태가 추가됐고, 이러한 상태 사이의 천이를 정의해 이슈가 한 상태에서 다음 상태로 넘어갈 수 있게 해야 한다. 천이를 만드는 방법은 다음 두 가지가 있다.

- Add transition 버튼을 클릭한다.
- 천이가 시작할 상태를 결정하면, 이를 클릭 후 목적 상태로 드래그한다.

두 방법 모두 다음 화면과 같이 Add Transition 대화 상자를 보여준다.

위의 화면에서 New transition 탭에서 새로운 천이를 만들거나, Reuse a transition 탭에서 이미 만들어진 천이를 재사용할 수 있다.

새로운 천이를 만들려면 다음과 같이 구성해야 한다.

- From status: 시작하는 상태이다. 이슈가 이 상태일 때 해당 천이 버튼을 볼 수 있다.
- To status: 목적 상태이다. 천이가 수행된 후 이슈가 이 상태로 변경된다.
- Name: 천이의 이름이다. 사용자에게 표시되는 텍스트이다. 천이의 이름은 Close Issue처럼 동사로 시작하는 것이 좋다.
- Description: 천이의 목적에 대한 상세 설명 텍스트이다. 사용자에게 보이지 않는다.
- Screen: 사용자가 천이를 실행할 때 나타나는 옵션 중간 스크린이다. 예를

들어 천이 과정 중에 추가 데이터를 수집하는 스크린을 설정할 수 있다. 스크린을 지정하지 않으면 아무 중간 과정 없이 즉시 수행된다. 다음 화면은 워크플로우 스크린의 예이다.

이미 만들어진 천이를 재사용하려면, Reuse a transition 탭을 선택한 후 다음 화면처럼 From status, To status와 재사용할 천이를 선택하면 된다.

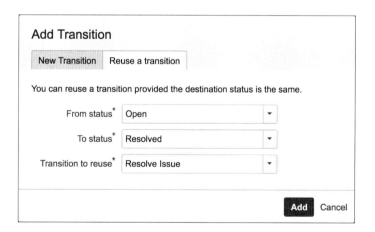

언제 새로운 천이를 생성해야 하는지, 언제 기존에 생성된 천이를 재사용해야 하는지 궁금할 것이다. 둘 사이에 가장 큰 차이점은 천이를 재사용할 때는 common transition이라는 재사용되는 천이의 모든 인스턴스가 동일한 설정 조합으로 공유된다는 점이다. 다시 말해 조건, 검증기 등 모든 속성이 똑같이 적용된다. 따라서 천이의 변경 사항은 모든 인스턴스에 적용된다. 이에 대한 좋은 사용 예는 Close Issue처럼 동일한 이름과 설정으로 중복된 천이가 필요한 경우다. 각각 분리된 천이를 생성하는 대신, 하나의 천이를 생성하고 이슈를 닫기 위한 천이가 필요할 때마다 생성된 천이를 다시 사용하면 된다. 이렇게 하면 나중에 천이에 추가적인 사용자 입력 확인을 위한 새로운 검증기를 추가해야 하는 경우, 각 Close Issue 천이에 대해 여러 번 변경할 필요 없이 한 번만 변경하면 된다.

기억해야 하는 또 다른 좋은 방법은 워크플로우에 dead end 상태가 되지 않도록 하는 것이다. 이에 대한 예로는, 종료된 이슈가 다시 오픈 상태로 변경되는 것을 허용하는 것이다. 이는 사용자가 실수로 이슈를 닫은 후 다시 수정하지 못하는 것을 방지한다.

때때로 간과하는 한 가지 사항은 이슈를 처음 생성하는 경우 전이된 상태를 변경할 수 있다는 점이다. 기본적으로 이슈는 생성되면 Open 상태로 있게 된다. 대부분 이것이 이치에 맞지만 실제로 이러한 설정은 변경이 가능하다. 예를 들어 모든 이슈가 Waiting 상태에 있고, 누군가 이슈에 대한 검토를 한 이후에만 Open 상태로 전이되길 원할 수 있다. 또한 기본적인 Create Issue 전이를 변경할 수도 있다. 이렇게 함으로 이슈의 생성 과정에 영향을 줄 수 있다. 예를 들어 이슈의 생성을 허용하기 전 추가적인 검사를 위해 검증기를 추가하거나 이슈가 생성되는 즉시 추가적인 작업을 수행하기 위한 후처리 기능을 추가할 수 있다.

지금까지 새로운 상태와 천이를 워크플로우에 생성하는 방법을 살펴봤다. 이제는 조건, 검증기, 그리고 후처리 기능을 천이에 추가하는 방법을 살펴보자.

천이에 트리거 추가

지라가 지원하는 개발 도구 가운데 최소 하나 이상과 통합돼 있는 경우에만 트리거를 추가할 수 있다. 다음과 같은 순서로 트리거를 추가하는 것이 가능하다.

1. 트리거를 추가할 천이를 선택한다.
2. Triggers 링크를 클릭한다.
3. Add trigger 버튼을 클릭한다. 통합된 개발 도구가 없다면, 이 버튼은 비활성화돼 있을 것이다.

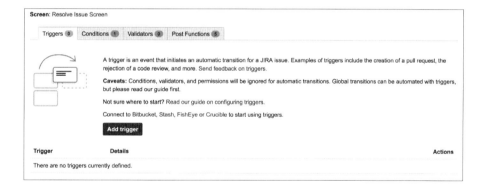

4. 추가할 트리거를 선택하고 Next 버튼을 클릭한다.
5. 검출된 트리거 소스를 확인하고 Add trigger 버튼을 클릭한다.

천이에 조건 추가

기본적으로 새로운 천이는 어떤 조건도 설정돼 있지 않다. 따라서 이슈에 접근 가능한 사람은 누구나 천이를 실행할 수 있다. 지라에선 여러 개의 조건을 천이에 추가할 수 있다.

1. 조건을 추가할 천이를 선택한다.

2. Conditions 링크를 클릭한다.

3. Add condition 링크를 클릭하면 Add Condition To Transition 페이지로 이동하며, 추가할 수 있는 조건 목록을 볼 수 있다.

4. 추가할 조건을 선택한다.

5. Add 버튼을 클릭, 선택한 조건을 추가한다.

6. 조건에 따라 Add Parameters To Condition 페이지를 볼 수 있다. 이 페이지에서 조건에 대한 설정 옵션을 지정할 수 있다. 예를 들어 다음 그림과 같이 User Is In Group 조건의 경우 확인할 그룹을 지정하도록 요구할 것이다.

새로 추가된 조건은 조건 목록의 맨 마지막에 추가돼, condition group을 생성한다. 기본적으로 하나 이상의 조건이 있는 경우, 논리적 AND가 조건 그룹에 적용된다. 따라서 모든 조건 그룹을 통과하려면 모든 조건이 충족돼야 한다. 하나의 조건이 충족되지 않으면 전체 그룹은 조건 통과에 실패한 사용자는 천이를 실행할 수 없을 것이다. 논리적 OR 조건을 사용하도록 변경하면, 그룹 내 조건 가운데 하나만 충족이 돼도 모든 그룹이 통과하게 된다. 이는 더 복잡한 논리 단위를 만들어 다중 조건을 조합할 수 있기 때문에 매우 유용하다.

예를 들어 User Is In Group 조건은 하나의 그룹을 지정할 수 있다. 그러나 AND 연산을 사용해 여러 개의 User Is In Group 조건을 추가함으로써 지정한 모든 그룹에 속한 사용자들만 천이를 실행하도록 할 수 있다. 만약 OR 연산을 적용한다면 열거된 그룹 가운데 하나에만 속해 있어도 사용자는 천이를 실행할 수 있다. 이에 대한 유일한 제약은 같은 조건 그룹에서 두 연산을 같이 사용할 수 없다는 것이다.

 하나의 천이는 하나의 조건 그룹만 가질 수 있고, 각 조건 그룹은 하나의 논리 연산자만 가질 수 있다.

천이에 검증기 추가

조건과 마찬가지로 천이는 기본적으로 검증기를 갖고 있지 않다. 따라서 천이는 실행되면 바로 완료된다. 특정 조건이 충족되는 경우만 천이가 실행될 수 있도록 하기 위해, 천이에 검증기를 추가할 수 있다. 다음의 순서대로 천이에 검증기를 추가해보자.

1. 검증기를 추가할 천이를 선택한다.
2. Validators 링크를 클릭한다
3. Add validator 링크를 클릭하면 Add Validator To Transition 페이지로 이동하며, 추가가 가능한 모든 검증기 목록을 보여준다.

4. 추가할 검증기를 선택한다.

5. **Add** 버튼을 클릭, 검증기를 추가한다.

6. 검증기에 따라 **Add Parameters To Validator** 페이지가 보이며, 이 페이지에서 검증기의 구성 옵션을 지정할 수 있다. 예를 들어 다음 그림과 같이 **Permission** 검증기의 경우 확인할 권한을 선택하도록 요청한다.

조건과 유사하게 천이에 여러 개의 검증기가 추가되면 validator group을 형성한다. 조건과 다르게 해당 그룹에 대해 논리적 AND 조건만 적용할 수 있다. 따라서 천이를 완료하려면 천이에 추가된 모든 검증기가 검증 기준을 통과해야 한다. 천이는 논리적 OR 연산을 사용해 검증을 선별해 통과할 수 없다. 다음 화면에서 검증기(Field Required 검증기는 JIRA Suite Utilities 애드온에서 사용이 가능하다. '추가 기능을 활용한 워크플로우 확장' 절을 참고하라)가 천이에 추가돼 사용자가 Resolution Details 필드에 값을 입력했는지 여부를 확인한다.

천이에 후처리 기능 추가

천이는 기본적으로 몇 가지의 후처리 기능을 포함해 생성된다. 이러한 후처리 기능은 지라 내부 동작에 대한 중요한 서비스를 제공하기 때문에 천이에서 삭제할 수 없다. 후처리 기능은 다음 기능을 수행한다.

- 이슈 상태를 워크플로우 단계에 따라 연결된 목적 상태로 지정한다.
- 천이 동안에 무엇이 입력되면 이슈에 코멘트를 추가한다.
- 이슈에 대한 변경 이력을 업데이트하고 데이터베이스에 이슈를 저장한다.
- 데이터베이스와 인덱스 간 동기화된 상태를 유지하기 위해 인덱스를 다시 생성한다.
- 수신기에 의해 처리될 수 있는 이벤트를 발생시킨다.

다음에 볼 수 있듯이 이러한 후처리 기능은 검색 인덱스에 대한 업데이트와 천이 후 이슈 상태 지정 같은 기본을 제공하는 지라에서 필수적인 기능이다. 따라서 지라에선 천이를 생성할 때 사용자가 직접 추가하도록 해 일부를 누락하는 위험성을 방치하지 않고 기본적인 후처리 기능을 자동으로 추가한다.

1. 후처리 기능을 추가할 천이를 선택한다.

2. Post Functions 링크를 클릭한다.

3. Add post function 링크를 클릭, 추가해야 하는 후처리 기능을 선택한다.

4. Add 버튼을 클릭, 후처리 기능을 추가한다.

5. 후처리 기능에 따라 Add Parameters To Function 페이지가 나타날 수 있고, 이 페이지에서 후처리 기능의 구성 옵션을 지정할 수 있다. 다음 화면은 Update Issue Field 후처리 기능의 예를 보여준다.

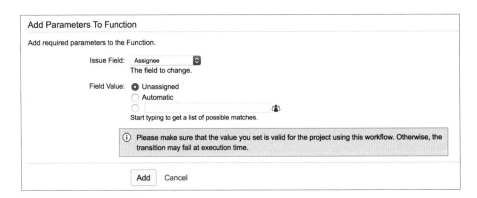

조건 및 검증기와 마찬가지로, 여러 개의 후처리 기능도 천이에서 후처리 그룹을 형성한다. 천이가 실행된 후, 그룹의 후처리 기능은 각 목록 위에서 아래로 순차적으로 수행된다. 어떤 후처리 기능이 처리되는 동안 에러가 발생하면 사용자는 에러 메시지를 받고 나머지 후처리 기능은 중단돼 수행되지 않는다.

후처리 기능은 순차적으로 수행되고 일부 후처리 기능은 값을 변경하고 다른 작업을 수행할 수 있다. 따라서 후처리 기능의 수행 순서는 매우 중요하다. 예를 들어 후처리 기능이 이슈의 담당자를 현재 사용자로 바꾸고 또 다른 후처리 기능은 이슈의 임의의 필드 값을 이슈의 담당자로 채운다면, 담당자를 업데이트하는 후처리 기능이 먼저 처리돼야 한다. 따라서 후처리 기능의 순서를 신중하게 확인해야 한다.

관리자는 후처리 기능의 위치를 Move Up 및 Move Down 링크를 클릭, 목록의 위/아래로 이동시킬 수 있다. 그러나 모든 후처리 기능의 위치를 바꿀 수 있진 않다는 점에 주의해야 한다.

▎ 워크플로우 업데이트

지라에선 활성화된 워크플로우와 비활성화된 워크플로우 모두 변경할 수 있다. 그러나 활성화된 워크플로우의 수정에는 다음과 같은 몇 가지 제약이 있다.

- 워크플로우 삭제가 불가능하다.
- 이미 생성된 단계와 관련된 상태는 편집할 수 없다.
- 이미 생성된 단계에서 나가는 천이가 없는 경우, 새로 나가는 천이를 추가할 수 없다.

위와 같은 수정이 필요하다면, 해당 워크플로우와 관계된 모든 프로젝트와의 관계를 제거하고 워크플로우를 비활성화 하거나 워크플로우의 사본을 만들어야 한다.

언제든 활성화된 워크플로우의 사본을 만들어 수정한 후, 워크플로우 스킴에서 원본을 사본으로 교체하는 것이 가능하다.

활성화된 워크플로우를 편집할 하는 경우, 실제로는 지라가 생성한 워크플로우 드래프트draft의 사본을 변경하게 된다. 따라서 변경 사항은 드래프트를 발행Publish하기 전까지 적용되지 않는다.

 워크플로우 변경 후 드래프트를 발행하는 것을 잊지 마라.

드래프트 발행 절차는 다음과 같이 매우 간단하다.

1. Publish Draft 버튼을 클릭하면 먼저 원본 워크플로우의 백업을 만들 것인지 물어본다. 변경 내역을 되돌릴 필요가 있다면 백업 생성을 추천한다.

2. 변경 사항의 적용에 앞서 현재 워크플로우의 백업을 생성할 것인지 Yes나 No를 선택한다. 앞에서 백업을 만들지 않았다면 빠르고 손쉽게 백업을 만들 수 있다. 백업을 만들 경우 변경 추적을 위해 워크플로우 이름을 일관된 규칙으로 짓는 것이 좋다(Sale Workflow 1.0과 같이 버전과 목적을 포함한다).

3. Publish 버튼을 클릭, 드래프트 워크플로우를 발행하고 다음 화면과 같이 변경 내역을 적용한다.

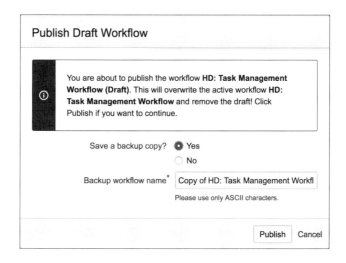

워크플로우 스킴

워크플로우는 비즈니스 프로세스를 정의하고 모델링하지만 어떤 상황에서 해당 워크플로우를 적용하는지 지라 시스템이 알 수 있도록 해야 한다. 지라의 다른 구성과 마찬가지로 이 역시 스킴을 사용해 처리한다. 6장에서 본 것처럼 스킴은 프로젝트, 이슈 타입과 지정한 구성 옵션을 연결하는 그 자체로 완전하고 재사용 가능한 구성 단위로 동작한다.

워크플로우 스킴은 워크플로우와 이슈 타입 사이의 관계를 설정한다. 스킴은 여러 프로젝트에 적용될 수 있으며 적용되고 나면 스킴 내의 해당 워크플로우는 활성 상태가 된다.

워크플로우 스킴을 열람하고 관리하려면 다음과 같은 순서를 따르면 된다.

1. 지라 관리자로 로그인한다.
2. 지라 관리자 콘솔로 이동한다.

3. Issues 탭을 선택 후, Workflow Schemes 옵션을 선택하면 다음 화면과 같이 Workflow Schemes 페이지로 이동한다.

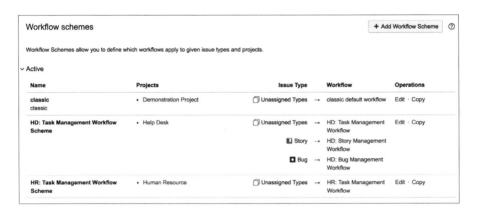

Workflow Schemes 페이지는 각 스킴의 워크플로우 관계를 보여준다. 이전 화면의 예를 보면 HD: Task Management Workflow Scheme에서 Bug 이슈 타입은 HD: Bug Management Workflow로 할당되고, Story 이슈 타입은 HD: Story Management Workflow에 할당돼 있는 것을 볼 수 있다. 또한 어떤 프로젝트가 해당 워크플로우 스킴을 사용하고 있는지 알 수 있다.

워크플로우 스킴 생성

지라에서 스크린 스킴 같은 다른 구성 스킴과 유사하게 새로운 프로젝트를 생성하는 경우 새로운 워크플로우 스킴이 생성된다. 따라서 일반적으로는 새로운 워크플로우 스킴을 생성할 필요가 없다. 그러나 워크플로우에 대한 변경을 실험하면서 기존 구성을 백업으로 유지하길 원하는 경우가 있다. 새로운 워크플로우 스킴을 생성하기 위해선 다음 단계를 따르면 된다.

1. Workflow Schemes 페이지로 이동한다.

2. **Add workflow scheme** 버튼을 클릭, **Add Workflow Scheme** 대화창으로 이동한다.

3. 새 워크플로우 스킴에 이름과 상세 설명을 입력한다. 예를 들어 스킴이 적용될 프로젝트나 이슈 타입을 따라 워크플로우의 이름을 선택할 수 있다.

4. **Add** 버튼을 클릭, 워크플로우 스킴을 생성한다.

새로운 스킴이 생성되면 **Workflow Schemes** 페이지로 돌아가서 이용 가능한 워크플로우 스킴 목록에 나타나는지 확인할 수 있다.

새로운 워크플로우 스킴을 생성하면 처음에는 스킴이 비어 있다. 즉, 워크플로우와 이슈 타입 사이에 아무런 관계가 설정돼 있지 않고, JIRA Workflow(jira)라는 기본 관계 설정만 돼 있다. 이제 다음으로 해야 하는 작업은 워크플로우를 이슈 타입에 할당해 관계를 설정하는 것이다.

 관계 설정을 추가한 후 기존 JIRA Workflow(jira) 관계 설정을 삭제할 수 있다.

워크플로우 스킴 구성

워크플로우 스킴은 이슈 타입과 워크플로우 사이의 관계에 대한 설정을 갖고 있다. 워크플로우를 생성한 후 요구 사항이 변경될 때마다 관계에 대한 설정을 구성하고 유지 보수해야 한다. 예를 들어 워크플로우 스킴을 사용하는 프로젝트에 새로운 이슈 타입이 추가되는 경우, 이 새로운 이슈 타입에 대해 별도의 관계 설정을 추가해야 한다.

워크플로우 스킴 구성 방법은 다음과 같다.

1. Workflow Schemes 페이지로 이동한다.
2. 구성할 워크플로우 스킴의 **Edit** 링크를 클릭, 다음 화면과 같은 워크플로우 상세 정보 페이지로 이동한다.

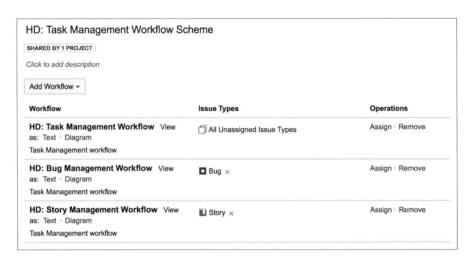

이 페이지에선 기존에 만들어진 관계 설정의 목록을 볼 수 있으며 이슈 타입별 새로운 관계 설정을 생성하고 더 이상 관련 없는 관계 설정을 제거할 수 있다.

워크플로우에 이슈 타입 할당

이슈 타입과 워크플로우는 다수 대 일의 관계를 가진다. 이것은 각 이슈 타입은 단 한 개의 워크플로우와 관계 설정이 될 수 있음을 의미한다. 하나의 워크플로우는 여러 이슈 타입에 대해 관계의 설정이 가능하다. 이 법칙은 각 워크플로우 스킴 기반으로 적용돼 다른 워크플로우 스킴에서 동일한 이슈 타입에 대해 다른 관계를 설정할 수 있다.

새로운 관계 설정을 추가할 때, 지라는 모든 이슈 타입 목록과 적용 가능한 모든 워크 플로우 목록을 보여준다. 어떤 이슈 타입이 워크플로우에 할당되면, 해당 이슈 타입 은 관계 설정이 제거될 때까지는 목록에 표시되지 않는다.

이슈 타입 목록 간에 All Unassigned Issue Types라는 옵션이 있다. 이 옵션은 사용자 가 직접 관계 설정을 하지 않은 모든 이슈 타입에 대한 (캐치올catch-all) 옵션이다. 이는 매우 유용한 기능이다. 프로젝트에서 모든 이슈 타입이 동일한 워크플로우로 관계 설 정이 돼야 하는 경우 매번 하나씩 직접 매핑해야 할 필요 없이 이 옵션을 사용해 모든 이슈 타입에 대해 간단히 워크플로우 관계 설정을 할 수 있다. 또한 프로젝트에 새로 운 이슈 타입이 추가됐을 때, 이 기능은 자동으로 추가된 이슈 타입과 캐치올 워크플 로우 간 관계를 설정한다. All Unassigned Issue Types 관계 설정이 없으면, 새로운 이 슈 타입이나 관계가 지정되지 않은 이슈 타입은 기본 워크플로우인 지라 워크플로우 와 관계가 설정될 것이다. 보통의 이슈 타입과 마찬가지로 캐치올 관계 설정은 한 개 만 정의할 수 있다.

 모든 이슈 타입이 동일한 워크플로우를 사용하게 되면 All Unassigned Issue Types 옵션을 적용하라.

워크플로우를 이슈 타입에 지정하는 두 가지 방법이 있다. 이슈 타입을 기존에 만든 관계 설정에 추가하고 싶으면 다음과 같이 하면 된다.

1. Edit 링크를 클릭, 구성하고 싶은 워크플로우 스킴의 상세 설명 페이지로 이 동한다.

2. 이슈 타입을 추가할 관계 설정의 Assign 링크를 클릭한다.

3. Assign Issue Type to Workflow 대화 상자에서 추가하기 원하는 이슈 타입을 선택한다.

4. Finish 버튼을 클릭한다.

처음부터 새로운 관계 설정을 생성하려면 다음과 같이 하면 된다.

1. 구성할 워크플로우 스킴의 상세 설명 페이지로 이동한다.

2. Add Workflow 메뉴에서 Add Existing 옵션을 선택, Add Existing Workflow 대화 상자로 이동한다.

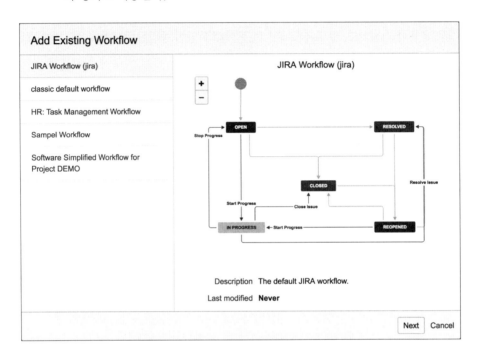

3. 사용할 워크플로우를 선택하고 Next 버튼을 클릭한다.

4. 워크플로우와 관계를 설정할 이슈 타입을 선택하고 Finish 버튼을 클릭한다. 이미 할당된 이슈 타입을 선택하면 해당 이슈 타입은 이전에 할당된 관계 설정에서 제거되고 새로 지정된 워크플로우와 관계가 재설정될 것이다.

관계 설정 편집과 삭제

스킴에서 이슈 타입을 워크플로우와 관계 설정을 하면, 해당 이슈 타입에 대해 새로운 관계 설정을 추가할 수 없다. 또한 관계 설정을 변경할 수 있는 편집 옵션이 없어진다. 따라서 관계를 다시 설정할 수 있는 방법은 이미 생성된 관계 설정을 삭제하고 다음과 같은 절차로 새로운 관계 설정을 생성하는 것이다.

1. 구성할 워크플로우 스킴의 상세 설명 페이지로 이동한다.
2. 제거할 관계 설정의 Remove 링크를 클릭한다.

관계 설정을 제거한 후, 해당 이슈 타입에 대해 새로운 관계 설정을 생성할 수 있다. 해당 이슈 타입에 대해 새로운 워크플로우를 지정하지 않으면 해당 이슈에 대해서는 All Unassigned Issue Types 옵션에 지정된 워크플로우가 적용된다.

프로젝트에 워크플로우 스킴 적용

기본적으로 워크플로우 스킴은 생성 시 비활성화 상태가 된다. 해당 워크플로우 스킴을 사용하는 지라 프로젝트가 없기 때문이다. 워크플로우 스킴을 활성화하려면 해당 스킴을 프로젝트에 적용하면 된다.

프로젝트에 워크플로우 스킴을 적용하는 방법은 다음과 같다.

1. 워크플로우 스킴을 적용할 프로젝트의 프로젝트 관리 페이지로 이동한다.

2. 왼쪽 패널에서 **Workflows**를 선택한다.

3. **Switch Scheme** 버튼을 클릭한다.

4. 사용할 새 워크플로우 스킴을 선택하고 **Associate** 버튼을 클릭한다.

확인 페이지에서 현재 워크플로우와 새로 적용될 워크플로우 간의 차이에 따라 현재 프로젝트 내 이슈에 대한 이전^{migration} 여부에 대한 결정을 요청할 것이다. 예를 들어 현재의 워크플로우에는 Reopened라는 상태가 있는데 새로운 워크플로우에는 해당 상태가 없다면 (혹은 비슷한 상태는 있으나 다른 ID를 갖고 있다면) 현재 Reopened 상태에 있는 모든 이슈에 대해 새로운 상태를 지정해줘야 한다. 지정하게 되면 지라는 해당 이슈에 대해 새로운 상태로 변경하는 작업을 시작한다.

Associate Workflow Scheme to Project:

Step 2 of 3: The current status of each issue needs to be changed so that it is compatible with the new workflows.

Issue Type	Current Status	New Status
⚡ Epic **12**	classic default workflow	HD: Task Management Workflow
	OPEN →	To Do ⬍
	IN PROGRESS →	To Do ⬍
	REOPENED →	To Do ⬍
	RESOLVED →	Done ⬍
	CLOSED →	Done ⬍

1. 새로운 워크플로우가 갖지 않는 상태에 있는 이슈에 대해 새로운 워크플로우 상태를 선택한다.
2. Associate 버튼을 클릭, 이전을 시작한다.

이전 작업이 시작되면 지라 화면에는 진행 상황을 보여주는 상태바가 표시된다. 이전 시간은 이전이 필요한 이슈의 수에 따라 달라진다. 대규모 인스턴스에 대한 이전 작업은 리소스를 매우 많이 사용하므로 충분한 시간을 할당할 것을 권장한다.

▌ 추가 기능 활용한 워크플로우 확장

조건, 검증기, 후처리 기능과 같이 추가 기능 컴포넌트를 제공하는 유용한 추가 기능이 다양하게 있다. 다음 목록은 워크플로우와 관련해 가장 잘 알려진 플러그인 목록이다.

JIRA Suite Utilities

많은 유용한 조건, 검증기 및 후처리 기능을 찾을 수 있다. 지라에서 제공하는 Update Issue Field 후처리 기능은 워크플로우 천이가 완료될 때 우선순위나 담당자 등 특정 필드 값을 업데이트할 수 있다. JIRA Suite Utilities 플러그인은 이와 유사한 Update Issue Custom Field 후처리 기능을 제공해 사용자 정의 필드에 대해서도 기능을 적용할 수 있도록 보완한다. 또한 Copy Value From Other Field 후처리 기능 같은 컴포넌트의 경우 워크플로우와 함께 놀라운 로직을 구현할 수 있게 해준다. 이는 지라에 반드시 설치해야 할 부가 기능 가운데 하나다. 더 많은 추가 기능은 다음 링크에서 확인할 수 있다.

https://marketplace.atlassian.com/plugins/com.googlecode.jira-suiteutilities

JIRA Workflow Toolbox

이름처럼 다양한 조건, 검증기, 후처리 기능을 제공하는 워크플로우 툴박스^{toolbox}로 복잡한 워크플로우를 개발할 때 많은 차이점을 처리한다. 예를 들어 정규식을 사용해 확인 규칙을 지정할 수 있는 조건 및 검증기를 제공한다. 자세한 사항은 https://marketplace.atlassian.com/plugins/com.fca.jira.plugins.workflowToolbox.workflow-toolbox를 참고하기 바란다.

JIRA Misc Workflow Extensions

기타 조건, 검증기 및 후처리 기능을 제공하는 플러그인이다. 일반적인 후처리 기능은 현재 이슈의 필드 값을 변경할 수 있다. 이 플러그인에선 다른 많은 기능과 함께 서브태스크에서 부모 이슈 필드 값을 지정할 수 있는 후처리 기능을 제공한다. 자세한 사항은 https://marketplace.atlassian.com/plugins/com.innovalog.jmwe.jira-misc-workflow-extensions에서 확인할 수 있다.

Workflow Enhancer for JIRA

필드 값을 다른 필드 값과 비교하는 등 다양한 검증자와 조건을 제공하는 추가 기능이다. 이 추가 기능을 통해 날짜, 수, 이진값 등을 비교하는 검증 로직을 설정할 수 있다. 자세한 사항은 https://marketplace.atlassian.com/plugins/com.tng.jira.plugins.workflowenhancer에서 확인할 수 있다.

Script Runner

매우 유용하고 강력한 추가 기능으로 사용자 정의 조건, 검증기, 후처리 기능을 스크립트를 이용해 생성하는 기능을 제공한다. 이 추가 기능을 사용하기 위해선 프로그래밍에 대한 지식과 지라 API에 대한 이해가 필요하다. 자세한 사항은 https://

marketplace.atlassian.com/plugins/com.onresolve.jira.groovy.groovyrunner 에서 확인할 수 있다.

▌ HR 프로젝트

지금까지 워크플로우의 강력한 기능과 일반적인 비즈니스 프로세스에 맞춰 지라의 사용성을 향상시키는 방법을 살펴봤다. HR 프로젝트에서 직원의 온보딩과 해산을 의미하는 두 가지 이슈 타입을 정의했다. 이러한 두 가지 타입 모두 **To Do**와 **Done**의 두 단계를 갖는 동일한 기본 워크플로우를 사용한다. 따라서 이제 우리는 실제 HR 프로세스를 표현하기 위해 워크플로우를 커스터마이즈한다.

비즈니스 프로세스 요구 사항은 다음 사항을 포함한다.

- **Task** 이슈 타입은 기존 유형을 계속해서 사용하는 반면, **New Employee**와 **Termination** 이슈 타입이 워크플로우 커스터마이즈된 워크플로우에 사용될 것이다.
- **Termination** 이슈 타입을 위해, 두 개의 추가적인 단계를 추가한다. 한 단계는 출구 인터뷰를 수행하는 단계이며, 다른 단계는 모든 필요한 회사의 자산이 반환되는지 확인하는 단계이다.
- 인증된 직원만이 이슈를 워크플로우의 다양한 상태를 통해 전이할 수 있음을 확실히 한다.

요구 사항을 구현하는 가장 쉬운 단계는 새로운 워크플로우를 생성하고 새로운 상태로 추가적인 프로세스 단계를 추가하는 것이다. 우리는 워크플로우의 구조를 만들기 위해 먼저 이러한 작업을 수행한다. 나중에 지라의 다른 기능을 사용하는 방법과 우리의 워크플로우를 더욱 견고하게 만들기 위해 이러한 기능들을 통합하는 방법을 살펴볼 것이다.

워크플로우 준비

Task 이슈 타입에 대해 기존 워크플로우를 유지하기 원하기 때문에, 첫 번째 단계는 Termination 이슈 타입을 위해 새로운 워크플로우를 생성하는 것이다. 시작하기 가장 쉬운 방법은 현재 워크플로우를 복제해 시간을 절약하는 방법이다.

1. View Workflow 페이지로 이동한다.
2. HR: Task Management Workflow 워크플로우에 대해 Copy 링크를 클릭한다.
3. 새로운 워크플로우의 이름을 HR: Termination Workflow로 입력한다.
4. Copy 버튼을 클릭, 워크플로우를 생성한다.

다음 단계는 필요한 상태를 추가하는 것이다. Diagram 옵션을 선택해 워크플로우 디자이너 모드로 진입했는지 확인한다.

1. Add status 버튼을 클릭한다.
2. 새 상태의 이름을 In Exist Review라고 입력하고, Category를 In Progress로 설정한다, 그리고 Add를 클릭한다. 새로운 상태를 생성하기 때문에 Enter 키를 눌러야 한다.
3. Create 버튼을 클릭, 워크플로우 상태를 생성한다.
4. 새로운 Collecting Assets 상태를 생성하기 위해 2~3단계를 반복한다.

이제 워크플로우에 새로운 상태가 추가됐으므로 전이를 통해 워크플로우와 연결해야 한다. 지금부터 우리는 To Do > In Exit Review > Collecting Assets > Done의 순서로 워크플로우가 진행되도록 만들 것이다. To Do > In Exit Review에서 나가는 전이를 생성해보자.

1. Add transition 버튼을 클릭한다.

2. From status 목록에서 To Do를 선택한다.

3. To status 목록에서 In Exit Review를 선택한다.

4. 새로운 전이의 이름을 Connect Exit Review로 지정한다.

5. Screen에 Workflow Screen을 선택한다.

6. Add 버튼을 클릭, 전이를 생성한다.

7. In Exit Review를 Collecting Assets로, Collecting Assets를 Done으로 연결하는 두 개의 전이를 생성하기 위해 1~6단계를 반복한다.

8. 새로운 전이가 준비되면 우리는 To Do와 Done 사이의 기존 전이를 제거하길 원한다. 따라서 프로세스 단계를 건너뛸 수 없다.

워크플로우는 다음 화면처럼 보일 것이다. 다이어그램의 흐름을 더 자연스럽게 만들기 위해 워크플로우 요소를 재정렬할 수 있다.

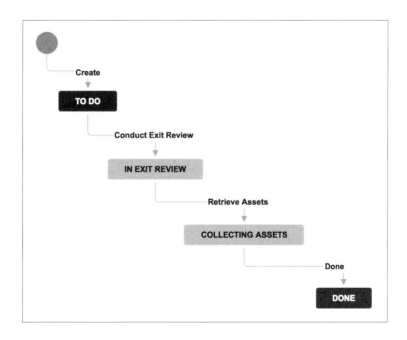

다음 커스터마이징은 권한을 부여받은 직원이 워크플로우를 따라 문제를 전이할 수 있도록 하는 것이다. 지금부터 jira-administratiors 그룹의 구성원만이 이슈를 생성한 후 전이할 수 있도록 설정할 것이다. 9장, '지라 보안'을 다루고 나면 이러한 보안 설정을 변경할 수 있다.

1. Conduct Exit Review 전이를 클릭하고 전이 속성에서 Conditions를 클릭한다.

2. Add Condition 버튼을 클릭, Add Condition To Transition 페이지로 이동한다.

3. User Is In Group 옵션을 선택한다.

4. jira-administratiors 그룹을 선택한다.

5. 전이에 조건을 추가하기 위해 Add를 클릭한다.

6. 남아 있는 전이에 대하 1~5를 반복한다.

Users Is In Group 옵션을 사용하면 선택된 그룹 - 이번 경우에는 jira-administrators - 에 속한 사용자만이 전이에 적용된 조건과 함께 전이를 확인할 수 있다.

워크플로우 적용

워크플로우가 준비돼 설정을 마치면 새로운 워크플로우에서 사용할 이슈 타입을 지라가 알 수 있게 해야 한다. 프로젝트를 위해 준비된 워크플로우 스킴이 이미 있기 때문에 워크플로우에 적절한 이슈 타입을 연결하기만 하면 된다.

1. Workflow Schemes 페이지로 이동한다.

2. HR: Task Management Workflow Scheme의 Edit 링크를 클릭한다.

3. Add Workflow 메뉴를 클릭하고 Add Existing 옵션을 신댁한다.

4. 새로운 HR: Termination Workflow 옵션을 선택하고 Next 버튼을 클릭한다.

5. Termination 이슈 타입을 선택한다.

6. 연결 관계를 생성하기 위해 Finish를 클릭한다.

7. 변경을 적용하기 위해 Publish 버튼을 클릭한다.

이것은 HR 프로젝트를 위해 특별히 만들어진 Termination 이슈 타입과 새로운 워크플로우를 연결시키고, 다른 타입에 대해서는 기본 워크플로우를 유지한다.

마무리하기

새로운 워크플로우가 준비되면 새로운 Termination 이슈를 생성해 구현을 테스트할수 있다. "권한이 없는 사용자"는 이슈를 생성한 후 전이시키지 못하는 시나리오를 시뮬레이션해야 하기 때문에 새로운 사용자를 생성해야 한다. 사용자 관리와 보안에 관해서는 9장, '지라 보안'에서 다룰 것이다. 지금은 간단히 새로운 사용자 한 명을 시스템에 추가한다.

1. 지라 관리자 콘솔로 이동한다.

2. Users Management 탭을 선택, Users 링크를 클릭한다.

3. Create User 버튼을 클릭, Create New User 대화 상자로 이동한다.

4. 사용자명을 john.doe(John Doe)로 입력한다.

5. 사용자 패스워드 및 이메일 주소를 입력한다.

6. Send Notification Email 옵션을 해제한다.

7. Application access에 대해 JIRA Software 옵션을 체크한다.

8. 사용자를 생성하기 위해 Create 버튼을 클릭한다.

이제 새로운 비즈니스 사용자인 john.doe로 로그인해 새로운 Termination 이슈를 생성한다. 이슈를 생성 후에는 그 어떤 전이도 할 수 없다는 사실을 알게 될 것이다. 이것은 john.doe가 jira-administrators에 없기 때문이다. 그리고 독자는 현재 1장,

'지라 시작하기'에서 생성한 관리자에 있으므로, 관리자로 로그인해보자. 관리자로 로그인하면 새로운 전이 다음 화면에 보이는 것처럼 새로운 전이 Conduct Exit Interview 를 볼 수 있다.

HR 프로젝트에서 새로운 태스크를 작성하면 태스크 이슈는 기본 워크플로우를 사용하는 것을 확인할 수 있다. 현재의 워크플로우 설정은 모든 것이 순차적으로 발생한다. 그러나 때때로 동시에 여러 가지가 발생해야 할 필요가 있다. 예를 들어 자산 수집 단계에서 IT 인력을 위한 노트북과 보안 키 카드처럼 다양한 팀에서 수집돼야 하는 여러 자산이 있을 수 있다. 이러한 것들은 동시에 수행하고 개별적으로 추적할 수 있다면 훨씬 더 효율적이다. 이것을 처리하는 방법 중 하나는 이슈 하위에 각 자산에 대한 서브태스크를 생성하는 것이다(이슈는 한 사람에게만 할당할 수 있음을 기억하라). IT와 보안처럼 관련 팀에 서브태스크를 할당하라. 그러면 자산을 추출하기 위해 직원에 대한 정보를 추적할 수 있다. 그런 다음 전이가 실행되기 전에 모든 서브태스크의 완료를 보장하기 위해 Done 전이에 조건을 설정하라.

이것은 서브태스크로 asset collection과 exit interview로 확장 가능하고, 두 태스크가 동시에 발생될 수 있다. 그리고 4장, '이슈 관리'에서 다뤘던 것처럼 서로 다른 팀에 다양한 서브태스크 이슈 타입을 생성할 수 있다. Termination 이슈는 다음과 같이 보일 수 있다.

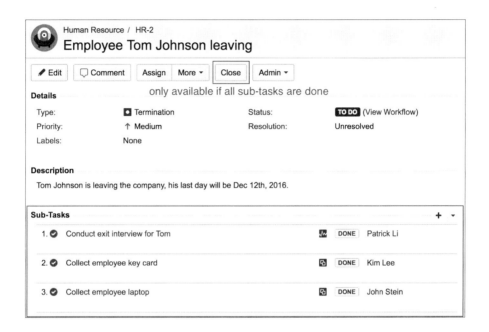

요약

7장에선 지라가 비즈니스 조직에 맞게 어떻게 커스터마이즈되는지 살펴봤다. 이 엄청난 기능의 중심에는 비즈니스 워크플로우를 기반으로 지라의 워크플로우를 모델링할 수 있는 강력한 워크플로우 시스템이 있다. 또한 워크플로우 내의 다양한 구성 요소와 검증을 수행하는 방법, 후처리를 통해 프로세스를 자동화하는 방법을 살펴봤다.

8장에선 강력한 기능인 워크플로우와 이벤트 기반 시스템event-driven system을 조합해 지라의 알림 기능과 이메일 시스템을 통해 쉽게 커뮤니케이션할 수 있는 방법을 살펴본다.

08

이메일과 알림

지금까지 브라우저에서 웹 인터페이스를 통해 지라를 사용하고 상호작용하는 방법에 대해 학습했다. 그러나 지라의 기능은 웹 브라우저에만 국한되지 않는다. 사용자는 이메일을 통해 지라와 의사소통이 가능하다.

지라의 강력한 기능 가운데 하나는 이슈가 진행되는 동안, 이메일을 통해 사용자가 이슈를 업데이트할 수 있다는 점이다. 또한 사용자가 보낸 이메일을 기반으로 이슈를 생성하거나 코멘트를 추가할 수도 있다. 사용자는 이 기능을 통해 지금까지와는 다른 방법으로 지라와 상호작용할 수 있다. 8장에서 학습하는 내용은 다음과 같다.

- 지라에서 메일 서버를 설정하는 방법
- 이벤트와 이벤트를 알림에 연관시키는 방법
- 이벤트 발생 시 지라가 알림을 보내도록 구성하는 방법

- 사용자 정의 메일 템플릿 생성 방법
- 메일 핸들러^{mail handler} 란 무엇인가
- 이메일 전송을 통한 이슈 생성과 코멘트 추가 방법

█ 지라와 이메일

이메일은 현대에 가장 중요한 의사소통 방법 가운데 하나다. 경영자든 개인이든 전 세계에 걸쳐 바로 정보를 보내고 받기 위해 이메일에 의존한다. 지라가 이메일을 지원한단 사실은 놀라운 일이 아니다.

지라의 이메일 기능은 다음과 같은 사항을 지원한다. 첫째, 이슈의 변경 사항에 대해 사용자에게 이메일을 전송한다. 따라서 같은 이슈에 대해 작업하는 사람들은 같은 페이지를 유지할 수 있다. 두 번째로, 이메일을 가져와 메일 내용을 갖고 이슈를 생성하고 코멘트를 추가할 수 있다. 마지막 기능은 사용자가 지라에서 피드^{feeds}를 설정한 필터를 생성하고 구독하는 기능이다(필터에 대해서는 10장, '검색, 보고, 분석'에서 다룬다). 이러한 기능은 사용자가 지라 시스템과 상호작용하는 데 있어 완전히 새로운 차원의 기능을 제공한다.

다음 절에선 지라의 강력한 이메일 지원 기능을 활성화하는 방법을 살펴본다. 그리고 적절한 방법에 따라 이메일을 보내도록 하는 도구와 구성에 대해서도 살펴본다. 다음 그림은 지라가 다양한 메일 서버와 상호작용하는 방법을 보여준다.

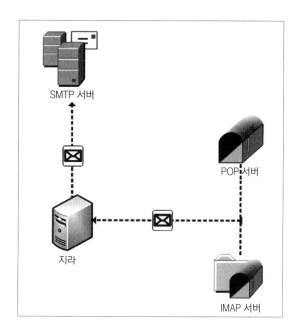

▮ 메일 서버

지라가 이메일을 이용해 통신하기 위해선 먼저 지라에 메일 서버를 설정하거나 등록해야 한다. 다음 두 가지 메일 서버를 설정해야 한다.

- Outgoing: 지라가 사용자에게 이메일을 보내는 데 사용된다. 지라는 SMTP 메일 서버를 지원한다.
- Incoming: 자라가 사용자로부터 이메일을 받는 데 사용된다. 지라는 POP, 또는 IMAP 서버를 지원한다.

먼저 이메일 내용의 사용자 정의 방법과 더불어 발신 메일 서버를 지라에서 구성하는 방법을 살펴본다.

▌ 발신 메일로 작업하기

메일 서버를 세부적으로 설정하기 위해선 지라 시스템 관리자 권한을 갖고 있어야 한다. 발신 메일 서버를 관리하는 절차는 다음과 같다.

1. 지라 시스템에 지라 관리자로 로그인한다.

2. 지라 관리자 콘솔로 이동한다.

3. System 탭을 선택하고 Outgoing Mail 옵션을 선택하면, 다음과 같이 Outgoing Mail 페이지로 이동하게 된다.

Outgoing Mail `ENABLED`   Disable Outgoing Mail

SMTP Mail Server

The table below shows the SMTP mail server currently configured for JIRA.

Name	Details		Operations
Local Mail Server	From: support@appfusions.com		Edit
	Prefix: [JIRA]		· Delete
	Host: localhost		· Send a
	SMTP Port: 25		Test Email

 지라에선 발신 메일 서버(outgoing mail server)는 하나만 허용한다.

발신 메일 서버 추가

발신 메일 서버를 추가하는 방법은 두 가지가 있다. 두 가지 방법 모두 공통적인 일부 매개변수 설정을 필요로 한다. 해당 매개변수는 다음 표와 같다.

278

필드	상세 설명
Name	메일 서버의 이름
Description	메일 서버에 대한 간략한 설명
From address	보내는 이메일에 표시할 이메일 주소
Email prefix	지라가 보내는 모든 이메일의 접두어(Prefix)를 지정한다. 이 접두어를 사용해 사용자가 메일 클라이언트에서 필터 규칙을 설정할 수 있다. 접두어는 이메일 제목의 가장 앞에 추가된다.
Service Provider	구글, 야후 또는 사용자 정의 SMTP 서버와 같은 기존의 정의된 메일 제공자 가운데 하나를 선택한다.
Host Name	메일 서버의 호스트 이름을 지정한다(예, smtp.example.com).
SMTP Port	사용할 메일 서버의 포트 번호를 지정한다. 선택 사항이므로 지정하지 않으면 기본 포트 번호인 25가 사용될 것이다.
Username	메일 서버에 대한 인증이 필요한 경우 사용된다. 메일 서버가 이메일을 외부 사용자에게 중계 및 재전송하기 위해선 인증이 필요하다.
Password	메일 서버에 대해 사용자 인증을 할 경우 필요한 패스워드
JNDI Location	애플리케이션 서버로 구성된 메일 서버를 사용할 때 필요한 JNDI 조회 이름. 상세한 내용은 다음 절을 참고하기 바란다.

나머지 매개변수는 메일 서버를 구성할 때 어떤 옵션을 선택하느냐에 따라 적절하게 입력하면 된다.

첫 번째 옵션은 내장 서비스 제공자 가운데 하나를 선택하고 메일 서버에 대한 설명을 입력하는 것이다. 예를 들어 운영 중인 SMTP 메일 서버가 있다면 Service Provider에서 Custom 옵션을 선택해 호스트와 포트 번호를 지정할 수 있다. 이 방법은 직관적으로 대부분 간단하게 사용하는 방법이다. 이를 통해 관리자는 메일 서버의 호스트 이름과 포트 번호 같은 호스트 정보를 지정하게 된다.

1. Outgoing Mail 페이지로 이동한다.

2. Configure new SMTP mail server 버튼을 클릭한다.

3. 이름, 설명, 주소 및 이메일 접두어 등과 같은 메일 서버의 일반적인 상세 정보를 입력한다.

4. Service Provider 필드에서 메일 서버 타입을 선택한다.

5. 메일 서버의 연결 상세 사항을 입력한다.

6. Test connection 버튼을 클릭, 구성이 정상인지 확인한다.

7. Add 버튼을 클릭, 메일 서버를 등록한다.

 지라는 구글(Google)과 야후(Yahoo)의 메일 서비스를 지원한다. Service Provider 필드에서 해당 옵션을 선택하면 사용할 수 있다.

두 번째 옵션은 JNDI를 사용하는 것이다. 이 방법은 애플리케이션 서버에 설정을 해야 하고, 때때로 지라를 다시 시작해야 하기 때문에 앞의 방법보다 조금 더 복잡하다.

아파치 톰캣^{Apache Tomcat}을 사용하는 독립 배포를 사용하려면, JNDI 위치는 java:comp/env/mail/JiraMailServer가 될 것이다. 그리고 메일 서버의 JNDI 자원의 상세 사항은 JIRA_INSTALL/conf 디렉터리의 server.xml 파일에 지정돼야 한다.

아파치 톰캣에 대한 샘플 선언은 다음과 같다. 다음 코드에서 매개변수의 일부 값들은 메일 서버에 맞는 값으로 수정해 사용하면 된다.

```
<Resource name="mail/JiraMailServer"
  auth="Container"
  type="javax.mail.Session"
  mail.smtp.host="mail.server.host"
  mail.smtp.port="25"
  mail.transport.protocol="smtp"
  mail.smtp.auth="true"
  mail.smtp.user="username"
  password="password"
/>
```

변경 사항을 server.xml 파일에 저장한 후, 지라를 다시 시작해야 한다.

발신 메일 비활성화

만약 지라를 테스트나 평가를 위해, 또는 알림 규칙에 대한 변경을 시험 중이라면 테스트 이메일이 사용자에게 전달되지 않길 바랄 것이다. 가장 쉬운 방법은 Disable Outgoing Mail 버튼을 클릭하여, 보내는 모든 메일을 비활성화하는 것이다.

 보내는 메일을 비활성화하면 지라가 알림 이메일을 알림 스킴에 따라 보내는 것을 방지할 수 있다.

SSL을 통한 SMTP 활성화

메일 서버가 SSL을 지원한다면 보안을 강화하기 위해 지라와 메일 서버 사이의 통신을 암호화할 수 있다. 지라에서 SSL을 통한 SMTP의 활성화는 두 단계를 필요로 한다.

첫 번째 단계는 메일 서버의 SSL 인증서를 자바의 트러스트 저장소로 가져오는 것이다. 이 절차는 자바의 keytool 유틸리티를 이용해 수행할 수 있다. 윈도우를 사용하는 컴퓨터에선 명령 프롬프트에서 다음 명령을 수행한다.

```
Keytool -import -alias mail.yourcompany.com -keystore
 $JAVA_HOME/jre/lib/security/cacerts -file yourcertificate
```

두 번째 단계는 애플리케이션 서버가 메일 송수신 시 SSL을 사용하도록 구성하는 것이다. 다음과 같이 선언하면 아파치 톰캣은 지라 단독으로 사용하도록 설정된다. 동일한 구성 파일에 매개변수 두 개를 추가하기만 하면 된다.

```
<Resource name="mail/JiraMailServer"
  auth="Container"
  type="javax.mail.Session"
  mail.smtp.host="mail.server.host"
  mail.smtp.port="25"
  mail.transport.protocol="smtp"
  mail.smtp.auth="true"
  mail.smtp.user="username"
  password="password"
  mail.smtp.atarttls.enabled="true"
  mail.smtp.socketFactory.class="javax.net.ssl.SSLSocketFactory"
/>
```

인증 정보를 임포트하고 메일 서버를 구성한 후에는 반드시 지라를 다시 시작해야 한다.

테스트 이메일 보내기

SMTP 메일 서버를 구성한 후, 메일 서버가 올바르게 동작하고 지라 설정이 정상적으로 됐는지 확인하기 위해 다음과 같이 테스트 이메일을 보내는 것이 좋다.

1. Outgoing Mail 페이지로 이동한다.

2. SMTP 메일 서버의 Send a Test Email 링크를 클릭한다.

3. Send 버튼을 클릭, 이메일을 전송한다. 지라는 프로파일에 저장된 주소를 수신인으로 해 메일을 보낼 것이다.

모든 설정이 정상적이라면 Mail log 섹션에서 확인 메시지를 볼 수 있다. 이메일 수신함에는 이메일이 도착해 있을 것이다. 메일 서버 연결 문제 등의 에러가 있다면 Mail log 섹션에 문제가 표시될 것이다. 이 로그는 지라와 SMTP 서버 간 연결 문제를 해결하는 경우에 유용한 정보를 제공한다.

앞서 화면에서 테스트 이메일 전송이 실패했음을 알 수 있다. 문제의 원인은 지라가 설정된 SMTP 서버에 연결할 수 없기 때문임도 드러나 있다.

▌ 메일 큐

지라 이메일은 명령이 수행되면 즉시 메일을 보내지 않는다. 지라는 이메일을 우선 메일 큐에 저장하고, 주기적(매분마다)으로 메일 큐를 비운다. 이것은 메일이 메일함에 도착하고 매일 수거되는 실생활 패턴과 매우 유사하다.

메일 큐 보기

보통 사용자는 메일 큐를 관리할 필요가 없다. 지라가 자동으로 이메일을 큐에 넣고 주기적으로 처리^{flush}한다. 그러나 때때로 관리자는 메일 큐를 조사해야 한다. 특히 지라 알림 이메일에 관련된 문제들이 발생하고 이를 해결해야 할 경우 메일 큐를 자세하게 보고 싶을 것이다. 다양한 원인에 의해 때때로 이메일이 동작하지 않을 수 있다. 이때 메일 큐를 조사해 문제를 찾아내고 고칠 수 있다.

메일 큐의 내용을 확인하는 방법은 다음과 같다.

1. 지라 관리자 콘솔로 이동한다.
2. System 탭을 선택한 후 Mail Queue 옵션을 선택한다.

Mail Queue

This page shows you the current JIRA internal event queue, whose events may trigger notification emails.
Warning: Sending mail is disabled.

The queue currently has **3** items in it.

[Flush mail queue] - this will send all mail in the queue immediately.

Mail Queue (3)	Error Queue (0)

Subject	Queued
(DEMO-3) Keyboard shortcuts	11/Dec/14 7:36 PM
(DEMO-1) What is an issue?	11/Dec/14 7:36 PM
(DEMO-2) Changing an issue's status	11/Dec/14 7:36 PM

이 페이지는 큐에서 전송 대기 중인 이메일을 한 페이지로 보여준다. 이 페이지에서 메일 큐^{mail queue}와 에러 큐^{error queue}를 볼 수 있다.

메일 큐 탭은 전송 대기 중인 모든 이메일을 갖고 있다. 지라가 이 이메일을 성공적으로 보낼 수 있다면 일정 시간이 지나면 대기 중인 이메일은 큐에서 사라질 것이다. 빨간색으로 표시된 아이템 목록은 지라가 이메일을 전송하는 데 실패한 것이다. 지라는 전송 실패 시 10회 재전송을 시도한다. 그래도 실패하면 해당 이메일 아이템은 에러 큐로 옮겨진다.

에러 큐 탭은 지라가 전송에 실패한 이메일 목록을 갖고 있다. 관리자는 에러 큐에서 전송 실패한 아이템을 선택해 재전송을 시도할 수 있으며, 제거할 수도 있다.

메일 큐 비우기

지라는 자동으로 메일 큐를 비우지만 큐가 막혀 있거나 바로 이메일을 보내야 하는 경우에는 관리자가 수동으로 큐를 비울 수도 있다. 수동으로 큐를 비울 때 지라는 큐에 있는 모든 이메일의 전송을 시도한다.

메일 큐를 수동으로 비우는 방법은 다음과 같다.

1. Mail Queue 페이지로 이동한다.

2. Flush mail queue 버튼을 클릭한다.

지라가 이메일 발송에 성공하면 큐가 줄어들고 이메일 아이템이 사라진 것을 볼 수 있다. 만약 일부 이메일이 전송에 실패하면 해당 아이템은 빨간색으로 강조된다.

▍수동으로 이메일 보내기

이따금 관리자는 이메일을 통해 중요한 내용을 다수의 사용자에게 알려야 하는 경우가 있다. 오랜 시간 동안 지라를 오프라인 상태로 두는 유지 보수 작업 계획이 있다면, 모든 사용자가 서비스에 접근할 수 없다는 사실을 이메일로 보내고 싶을 것이다.

지라는 특정 그룹의 사용자에게 수동으로 이메일을 보내는 기능을 내장하고 있다. 수동으로 이메일 보내기는 사용자 그룹에게 보내거나 프로젝트 멤버에게 보내는 이 두가지 방법이 있다.

지라에서 그룹으로 이메일을 보낼 경우, 하나 이상의 그룹을 선택하면 해당 그룹에 소속된 사용자 모두 이메일을 받게 된다. 그러나 사용자가 여러 그룹에 중복으로 소속돼 있으면 중복으로 메일을 수신하지 않는다.

프로젝트 단위로 이메일을 보낼 경우, 메일을 보낼 프로젝트를 선택하고 프로젝트 내의 역할 그룹을 선택한다. 프로젝트 역할에 대해서는 9장에서 상세하게 설명할 것이다. 지금은 프로젝트 역할을 프로젝트 내의 사용자 그룹으로 생각하면 된다. 예를 들어 이메일을 지라의 모든 사용자에게 보내는 것이 아니라 데모 프로젝트의 일부 사용자에게만 보낼 수 있다.

지라에서 사용자에게 이메일을 보내기 위해선 다음 단계를 수행하면 된다.

1. 지라 관리자 콘솔로 이동한다.

2. System 탭을 선택한 다음 Send E-mail 옵션을 선택한다.

3. 이메일을 Project Roles 단위 혹은 Groups 단위로 보낼 것인지 선택한다.

4. 이메일 제목과 내용을 입력한다.

5. Send 버튼을 클릭, 이메일을 선택한 프로젝트 역할/사용자 그룹에 속한 모든 사용자에게 전송한다.

다음 화면은 기본 사용자 그룹인 jira-users 그룹을 선택해 모든 지라 사용자에게 유지 보수로 인한 정전에 대한 알림 메일을 보내는 예다.

지라는 이메일 작성을 What You See Is What You Get(WYSIWYG) 편집기를 제공하지 않기 때문에, 이메일 초안을 작성하고 모든 사용자에게 전송하기 전에 자신에게 보내 확인하는 것이 좋다.

이벤트

지라는 이벤트 주도event-driven 시스템이다. 다시 말해 (이슈가 생성되는 등) 어떤 동작이 발생하면 지라는 이에 대응하는 이벤트를 발생시킨다. 해당 이벤트를 감지하도록 지정된 컴포넌트는 이러한 이벤트를 감지하는데 이를 리스너listeners라고 부른다. 리스너가 이벤트를 감지하면, 변경 사항을 반영해 이슈를 최신 상태로 유지하거나 해당 이슈를 보고 있는 모든 사용자에 대한 이메일 전송 같은 해당 이벤트에 대한 임무를 수행한다.

이러한 메커니즘을 통해 지라는 비동기적으로 동작한다. 이벤트 모델의 장점은 이메일 전송과 같은 동작이다. 이러한 동작은 이슈 생성 같은 지라의 핵심 기능과 분리된다. 다시 말해 메일 서버에 문제가 생겨도, 해당 문제로 인해 이슈를 생성하지 못하는 경우가 발생하지 않는다.

지라에는 두 가지 이벤트가 있다.

- **System events**: 지라가 사용하는 내부 이벤트로서 지라의 주요 기능을 나타낸다. 시스템 이벤트는 추가, 편집 및 삭제가 불가능하다.
- **Custom events**: 사용자가 생성한 이벤트로서 추가 및 삭제가 자유롭다. 이 이벤트는 워크플로우 후처리 기능을 통해 발생된다.

다음 표를 통해, 지라의 모든 시스템 이벤트와 그 용도에 대해 살펴보자.

Event	상세 설명
Issue Created	이슈가 생성됐음을 나타낸다.
Issue Updated	이슈가 업데이트됐음(이슈의 필드가 변경되는 경우)을 나타낸다.
Issue Assigned	이슈가 특정 사용자에게 할당됐음을 나타낸다.
Issue Resolved	이슈가 해결됐음(보편적으로 Resolve 워크플로우 전이에 적용됨)을 나타낸다.
Issue Closed	이슈가 완료됐음(보편적으로 closed 워크플로우 전이에 적용됨)을 나타낸다.
Issue Commented	이슈에 코멘트가 추가됐음을 나타낸다.
Issue Comment Edited	이슈의 코멘트가 업데이트됐음을 나타낸다.
Issue Reopened	이슈가 다시 열렸음(보편적으로 reopen 워크플로우 전이에 적용됨)을 나타낸다.
Issue Deleted	이슈가 지라에서 삭제됐음을 나타낸다.
Issue Moved	이슈가 옮겨짐(다른 프로젝트로 옮겨지거나, 같은 프로젝트 내 다른 부모 이슈로 옮겨짐)을 나타낸다.
Work Logged On Issue	이슈에 대한 시간이 기록됐음(시간 추적 기능이 활성화돼 있을 경우)을 나타낸다.
Work Started On Issue	담당자가 이슈에 대한 작업을 착수함(보편적으로 start progress 워크플로우 전이에 적용됨)을 나타낸다.
Work Stopped On Issue	담당자가 이슈에 대한 작업을 중지함(보편적으로 stop progress 워크플로우 전이에 적용됨)을 나타낸다.
Issue Worklog Updated	작업 로그가 업데이트됐음(시간 추적 기능이 활성화돼 있을 경우)을 나타낸다.
Issue Worklog Deleted	작업 로그가 삭제됐음(시간 추적 기능이 활성화돼 있을 경우)을 나타낸다.
Generic Event	모든 워크플로우 후처리 기능을 사용할 수 있는 제너릭 이벤트를 의미한다.
Custom Event	비즈니스 프로세스에 따라 생성된 임의의 이벤트를 정의하기 위해 사용자가 생성한 이벤트를 의미한다.

관리자는 지라의 모든 이벤트를 다음과 같이 한 화면에서 볼 수 있다.

1. 지라 관리자 콘솔로 이동한다.

2. System 탭을 선택한 후 Events 옵션을 선택하면 View Events 페이지로 이동한다.

각 이벤트는 메일 템플릿으로 참조되는 템플릿과 관계가 설정된다. 이 템플릿은 전송되는 알림에 대한 기본 이메일 내용을 포함하고 있다. 시스템 이벤트는 템플릿의 변경이 불가능하다(그러나 템플릿 파일을 변경할 순 있다). 사용자 정의 이벤트는 기존에 만들어진 템플릿을 사용할 수도 있고 직접 만들 수도 있다.

다음 절에선 먼저 사용자 정의 메일 템플릿을 생성, 등록하는 방법을 살펴보고 새 템플릿을 사용하기 위해 새로운 사용자 정의 이벤트를 생성한다. 이슈에 대한 액션이 수행되는 경우 새로운 이벤트를 발생시킨다. 그 다음으로 이벤트에 대한 알림 메일을 수신할 대상자를 지라가 알 수 있도록 이벤트를 알림에 연결하는 방법을 살펴본다.

메일 템플릿 추가

메일 템플릿은 사용자가 텍스트 에디터를 통해 직접 생성하고 편집한 물리적인 파일이다. 사용자는 브라우저에서 메일 템플릿을 수정할 수 없다. 각각의 메일 템플릿은 세 개의 파일로 구성된다.

- Subject template: 이메일 제목을 발생시키는 데 사용되는 템플릿 파일
- Text template: 이메일이 일반 텍스트로 전송되는 경우 지라에서 사용되는 템플릿 파일
- HTML template: 이메일이 HTML로 전송되는 경우 지라에서 사용되는 템플릿 파일

메일 템플릿 파일은 〈JIRA_INSTALL〉/atlassian-jira/WEB-INF/classes/templates/email 디렉터리에 위치한다. 이러한 세 파일은 각각 subject, text, html 디렉터리에 위치한다.

새로운 메일 템플릿을 생성할 때는 템플릿 파일의 이름을 이슈에 대한 이벤트 이름을 따서 짓는 것이 좋다. 이렇게 하면 향후에 사용자가 템플릿의 용도를 이해하기 쉽다.

메일 템플릿은 아파치^{Apache}의 벨로시티^{Velocity} 템플릿 언어(http://velocity.apache.org)를 사용한다. 따라서 새로운 메일 템플릿을 만들기 위해선 HTML과 템플릿 프로그래밍에 대해 알고 있어야 한다.

만약 템플릿이 단순한 텍스트만을 포함하고 있다면, 간단하게 표준 HTML 태그를 사용해 템플릿을 만들 수 있다. 그러나 템플릿 일부 이슈에 대한 issue key, summary 등의 가변적인 데이터를 포함해야 한다면 벨로시티 구문^{Velocity syntax}을 사용해 구성해야 한다. Velocity에 대한 자세한 내용은 이 책에선 다루지 않는다. 다음 절에서 지라에서 간단한 메일 템플릿을 만드는 방법을 소개한다. 벨로시티에 대한 자세한 정보 및 지라 메일 템플릿에서 사용하는 방법은 https://confluence.atlassian.com/x/dQISCw를 참고하기 바란다.

벨로시티 템플릿에선 모든 텍스트가 정상적인 것으로 다뤄진다. $issue와 같이 달러($) 표시로 시작되는 텍스트라면 모두 벨로시티 구문이다. $ 표시는 벨로시티가 해당 표시 뒤의 아이템/항목을 참조하도록 지시한다. 항목이 점(.)으로 구성돼 있으면 특정 값을 가져올 수 있다. 예를 들어 템플릿 내의 다음 코드는 현재 이슈의 issue key와 summary 값을 가져온다. 이때 각 항목은 "−" 문자로 구분된다.

```
$issue.key - $issue.summary
```

이것은 DEMO-1 - This is a demo issue와 유사한 내용을 생성한다.

지라에선 사용자가 메일 템플릿을 구성하는 데 사용할 수 있는 벨로시티 레퍼런스 범위를 제공한다. 이러한 참조 사항은 업데이트되는 이슈와 사용자가 이벤트를 트리거하는 것과 같은 데이터에 접근하는 것을 가능하게 만든다. 자세한 사항은 https://developer.atlassian.com/display/JIRADEV/Velocity+Context+for+Email+Templates에서 참고할 수 있다.

지금까지 벨로시티의 동작 방법에 대해 간단히 살펴봤다. 이제 메일 제목을 위한 템플릿을 생성해보자. 다음 명령은 일반적인 제목 템플릿이다.

```
$eventTypeName: ($issue.key) $issue.summary
```

지라에 위의 템플릿을 적용하면 eventType(예를 들어 Issue Created), issue.key, issue.summary의 내용을 실제 참조한 값으로 대체할 것이다. 앞의 예제는 Issue Escalated: HD-11: Database server is running very slow와 유사한 내용을 생성한다.

다음으로 실제 이메일 내용을 위한 템플릿을 생성해야 한다. 사용자는 텍스트 버전과 HTML 버전을 만들어야 하며, 다음 코드는 올라온 이슈 키를 표시하는 텍스트 기반 템플릿의 간단한 예다.

```
Hello,

The ticket $issue.key has been escalated and is currently being worked on. We
will contact you if we require more information.

Regards
Support team.
```

지라는 이메일을 보내기에 앞서 위의 텍스트를 처리한다. 즉, $issue.key와 같은 모든 벨로시티 참조는 DEMO-1과 같은 실제 값으로 치환된다.

메일 템플릿을 생성한 후에는 템플릿을 지라에 등록해야 한다. 새로운 템플릿을 지라에 등록하려면 텍스트 편집기에서 〈JIRA_INSTALL〉/atlassian-jira/WEB-INF/classes 디렉터리에 있는 email-templates-id-mappings.xml 파일을 열고, 파일의 가장 아래에 다음과 같이 새로운 항목을 추가하면 된다.

```
<templatemapping id="10001">
  <name>Example Custom Event</name>
  <template>examplecustomevent.vm</template>
  <templatetype>issueevent</templatetype>
</templatemapping>
```

위와 같이 사용자 정의 메일 템플릿을 등록하는 경우 항목들은 다음 표를 참고하도록 하자.

Parameter	상세 설명
id	템플릿의 고유한 ID. 다른 템플릿이 동일한 ID를 갖지 않도록 확인해야 한다.
name	지라에 표시되는 템플릿 이름
template	subject, text, html에 대한 메일 템플릿 파일 이름. 세 템플릿 파일 모두 여기에 이름이 지정돼야 한다.
type	템플릿 타입. 이슈에서 생성된 이벤트는 값이 issueevent가 될 것이다.

템플릿을 생성하고 템플릿 파일을 맵핑 파일에 등록한 후에는 지라를 다시 시작해야 한다. 이제 새로운 이벤트를 생성하는 경우, 새로 생성한 템플릿이 보일 것이다. 이에 대해서는 다음 절에서 다룬다.

사용자 정의 이벤트 추가

지라는 이슈 관련 동작에 대해 시스템 이벤트 목록을 폭넓게 제공한다. 그러나 특별한 비즈니스 동작이나 사용자 정의 이메일 템플릿을 적용하는 경우, 사용자가 직접 설계한 이벤트를 생성해야 하는 경우도 있다.

새로운 사용자 정의 이벤트를 추가하는 절차는 다음과 같다.

1. View Events 페이지로 이동한다.
2. Add New Event 구역에서 새로운 이벤트에 대한 이름과 설명을 입력한다.

3. 새 이벤트를 위한 메일 템플릿을 선택한다.

4. Add 버튼을 클릭, 새로운 이벤트를 생성한다.

Add New Event

Add a new event with a description and a default email template.

Name	Generic Example Event
Description	This is an example event.
Template	Generic Event
	Select the default email template for this event.

Add

사용자 정의 이벤트 발생시키기

시스템 이벤트와는 다르게 사용자 정의 이벤트는 지라에 해당 이벤트를 언제 발생시킬지를 설정해야 한다.

대부분 사용자 정의 이벤트는 워크플로우 전이에 맞춰 발생한다. 7장, '워크플로우와 비즈니스 프로세스'에서 워크플로우 전이에 후처리 기능을 추가할 수 있었다. 지라에서 대부분의 전이는 전이에 따라 이벤트를 발생하는 후처리 기능을 갖고 있다. 이벤트가 발생하는 것이 해당 이벤트에 대한 리스너가 있는 것은 아니라는 점을 이해하는 것이 중요하다.

7장, '워크플로우와 비즈니스 프로세스'를 건너뛰었거나 워크플로우에 대해 충분히 이해하지 못했다면 7장으로 되돌아가 내용을 다시 한 번 숙지하기 바란다.

워크플로우 후처리 기능에서 사용자 정의 이벤트를 발생시키는 단계는 다음과 같다.

1. View Workflow 페이지로 이동한다.

2. 이벤트를 발생시킬 워크플로우의 Edit 링크를 클릭한다.

3. 실행됐을 때 이벤트를 발생시킬 전이를 클릭한다.

4. Post Functions 탭을 클릭한다.

5. Fire a <event name> event that can be processed by the listeners를 읽고, 실행할 후처리 기능의 **Edit** 링크를 클릭한다.

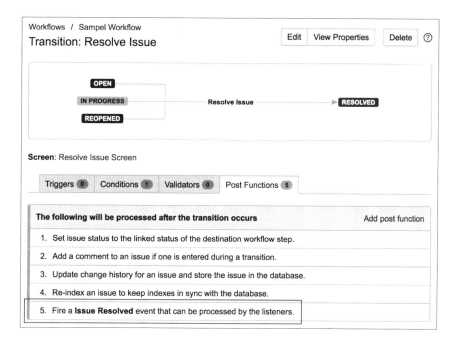

6. 드롭다운 목록에서 사용자 정의 이벤트를 선택한다.

7. Update 버튼을 클릭, 변경한 후처리 기능을 적용한다.

8. 워크플로우를 배포한다.

이제는 워크플로우 전이가 실행될 때마다 후처리 기능이 작동해 선택한 이벤트가 발생한다. 각각의 전이는 하나의 이벤트만 발생시킬 수 있으므로, 하나의 전이에 Issue Created와 Issue Updated 이벤트를 동시에 설정할 수 없다.

알림

알림^{notification}은 이벤트(시스템 및 사용자 정의)를 이메일 수신인과 관계를 설정한다. 이벤트가 발생하고 감지되면 이메일이 전송될 것이다. 알림 메일의 수신인은 알림 타입에 의해 정의된다. 예를 들어 이메일을 특정 사용자, 혹은 특정 사용자 그룹의 모든 멤버에게 보내도록 설정할 수 있다. 사용자는 주어진 이벤트에 여러 개의 알림을 추가할 수 있다.

지라는 포괄적인 알림 타입 목록을 제공해, 사용자의 다양한 필요를 충족시킨다. 다음 표를 통해 모든 알림 타입과 각 타입의 동작 방법을 확인할 수 있다.

알림 타입	상세 설정
Current Assignee	이슈의 현재 담당자
Reporter	이슈를 등록한 사람(보통 이슈를 최초로 생성한 사람)
Current User	이벤트를 발생시킨 사용자
Project Lead	해당 이슈가 등록된 프로젝트의 리더
Component Lead	해당 이슈가 소속된 컴포넌트의 리더
Single User	지라에 가입된 사용자 중 한 명
Group	특정 그룹에 소속된 모든 사용자
Project Role	특정 프로젝트 역할 그룹에 소속된 모든 사용자
Single Email Address	이메일 주소
All Watchers	해당 이슈에 관심을 가진 모든 사용자
User Custom Field Value	사용자 타입 사용자 정의 필드에 지정된 사용자. 예를 들어 Recipient 라는 User Picker 사용자 정의 필드를 만들어 이 필드에 입력된 사용자가 알림 메일을 받게 된다. 단, 이슈에 대한 접근 권한이 있어야 한다.
Group Custom Field Value	그룹 타입 사용자 정의 필드에 포함된 모든 사용자. 예를 들어 Approvers 라는 Group Picker 사용자 정의 필드를 만들어 이 필드에 입력된 그룹에 속한 모든 사용자가 알림 메일을 받게 된다. 단, 이슈에 대한 접근 권한이 있어야 한다.

이처럼 알림 타입에는 이슈의 리포터부터 사용자 정의 필드에 입력된 값까지 폭넓은 선택 범위를 제공한다. 기본적으로 지라에서 사용자 형식으로 표현되는 모든 필드는 알림 설정에 적용할 수 있다.

사용자가 한 개의 이벤트에 대해 하나 이상의 알림 타입으로 설정하는 경우, 지라는 하나의 이메일만 보내 사용자가 중복된 메일을 수신하지 않도록 한다. 사용자가 알림을 수신하기 위해서 사용자는 이슈에 대한 열람 권한이 있어야 한다. 단, Single Email Address 알림 타입으로 설정된 사용자는 권한이 필요 없다(이에 대해서는 9장, '지라 보안'에서 다룬다). 사용자가 이슈를 열어볼 수 있는 권한이 없으면 지라는 알림 이메일을 보내지 않는다.

이제는 알림을 이벤트에 추가해 사용자가 이메일을 수신하는 방법을 살펴볼 것이다. 이에 앞서 알림 스킴을 살펴봐야 한다.

▎ 알림 스킴

알림 스킴^{notification scheme}은 재사용 가능한 이벤트를 알림과 연결시키는 구성 요소이다. 다시 말해 이벤트와 대응되는 이메일 수신인 간의 관계 설정을 포함하고 있다.

1. 지라 관리자 콘솔로 이동한다.
2. Issues 탭을 선택한 후 Notification Schemes 옵션을 선택하면 Notification Schemes 페이지로 이동하게 된다.

Notification Schemes

The table below shows the notification schemes currently configured for this server

Name	Projects	Operations
Default Notification Scheme	• Human Resource	Notifications · Copy · Edit · Delete
Demo Notification Scheme	• Demonstration Project	Notifications · Copy · Edit · Delete
Help Desk Notification Scheme	• Help Desk	Notifications · Copy · Edit · Delete

Add Notification Scheme

이 스크린에는 모든 알림 스킴과 각 스킴을 사용하고 있는 프로젝트가 목록을 확인할
수 있다.

지라는 제너릭 기본 알림 스킴^{generic default notification scheme}을 제공한다. 기본 스킴은 모
든 시스템 이벤트에 대한 알림 설정으로 구성돼 있다. 이 기본 스킴을 사용하면, 지라
에서 알림을 빠르게 활성화할 수 있다. 기본 설정은 다음의 알림 타입으로 구성된다.

- Current Assignee
- Reporter
- All Watchers

사용자는 이 기본 알림 스킴을 수정해 자신이 직접 정의한 알림 규칙을 추가할 수 있
다. 그러나 지라를 계속 사용해보면 기본 스킴을 바로 수정하지 않고, 처음부터 새
로운 스킴을 생성하거나 기본 스킴을 복제해 사본을 수정하는 것이 좋다는 사실을
알게 될 것이다.

알림 스킴 추가

워크플로우 스킴 같은 다른 스킴과 다르게 지라에서 새로운 프로젝트가 생성되는 경
우, 모든 프로젝트는 Default Notification Scheme을 사용하도록 설정돼 있다. 따라서

프로젝트에 대해 특화된 알림을 생성하기 원하는 경우 새로운 알림 스킴을 생성해야한다. 그 단계는 다음과 같다.

1. Notification Schemes 페이지로 이동한다.

2. 페이지 아래 Add Notification Scheme 버튼을 클릭한다.

3. 새로 생성할 알림 스킴의 이름과 설명을 입력한다.

4. Add 버튼을 클릭, 알림 스킴을 생성한다.

새로 알림 스킴을 생성할 때 빈 스킴을 생성한 후 나중에 알림 규칙을 추가해 구성할수 있다. 주의할 사항은 반드시 해당 스킴을 프로젝트에 적용하기 전 알림 규칙을 구성해야 한다는 점이다. 그렇지 않으면 그 어떤 알림도 전송되지 않는다. 8장 뒷부분에서 알림 규칙의 구성 방법에 대해 알아본다.

알림 스킴 삭제

워크플로우 등의 다른 스킴과는 다르게, 지라에선 프로젝트에서 알림 스킴을 사용하고 있어도 해당 스킴을 삭제할 수 있다. 그러나 사용 중인 알림 스킴을 삭제하려고 하면 지라는 경고 메시지를 보여주고 확인을 요청할 것이다.

알림 스킴을 삭제하는 방법은 다음과 같다.

1. Notification Schemes 페이지로 이동한다.

2. 제거할 알림 스킴의 Delete 링크를 클릭한다.

3. Delete 버튼을 클릭, 해당 알림 스킴을 제거한다.

알림 스킴을 제거하면 해당 스킴을 사용하던 프로젝트는 알림 스킴이 없어지므로 스킴을 다시 적용해야 한다. 알림 스킴을 삭제하게 되면 스킴에 설정된 모든 알림도 함께 제거된다.

알림 스킴 관리

알림 스킴은 지라에서 이벤트에 대해 지정된 알림을 포함하고 있다. 알림 스킴 구성 방법은 다음과 같다.

1. Notification Schemes 페이지로 이동한다.
2. 구성할 알림 스킴의 Notifications 링크를 클릭하면 Edit Notifications 페이지로 이동하게 된다.

이 페이지에는 지라에 등록된 모든 이벤트 목록과 이벤트별 알림 수신인 목록이 있다. 만약 새로운 알림 스킴을 구성하면 이벤트에 대한 어떤 알림 설정도 보이지 않을 것이다.

알림 추가

새로운 알림을 추가하는 두 가지 방법이 있다. 한 개의 특정 이벤트에 대해 알림을 추가하거나, 여러 이벤트에 대해 한꺼번에 알림을 추가할 수도 있다. 새로운 알림 추가 방법은 다음과 같다.

1. Edit Notifications 페이지로 이동한다.
2. Add Notification 링크를 클릭하거나 알림을 추가할 이벤트의 Add 링크를 클릭하면 Add Notification 페이지로 이동하게 된다. Add 링크를 클릭하면 Event selection 목록이 이벤트를 선택하도록 나타날 것이다.
3. 알림 타입을 추가할 이벤트도 선택한다.
4. 적용 가능한 옵션 중에서 알림 타입을 선택한다.

5. **Add** 버튼을 클릭한다. 다음 화면에선 프로젝트에서 이슈가 새로 생성되거나 업데이트됐을 때 지라가 프로젝트 리더에게 이메일을 보내도록 알림을 설정한 것이다.

알림이 추가된 이후 해당 알림은 선택한 이벤트의 알림 목록에 나타나게 된다. 이벤트에 대한 알림을 더 추가하려면 위의 과정을 반복하면 된다.

 알림 타입을 추가할 때 여러 이벤트를 선택할 수 있다.

알림 삭제

특정 이벤트에서 알림이 더 이상 필요하지 않게 되면 해당 알림을 제거할 수 있다. 알림을 제거하려면 이벤트마다 하나씩 제거해야 한다.

1. 알림을 제거할 알림 스킴의 **Edit Notification** 페이지로 이동한다.

2. 제거할 알림의 **Delete** 링크를 클릭한다.

3. **Delete** 버튼을 클릭, 이벤트에 대한 알림을 제거한다.

알림을 삭제한 이후 해당 알림에 수신인으로 등록됐던 사용자들은 더 이상 이메일을 받지 않게 된다. 그러나 같은 이벤트에 대한 다른 알림이 사용자에게 계속해서 이메일을 보낼 수도 있으므로, 구성에 더욱 신경을 써야 한다. 예를 들면 **Issue Created** 이벤트에 대해 두 개의 알림을 만들었다고 하자. 하나는 **Single User**로 John(jira-administrator 그룹에 소속돼 있다)에게 보내도록 설정했고, 다른 하나는 **Group**으로 jira-administrator에게 보내도록 설정했다. 만약 당신이 John에게 이메일이 발신되는 것을 막고 싶다면, **Single User** 옵션만 제거해서는 안 되고 John을 jira-administrator 그룹에서도 빼야 할 것이다.

알림 스킴 지정

새로운 프로젝트를 생성하면, 프로젝트는 자동으로 기본 알림 스킴을 사용하도록 지정된다. 만약 프로젝트에서 다른 스킴을 사용하려면 해당 프로젝트의 관리자 콘솔에서 **Notification** 섹션으로 이동해 다음과 같이 설정한다.

1. 알림 스킴을 적용할 프로젝트의 프로젝트 관리자 페이지로 이동한다.

2. 왼쪽 패널에서 **Notifications**를 선택한다.

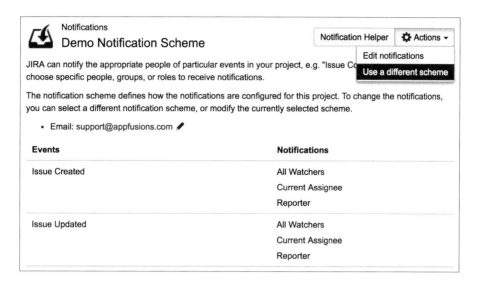

3. Actions 메뉴에서 Use a different scheme을 선택한다.

4. 사용할 알림 스킴을 선택한다.

5. Associate 버튼을 클릭한다.

프로젝트에 알림 스킴이 적용되면 곧바로 알림 정책이 반영된다. 이에 스킴에 구성된 이벤트에 대해 이메일이 전송되는 것을 확인할 수 있다. 지라의 다른 스킴처럼 알림 스킴 역시 여러 프로젝트에 지정돼 동일한 알림 동작을 공유할 수 있다.

▍ 알림 문제 해결

때때로 사용자가 지라에서 알림을 받지 못하는 경우 그 원인을 찾는 것은 어렵고 힘이 드는 작업이다. 가장 보편적인 두 가지 원인은 발신 메일 서버 연결 문제이거나 알림 스킴의 구성 오류이다.

발신 메일 서버 문제를 진단하는 방법은 매우 간단하다. '테스트 이메일 보내기' 절에서 설명한 대로 테스트 이메일을 보내 보면 된다. 테스트 이메일을 정상적으로 받았다면 발신 메일 서버의 구성에는 아무 문제가 없는 것이므로 알림 구성에서 그 원인을 찾는 데 집중할 수 있다.

알림 내의 문제 진단은 그리 간단한 작업이 아니다. 알림에는 고려해야 할 사항들이 많기 때문이다. 이를 위해 지라 버전 5에선 Notification Helper라는 새로운 기능을 제공했다. Notification Helper는 왜 특정 사용자가 알림을 수신하거나 수신하지 못하는지 지라 관리자가 정확하게 알 수 있도록 해, 지라 관리자가 진단을 빨리 할 수 있도록 도와준다. 관리자는 진단할 알림에 대해 사용자(수신인)가 누구인지, 사용자가 알림을 수신하거나 수신하지 않는 이슈가 어떤 것인지, 알림을 발생시키는 이벤트가 어떤 것인지 Helper에 입력하면 된다.

1. 지라 관리자 콘솔로 이동한다.

2. Add-ons 탭을 선택하고, Notification Helper를 선택한다.

3. User 필드에서 알림을 수신하거나 수신하지 않을 사용자를 지정한다.

4. 테스트할 이슈를 지정한다.

5. 알림 이벤트 타입을 선택한다.

6. Submit을 클릭한다.

Notification Helper 기능은 입력을 알림 스킴 설정에 기반해 처리한 후, 예상되는 사용자가 알림을 받았는지에 대한 리포트를 작성한다.

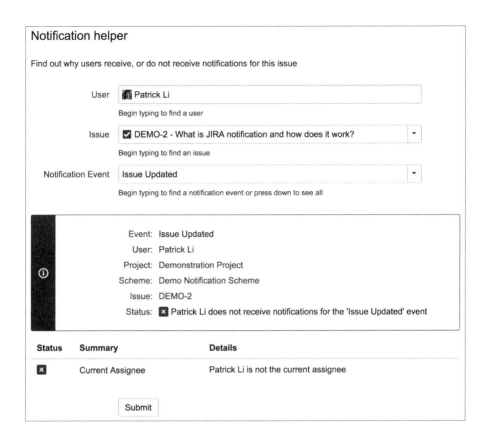

화면에서 보는 것처럼 사용자인 Patrick Li는 현재 DEMO-2 이슈에 대한 알림을 받지 못하고 있다. 그 원인은 알림이 Current Assignee에게만 이메일을 보내도록 설정돼 있으며, Patrick Li는 이슈 담당자가 아니기 때문이다.

▌ 이메일 수신

이제 이슈가 업데이트되는 경우 사용자에게 이메일을 보내 알리는 방법을 구성하는 법을 알게 됐다. 이것은 지라가 제공하는 이메일의 일부분일 뿐이다.

지라가 이메일의 메일함을 주기적으로 폴링^{poll}하도록 설정해, 이메일의 제목과 내용으로 이슈를 생성하게 할 수도 있다. 이 강력한 기능은 다음과 같은 장점을 제공한다.

- 비즈니스 사용자가 지라의 복잡함을 인지하지 않고, 이슈를 더 효과적으로 기록하거나 IT 팀이 아주 쉽게 접근할 수 있다.
- 지라를 내부 네트워크에서만 접속해 사용할 수 있는 환경에서도, 사용자가 이슈를 생성할 수 있다. 사용자는 지라가 폴링하도록 지정된 메일 주소에 이메일을 보내기만 하면 된다.

수신 메일 서버 추가

지라가 이메일을 읽고 이메일로부터 이슈를 생성하기 위해선 먼저 지라에 POP/IMAP 메일 서버 구성을 추가해야 한다. POP과 IMAP은 이메일을 서버에서 가져오는 데 사용하는 프로토콜이다. 마이크로소프트사의 아웃룩^{Outlook} 같은 이메일 클라이언트는 이 같은 프로토콜 중 하나를 사용한다.

발신 메일 서버와는 다르게 지라는 여러 개의 수신 메일 서버를 추가할 수 있다. 이는 이메일을 보내는 데는 하나의 메일 서버만이 필요한 반면, 다른 사람들이 메일을 보낼 땐 다양한 메일 서버와 다양한 메일 계정이 있을 수 있기 때문이다. 예를 들어 관리자는 지원을 위해 사용하는 메일 계정을 갖고 있으며, 또 다른 계정을 영업 용도로 사용하고 있을 수 있다. 이렇게 별도의 메일 계정을 만들어 사용하면 어떤 이메일이 어떤 프로젝트로 인한 것인지 쉽게 구분하고 처리할 수 있다. 따라서 지라에서 POP/IMAP 메일 서버를 추가하는 경우에는 여러 메일 계정의 추가를 고려할 수 있다.

수신 메일 서버를 추가하는 방법은 다음과 같다.

1. 지라 관리자 콘솔로 이동한다.
2. System 탭을 선택한 후, Incoming Mail 옵션을 선택한다.

3. Add POP/IMAP Mail Server 버튼을 클릭한다.

4. 메일 서버에 대한 이름 및 설명을 입력한다.

5. 메일 서비스 제공자의 타입을 선택한다. 사용자가 직접 호스팅하는 메일 서비스를 사용하고 있는지, 혹은 구글과 같은 널리 알려진 클라우드 제공자를 사용하고 있는지 선택한다.

6. 직접 호스팅하는 메일 서버를 사용하고 있다면 POP/IMAP 서버의 호스트 이름을 지정한다.

7. 메일 계정의 사용자명과 암호를 입력한다.

8. Add 버튼을 클릭, POP/IMAP 메일 서버를 생성한다.

Add POP / IMAP Mail Server

Use this page to add a new POP / IMAP server for JIRA to retrieve mail from.

Name *
The name of this server within JIRA.

Description

Service Provider   Custom

Protocol   POP

Host Name *
The host name of your POP / IMAP server.

POP / IMAP Port
Optional - The port to use to retrieve mail from your POP / IMAP account. Leave blank for default. (defaults: POP - 110, SECURE_POP - 995, IMAP - 143, SECURE_IMAP - 993)

Timeout   10000
Timeout in milliseconds - 0 or negative values indicate infinite timeout. Leave blank for default (10000 ms).

Username *
The username used to authenticate your POP / IMAP account.

Password *
The password for your POP / IMAP account.

Test Connection   Add   Cancel

 메일 수신 서버는 여러 개를 가질 수 있다.

메일 핸들러

메일 핸들러는 지라가 수신한 이메일을 처리하기 위해 사용하는 구성 요소이다. 각 메일 핸들러는 하나의 수신 메일 서버로부터 들어오는 이메일을 처리할 수 있고, 지정한 수신 메일 서버를 주기적으로 확인한다.

지라는 여러 가지 메일 핸들러를 제공한다. 다음 절에서 각 핸들러에 대해 자세히 알아보자.

새로운 이슈를 생성하거나 이미 생성된 이슈에 코멘트 추가

이슈를 새로 생성하거나 기존 이슈에 코멘트를 추가하는 메일 핸들러(이전 버전에선 Create Handler and Comment Handler)는 가장 많이 사용되는 핸들러이다. 이것은 수신된 메일로부터 이슈를 생성하고, 만약 이메일 제목에 이슈 키가 지라에 있는 이슈의 키 값과 맞으면 해당 이슈에 코멘트를 추가한다. 만약 제목에 맞지 않는 이슈 키 값이 있으면, 이슈가 새로 생성된다. 다음 표는 메일 핸들러를 생성하는 경우 필요한 매개변수를 나열한 것이다.

매개변수	상세 설명
Project	이슈를 생성할 프로젝트이다. 이메일 제목에 이슈 키가 있을 경우 코멘트를 추가할 때는 적용되지 않는다.
Issue Type	이슈 생성 시 적용할 이슈 타입이다.
Strip Quotes	매개변수에 있는 경우, 이메일에서 인용된 텍스트는 코멘트에 추가되지 않는다.
Catch Email Address	지라가 특정 주소로 보낸 이메일만을 핸들링할 것인지 지정한다.
Bulk	지라가 생성한 이메일처럼 자동으로 생성된 이메일에 대한 핸들링 방법을 지정한다. 만일 지라가 이메일을 수신해 처리하는 메일함으로 보낼 경우 루프(loop)를 야기할 수 있다. 루프를 방지하기 위해 다음 중 하나를 지정할 수 있다. • ignore: 이메일을 무시할 경우 • forward: 이메일을 다른 주소로 포워딩하는 경우 • delete: 이메일을 한꺼번에 지우는 경우 이 가운데 forward가 일반적으로 널리 쓰인다.

매개변수	상세 설명
Forward Email	이 매개변수가 지정되면 메일 핸들러는 수신한 이메일을 처리할 수 없다. 이 문제를 표시하는 이메일 메시지는 이 필드에 지정된 이메일 주소로 포워딩된다.
Create Users	알 수 없는 주소로부터 이메일을 받으면 지라는 이메일의 "from" 주소와 무작위로 생성된 암호로 새 사용자를 생성한다. 생성 후 결과를 알리기 위해 "from" 주소로 이메일을 전송한다.
Default Reporter	기본 리포터의 사용자명을 지정한다. 수신된 메시지의 From 필드에 있는 이메일 주소가 지라 사용자의 이메일 주소와 맞지 않을 경우, 생성되는 이슈의 Reporter 필드 값에 기본값으로 지정된 이 매개변숫값이 지정된다.
Notify Users	Create Users 매개변수마다 생성된 새로운 사용자에게 알리고 싶지 않다면 이 옵션을 해제한다.
CC Assignee	지라는 이슈를 이메일의 To 필드에 지정된 사용자에게 할당하게 된다. 만약 To 필드에 일치하는 사용자가 없다면, 지라는 CC 값에 있는 사용자에게 할당을 시도하고, 이것도 실패하면 BCC 필드에 있는 사용자에게 할당을 할 것이다.
CC Watchers	이메일의 CC 목록에 있는 사용자를 이슈의 Watcher 필드에 추가한다.

이메일 전체 내용을 코멘트로 추가

이메일 핸들러는 이메일 내용으로부터 텍스트를 추출해, 제목에 포함된 매칭되는 이슈 키를 가진 이슈의 코멘트로 추가한다. 코멘트의 작성자는 이메일의 From 필드에서 가져와 적용한다.

이는 Create and Comment handler의 매개변수 설정과 유사하다.

인용되지 않은 이메일 내용을 코멘트로 추가

인용되지 않은non-quoted [1] 이메일 내용으로부터 코멘트를 추가하는 방법은 Full Comment handler와 매우 유사하다. 그러나 인용되지 않은 텍스트만 추출해 코멘트로 추가한다. "〉"나 "|"로 시작되는 텍스트는 모두 인용된 텍스트로 간주된다.

이 핸들러 역시 Create and Comment handler와 유사한 매개변수 세트를 갖는다.

---

1   인용되지 않았다는 의미는 작은 따옴표(' '), 큰따옴표(" ")와 같은 인용 부호 사이의 문장이 아니라는 의미이다. - 옮긴이

각 이메일 메시지로부터 새로운 이슈 생성

이메일 메시지에서 새로운 이슈를 생성하는 방법은 Create and Comment handler와 매우 유사하다. 단, 모든 수신 이메일로부터 항상 새로운 이슈를 생성한다.

이 핸들러 역시 Create and Comment handler와 유사한 매개변수 세트를 갖는다.

이메일 내용에 있는 지정된 마커나 분리자 앞에 코멘트 추가

이메일 내용에 있는 특정 마커marker나 분리자separator 앞에 코멘트를 추가하는 방법은 코멘트 핸들러의 더 강력한 기능이다. 이 핸들러는 정규 표현식을 사용해 이메일 내용으로부터 텍스트를 추출한 후, 해당 내용을 이슈의 코멘트로 추가한다.

매개변수	설명
Split Regex	regex 표현식은 내용을 추출하는 데 사용된다. regex 표현식에는 다음 두 가지 법칙이 있다. • 구분 문자인 "/"로 시작되고 끝나야 한다. • 콤마를 포함해서는 안 된다. 예를 들어 /-{}{}{}{}{}₩s*Original Message₩s*{}-/ 혹은 /_____*/와 같이 중간에 ","가 있어서는 안 된다.

메일 핸들러 추가

사용자는 원하는 만큼 메일 핸들러를 설정할 수 있다. 추천하는 방법은 각 프로젝트별로 별도의 메일함을 만들고, 지라가 각각의 메일함에서 이슈를 생성하도록 하는 것이다. 이때 사용자는 각 계정별로 메일 핸들러를 생성해야 할 것이다. 설정한 메일함은 POP이나 IMAP 프로토콜을 사용해 액세스가 가능해야 한다.

메일 핸들러를 추가하는 방법은 다음과 같다.

1. Incoming Mail 페이지로 이동한다.
2. Add incoming mail handler 버튼을 클릭한다.

3. 새 메일 핸들러의 이름과 설명을 입력한다.

4. 수신 메일 서버나 Local Files를 선택한다.

5. 새 이메일에 대해 메일함을 폴링하는 대기 시간(분 단위)을 지정한다. 지라가 모든 이메일을 처리하기 위해선 충분한 시간을 줘야 한다. 그러나 이메일을 지라 이슈로 변환하는 동안, 오래도록 기다리지 않으려면 너무 긴 시간은 바람직하지 않다.

6. 추가할 핸들러 타입을 선택한다.

7. Next 버튼을 클릭한다.

선택한 핸들러 타입에 따라 다음 스크린이 달라진다. 다음 스크린에선 이전 절에서 설명된 메일 핸들러의 매개변수를 요청하는대로 입력하면 된다. 다음 화면은 Help Desk 프로젝트에서 Task 타입으로 이슈를 생성하도록 핸들러를 구성하는 대화 상자의 예이다.

Create a new issue or add a comment to an existing issue

Project	Help Desk ⬦
	Default project where new issues are created.
Issue Type	Task ⬦
	Default type for new issues.
Strip Quotes	☐
	If checked quoted text is removed from comments.
Catch Email Address	
	If set, only emails having the specified recipient in fields To, Cc or Bcc will be processed.
Bulk	Ignore the email and do nothing ⬦
	Action that will be performed for emails with the 'Precedence: bulk' or emails with an 'Auto-Submitted' header that is not set to "no".
Forward Email	
Create Users	☐
	If a message comes from an unrecognised address, create a new JIRA user with the user name and email address set to the 'From' address of the message.
	The password for the new user is randomly generated, and an email is sent to the new user informing them about

[Test] [Add] Cancel

 언제든지 Test 버튼을 사용해 구성을 테스트할 수 있다. 지라에선 문제 발생 시 힌트를 제공한다.

메일 핸들러 편집과 삭제

사용자는 언제든지 메일 핸들러의 세부 사항을 업데이트할 수 있다. 원하는 결과를 얻을 때까지 핸들러의 매개변수를 조정해야 한다. 메일 핸들러를 업데이트하는 방법은 다음과 같다.

1. Incoming Mail 페이지로 이동한다.

2. 업데이트할 메일 핸들러의 Edit 링크를 클릭한다.

3. 구성 옵션을 업데이트한다.

업데이트한 후에 변경 사항들은 즉시 적용돼, 지라는 새 핸들러 매개변수를 다음 메일함 폴링 시부터 적용하게 된다.

또한 사용자는 더 이상 필요 없는 메일 핸들러를 삭제할 수 있다. 메일 핸들러를 삭제하는 방법은 다음과 같다.

1. Incoming Mail 페이지로 이동한다.

2. 제거할 메일 핸들러의 Delete 링크를 클릭한다.

 메일 핸들러 삭제 시, 확인 페이지를 통해 확인하지 않는다. 메일 핸들러는 곧바로 제거되므로 삭제하기 전 주의하기 바란다.

고급 메일 핸들러

지라와 함께 제공되는 기본 메일 핸들러는 때때로 간단한 이메일 처리 요구에 충분하다. 수신되는 이메일에 대해 더 많은 제어나 특별한 처리 로직이 필요한 경우, 사용자 정의 메일 핸들러를 생성할 수 있다. 그러나 새로운 메일 핸들러의 생성은 프로그래밍에 대한 지식을 필요로 한다. 더 나은 옵션은 Enterprise Mail Handler(JEMH)라고 하는 지라의 부가 기능을 사용하는 것이다.

JEMH를 사용하면, 고급 이메일 라우팅, 이메일 내용, 수신/처리된 이메일에 대한 감사 등에 기반한 이슈의 업데이트 같은 추가적인 이메일 트리거 동작을 설정할 수 있다. JEMH에 대한 더 많은 내용은 https://marketplace.atlassian.com/plugins/com.javahollic.jira.jemh-ui/server/overview를 참고하면 된다.

HR 프로젝트

사용자는 이슈에 대한 진행 상황을 업데이트받고 싶을 때가 많다. 비즈니스 사용자에게 업데이트를 확인하도록 하는 대신, 능동적으로 새로 얻은 정보를 미리 업데이트하도록 할 것이다. 이것이 지라의 알림 기능이다.

5장, '필드 관리'에서 우리는 Direct Manager라는 사용자 정의 필드를 추가했고, 이 필드를 통해 사용자가 계속해서 정보를 유지하도록 새로운 직원이나 퇴사하는 직원의 관리자를 추가할 수 있도록 한다.

7장, '워크플로우와 비즈니스 프로세스'에서 만든 또 다른 커스터마이징은 워크플로우에 새로운 전이를 추가한 것이다. 각각의 전이 동작은 이벤트를 발생시키고 알림을 보내도록 할 것이다. 요약하면 다음과 같은 작업을 한다.

- 사용자 정의 워크플로우 전이에 의해 발생하는 이벤트에 대한 알림 전송
- Direct Manager 사용자 정의 필드에 지정된 사용자들에게 알림 전송

사용자를 이슈의 watcher로 추가하고 이미 정의된 지라 시스템 이벤트를 재사용하는 또 다른 방법으로 위의 두 가지 기능을 수행할 수도 있지만, 이번 실습을 통해 가능한 또 다른 옵션을 익힐 수 있다. 9장에서 최선의 방법을 결정하는 데 고려해야 하는 또 다른 기준을 보게 될 것이다.

메일 서버 설정

이메일을 통한 커뮤니케이션을 하도록 구성하는 첫 번째 단계는 지라에 메일 서버를 등록하는 것이다. 지라 단독 배포판을 사용하고 있다면 메일 서버를 호스트 정보에 입력해 추가하는 것을 추천한다.

1. 지라 관리자로 로그인한다.
2. 지라 관리자 콘솔로 이동한다.

3. System 탭을 선택한 후 Outgoing Mail 옵션을 선택한다.

4. Configure new SMTP mail server 버튼을 클릭한다.

5. 메일 서버 정보를 입력한다. 메일 서버를 갖고 있지 않다면 지메일Gmail 계정에 무료로 가입해 테스트 목적으로 사용할 수 있다.

메일 서버를 추가한 후 지라가 메일 서버에 정상적으로 액세스할 수 있는지 여부를 테스트 이메일을 보내 확인할 수 있다.

워크플로우 후처리 기능 업데이트

7장, '워크플로우와 비즈니스 프로세스'에서 몇 가지 새로운 워크플로우 전이를 생성했다. 이제 적절한 이벤트를 발생시킬 수 있도록 새로운 전이를 업데이트해야 할 필요가 있다.

1. View Workflows 페이지로 이동한다.

2. HR: Termination Workflow에 대한 Edit 링크를 클릭한다.

3. Done 이외의 다른 전이를 클릭한다.

4. Generic Event보다 Issue Updated 이벤트를 발생시키기 위해 후처리 기능을 업데이트한다.

5. Done 전이를 제외한 다른 모든 전이에 대해 이 과정을 반복한다.

6. 워크플로우 드래프트를 게시한다. 복원을 원하는 경우 복사본을 저장할 수 있다.

우리는 이슈가 업데이트되고 있다는 사실을 반영하기 때문에, Issue Updated 이벤트를 사용한다. 또한 이벤트는 더 적합한 이메일 템플릿과 관련돼 있다. 물론 이 대신 새로운 사용자 정의 이벤트와 이메일 템플릿을 생성하고 사용자 정의 이벤트를 발생시키기 위해 후처리 기능을 만들 수 있다.

알림 스킴 설정

이제 알림 스킴을 만들어 이벤트에 알림을 추가하는 작업을 할 것이다. 기본 스킴을 바탕으로 사용자 정의 알림 스킴을 빠르게 설정할 것이다.

1. Issues 탭을 선택한 후 Notification Schemes 옵션을 선택한다.

2. Default Notification Scheme의 Copy 링크를 클릭한다.

3. 복사된 알림 스킴의 Edit 링크를 클릭한다.

4. 이름을 HR Notification Scheme으로 변경하고 Update를 클릭한다.

이렇게 하면 미리 입력된 기본 알림을 갖는 새로운 알림 스킴을 생성할 수 있다. 이제 해야 할 일은 이벤트를 수정하고 알림을 추가하는 것이다.

알림 설정

알림 추가 시 지켜야 하는 두 가지 규칙이 있다. 첫 번째는 사용자 정의 이벤트에 대해 해당 이벤트가 발생했을 때 이메일이 전송될 수 있도록 알림을 추가해야 하는 것이다. 두 번째는 참조 목록 사용자 정의 필드에 지정된 사용자들은 이슈 담당자와 보고자가 함께 이메일 수신을 원한다는 점이다.

1. HR Notification Scheme의 Notifications 링크를 클릭한다.

2. Add Notification 링크를 클릭한다.

3. Issue Updated 이벤트 타입을 선택한다.

4. 알림 타입의 User Custom Field Value를 선택한 후, 드롭다운 목록에서 Direct Manager를 선택한다.

5. Add 버튼을 클릭한다.

멋진 기능이지만 쉽다. 몇 번의 클릭만으로 Direct Manager 사용자 정의 필드를 알림 스킴에 추가했다. 따라서 이제부터 누가 필드에 입력됐는지 상관없이 사용자는 이슈 업데이트에 대한 알림을 받게 된다.

마무리하기

항상 그렇듯이, 이제 남은 작업은 활성화를 위해 프로젝트와 스킴을 연결시키는 것이다.

1. HR 프로젝트의 프로젝트 페이지로 이동한다.

2. 왼쪽 패널에서 Notifications를 선택한다.

3. Actions 메뉴에서 Use a different Scheme을 선택한다.

4. 방금 생성한 새로운 HR Notification Scheme을 선택한다.

5. Associate 버튼을 클릭한다.

클릭 몇 번으로 사용자가 이슈에 대한 진행 사항을 업데이트하도록 자동으로 이메일을 보내는 것이 가능하다. 뿐만 아니라 이전 장에서 생성된 사용자 정의 필드를 관리하기 위해 이슈 담당자와 보고자처럼 알림을 받아야 하는 사람과 연결시킬 수 있다. 이제 테스트를 해보자!

1. HR 프로젝트에 새로운 Termination 이슈를 생성한다.

2. Direct Manager 사용자 정의 필드에서 사용자를 선택한다. 보고자는 기본으로 알림을 받으므로 자신을 선택하지 않는 것이 좋다. 또한 선택된 사용자의 이메일 주소가 유효한지 확인해야 한다.

3. 워크플로우를 따라 이동하기 위해 이슈를 전이시킨다.

4. 몇 분 이내에 지라에서 이메일을 받게 된다.

지라에서 이메일을 받지 못한다면, 이메일 큐를 확인하고 메일이 생성됐는지 여부를 확인한다. 그리고 8장의 '알림 문제 해결' 절의 처리 단계를 따른다.

▌ 요약

8장에서 지라가 이메일을 통해 사용자와 어떻게 소통하는지 살펴봤다. 실제로 스마트폰이나 태블릿 같은 새로운 도구로 이메일을 통해 사용자가 업데이트 내용을 계속 볼 수 있는 것은 큰 장점이다. 지라는 알림을 받는 사람에 대한 규칙을 정의하는 데 매우 유연한 구조를 갖고 있다.

또한 우리는 알림을 받을 수 있는 사람에 대한 보안 규칙 일부를 간단히 살펴봤다. 지라는 다음과 같은 두 가지 이유 때문에 알림을 보내기에 앞서 보안 체크를 수행한다. 첫 번째는 이메일을 이슈를 볼 수 없는 사용자에게 보내지 않도록 하는 것이고, 두 번째는 권한이 없는 사용자가 해당 이슈를 볼 수 없길 바라며 알지 못하는 업데이트 내역을 받지 않길 바라기 때문이다.

9장에선 지라를 보안 관점에서 살펴본다. 또한 권한이 없는 접근을 차단해 데이터를 안전하게 보호하는 방법도 자세하게 다룬다.

09

지라 보안

앞서 이슈를 생성하고 지라에 데이터를 저장하는 법을 배웠다. 이미 알고 있겠지만 정보 시스템으로서 지라는 모든 사항이 데이터와 관련돼 있다. 지라에선 적절한 권한을 가진 사람에 대해 데이터의 접근을 보장할 뿐만 아니라 뜻밖의 변경을 방지해 데이터의 무결성을 유지하기 위해 보안이 중요한 역할을 한다는 사실은 그리 놀라운 일이 아니다.

9장에서 학습하는 내용은 다음과 같다.

- 사용자 디렉터리, 그리고 지라와 LDAP를 연결하는 방법
- 지라의 일반적인 접근 제어
- 세분화된 권한 설정 관리하기
- 권한과 관련된 문제 해결 방법

지라가 보안을 처리하는 방법을 자세히 알아보기 전, 지라가 사용자와 그룹 멤버십을
유지하는 방법을 우선 살펴보자.

▐ 사용자 디렉터리

사용자 디렉터리^{User Directories}는 지라가 사용자와 그룹 정보를 저장할 때 사용된다.
LDAP^{Lightweight Directory Access Protocol} 같은 사용자 저장소 시스템^{User repository system}이나
데이터베이스나 애틀라시안의 크라우드^{Crowd} 같은 원격 사용자 관리 시스템이 사용자
디렉터리를 보완하는 역할을 한다.

지라는 여러 개의 사용자 디렉터리를 가질 수 있다. 이와 같은 기능은 지라 인스턴스
가 여러 개의 사용자 디렉터리에 접근하는 것을 가능하게 한다. 예를 들어 내부 사용
자에게는 LDAP 디렉터리를 적용하고, 외부 사용자에게는 데이터베이스 디렉터리(지
라의 내부 디렉터리)를 적용할 수 있다. 다음 화면 예제는 두 개의 사용자 디렉터리가 설
정된 모습을 보여준다. 첫 번째 사용자 디렉터리는 지라 데이터베이스에서 구동되는
지라에 내장된 내부^{Internal} 디렉터리이다. 두 번째 사용자 디렉터리는 마이크로소프트
액티브 디렉터리^{Microsoft Active Directory}에 읽기 전용^{Read Only} 모드로 접속돼 있다. 마지막
사용자 디렉터리는 애틀라시안에서 제공하는 사용자 ID 관리 소프트웨어인 크라우드
에 접속돼 있다.

User Directories ⓘ

The table below shows the user directories currently configured for JIRA.

The order of the directories is the order in which they will be searched for users and groups. Changes to users and groups will be made in the first directory where JIRA has permission to make changes. It is recommended that each user exist only in a single directory.

Directory Name	Type	Order	Operations
JIRA Internal Directory You cannot edit this directory because you are logged in through it, please log in as a locally authenticating user to edit it.	Internal	↓	Edit
Active Directory server	Microsoft Active Directory (Read Only)	↑ ↓	Disable | Edit | Test | Synchronise Never synchronised.
Crowd Server	Atlassian Crowd	↑	Disable | Edit | Test | Synchronise Never synchronised.

Add Directory

Additional Configuration & Troubleshooting

- Directory Configuration Summary

지라의 관리자는 다음 두 단계를 수행해 사용자 디렉터리를 관리할 수 있다.

1. 지라 관리 콘솔을 연다.

2. User management 탭을 선택한 후 User Directories 옵션을 선택한다.

여기서 지라에 현재 구성돼 있는 사용자 디렉터리 목록을 확인, 새로운 디렉터리 추가, 수동으로 원격 사용자 저장소와 동기화할 수 있다.

새로운 사용자 디렉터리를 추가하는 경우 먼저 디렉터리 타입을 결정해야 한다. 다음은 지라에서 지원되는 몇 가지 사용자 디렉터리 타입이다.

- **지라 내부 디렉터리**^{JIRA internal directory} : 지라가 처음 설치될 때 함께 설치되는 기본 사용자 디렉터리이다. 이 디렉터리를 선택하면 모든 사용자 정보와 그룹 정보가 지라 데이터베이스에 저장된다.

- **액티브 디렉터리**^{Active Directory}/LDAP : 지라를 LDAP 서버에 연결하는 경우 사용된다. 이 디렉터리에 사용자 정보와 그룹 멤버십 정보를 질의하기 위해 지라는 백엔드^{backend} LDAP를 사용한다. 백엔드 LDAP는 LDAP 커넥터^{Connector}로

알려져 있으며, 내부 디렉터리나 LDAP 인증 디렉터리^{LDAP Authentication} directory와 혼동하지 말아야 한다.

- **내부적 DB와 LDAP 인증**^{Internal with LDAP authentication}: 이 타입은 위임된 LDAP Delegated LDAP로 알려져 있다. 지라는 이 디렉터리 타입에서 인증 시에만 LDAP를 사용하고, 사용자 정보는 내부 데이터베이스에 저장한다(사용자가 처음으로 인증에 성공했을 때 LDAP에서 검색). 이 방법은 좀 더 나은 성능을 제공할 수 있다. LDAP는 사용자 인증에만 사용되기 때문에, LDAP로부터 더 많은 수의 그룹을 다운로드하는 것을 방지할 수 있다.
- **애틀라시안 크라우드**^{Atlassian Crowd}: 사용자 관리와 통합 인증^{Single Sign-On} 솔루션으로 애틀라시안 크라우드를 사용하는 경우, 크라우드 인스턴스에 접속하기 위해 이 타입의 디렉터리를 선택할 수 있다. 또한 이 옵션을 선택하면 지라 인스턴스가 통합 인증 세션에 참여할 수 있도록 구성할 수 있다.
- **애틀라시안 지라**^{Atlassian JIRA}: 지라는 호환 가능한 다른 애플리케이션을 위한 사용자 저장소 역할을 할 수 있다. 만일 또 다른 지라 인스턴스가 구동 중이라면, 다른 지라 인스턴스와 사용자 정보에 접속하기 위해 이 디렉터리 타입을 선택할 수 있다.

여러 개의 사용자 디렉터리를 지라에 구성한 경우, 명심해야 하는 몇 가지 중요 사항이 있다. 사용자 디렉터리 순서는 지라의 사용자 검색과 사용자와 그룹 정보 변경 순서에 직접적으로 영향을 주기 때문에 매우 중요하다. 두 개의 사용자 디렉터리가 있고 모두 서로 다른 패스워드를 사용하는 admin이라는 계정을 갖고 있는 경우, 사용자 디렉터리 순서는 다음과 같은 영향을 줄 수 있다.

- 지라에 admin 사용자로 로그인할 때, 디렉터리 목록의 순서에 따라 패스워드가 승인되는 첫 번째 사용자 디렉터리에 접속하게 될 것이다.
- 로그인 후 패스워드가 승인된 디렉터리로부터 그룹 권한을 얻게 되고, 다른 디렉터리는 건너뛰게 될 것이다.

- 만약 사용자의 전체 이름^{full name}을 변경하는 등 admin 사용자 정보가 변경된 다면 변경 내용은 지라의 쓰기 권한이 있는 첫 번째 디렉터리에만 반영된다.

사용자 디렉터리로 작업할 때 기억해야 하는 또 다른 중요 사항은, 변경하고자 하는 디렉터리에 속한 사용자 계정으로 로그인하면 그 사용자 디렉터리를 변경할 수 없다는 점이다. 예를 들어 LDAP 계정으로 로그인했다면, 지라의 LDAP 설정을 변경할 수 없다. 새로운 변경 사항이 지라에 접근하지 못하도록 실제로 잠금^{Lock}할 가능성이 있기 때문이다.

 최초 설정 시 생성된 계정같이 지라 내부 디렉터리에 기본적으로 준비돼 있는, 활성화된 (active) 관리자 계정을 갖고 있어야 한다. 이는 당신에게 앞의 시나리오 같은 사용자 디렉터리 문제를 해결할 수 있는 관리자 계정을 제공해준다. 만일 다른 사용자 디렉터리에 동일한 이름의 사용자 계정을 갖고 있다면 내부 디렉터리가 목록의 첫 번째여야 한다.

LDAP 접속

지라는 마이크로소프트 액티브 디렉터리와 오픈 LDAP, 노벨 이디렉터리^{Novel eDirectory}를 포함한 광범위한 LDAP 서버들을 지원한다. 옵션 중에 하나로 특정 LDAP 서버가 표시되지 않으면 일반 디렉터리 서버^{General Directory Server} 옵션을 사용할 수 있다.

액티브 디렉터리/LDAP 커넥터를 사용하는 경우 권한 옵션 가운데 하나를 선택해 연결할 수 있다.

- **읽기 전용**^{Read only} : 지라는 그 어떤 LDAP 서버의 내용도 수정할 수 없다.
- **읽기 전용, 지역 그룹**^{Read only, with local groups} : LDAP 정보 검색은 읽기 전용이지만, 생성되는 신규 사용자와 그룹을 지라에 저장할 수 있다. 이 변경은 LDAP에는 반영되지 않는다.
- **읽기/쓰기**^{Read/Write} : 지라는 LDAP 서버를 검색하고 변경할 수 있다.

때때로 IT 팀이 LDAP 서버를 중앙 집중적으로 관리하고 변경을 허용하지 않기 때문에, **Read only** 옵션은 가장 일반적이다. 이 옵션을 통해 지라는 사용자 증명과 그룹 멤버십을 검증하기 위해 LDAP에 저장된 데이터만 사용할 수 있다. LDAP를 사용자 저장소와 인증을 위해 사용하기 원하지만, LDAP 팀에 포함되지 않고도 그룹 구성원을 업데이트할 수 있는 유연성을 원하는 경우 **Read only, with local groups** 옵션이 가장 적합하다. 마지막으로 같은 LDAP 서버를 사용하는 다른 시스템에 예상치 못한 영향을 줄 수 있는 그룹 멤버십 같이 LDAP로 변경이 전파되는 **Read/Write** 옵션은 피해야 한다.

지라에서 LDAP에 접속하기 위해 해야 하는 일은 새로운 사용자 디렉터리를 추가하는 것이다.

1. **User Directories** 페이지를 연다.
2. **Add Directory** 버튼을 클릭하고, 디렉터리 타입^{Directory type} 선택 목록에서 **Microsoft Active Directory**나 LDAP를 선택한다. 그리고 **Next**를 클릭한다.
3. LDAP 서버 정보를 입력한다.

모든 LDAP는 다르기 때문에, 필요로 하는 정확한 파라미터가 다양하다. 그러나 최소한 다음과 같은 정보는 제공해야 한다.

매개변수	설명
Name	사용자 디렉터리 이름
Directory Type	선호하는 LDAP 종류를 선택한다. 지라가 몇 가지 매개변수를 미리 채워 넣는 데 도움을 줄 것이다.
Hostname	LDAP 서버의 호스트 이름
Port	LDAP 서버의 포트 번호. 지라는 당신이 입력한 디렉터리 유형 값을 기반으로 이 값을 미리 채워 넣을 것이다.
Base DN	사용자와 그룹을 찾기 위한 지라의 루트 노드(root node)

매개변수	설명
LDAP Permissions	지라가 LDAP를 변경할 수 있는지 여부를 선택하는 데 도움을 준다.
Username	지라가 사용자와 그룹 정보를 위해 LDAP에 접속할 때 사용할 사용자명
Password	지라가 LDAP에 접속할 때 사용할 패스워드

다음 화면에서 매개변수가 채워진 것을 볼 수 있다.

Configure LDAP User Directory ⑦

The settings below configure an LDAP directory which will be regularly synchronised with JIRA. Contact your server administrator to find out the required settings for your LDAP server.

Server Settings

Name:* `Active Directory server`

Directory Type:* `Microsoft Active Directory`

Hostname:* `ad.example.com`

Hostname of the server running LDAP. Example: ldap.example.com

Port:* `389` ☐ Use SSL

Username: `cn=jira,dc=domain,dc=name`

User to log in to LDAP. Examples: user@domain.name or cn=user,dc=domain,dc=name.

Password: `••••••••••••••••••••••••`

LDAP Schema

Base DN: `cn=users,dc=example,dc=com`

Root node in LDAP from which to search for users and groups. Example: cn=users,dc=example,dc=com.

Additional User DN:

Prepended to the base DN to limit the scope when searching for users.

Additional Group DN:

Prepended to the base DN to limit the scope when searching for groups.

LDAP Permissions

◉ Read Only

Users, groups and memberships are retrieved from your LDAP server and cannot be modified in JIRA.

○ Read Only, with Local Groups

Users, groups and memberships are retrieved from your LDAP server and cannot be modified in JIRA. Users from LDAP can be added to groups maintained in JIRA's internal directory.

○ Read/Write

Modifying users, groups and memberships in JIRA will cause the changes to be applied directly to your LDAP server. Your configured LDAP user will need to have modification permissions on your LDAP server.

앞의 매개변수 외에 User Schema Settings, Group Schema Settings는 추가적인 고급 설정도 있다. 양식을 채운 뒤 Quick Test 버튼을 눌러 지라가 LDAP 서버에 접속할 수 있는지, 입력된 사용자와 이름과 패스워드로 인증되는지도 확인할 수 있다. 이것이 사용자 검색에 관한 테스트가 아니라는 사실에 주목하길 바란다. 만일 초기의 빠른 테스트가 성공했다면, Save and Test 버튼을 눌러 다음 단계를 진행할 수 있다. 이 버튼을 누르면 사용자 디렉터리를 추가한 후 적절한 사용자 자격을 설정했는지 테스트할 수 있는 페이지로 이동한다(LDAP에 접속하기 위해 지라를 사용하는 것과는 다르다).

새로운 사용자 디렉터리가 추가되면 지라는 자동적으로 LDAP 서버와 동기화되고 사용자와 그룹 정보를 가져온다. LDAP 서버 크기에 따라 이 작업은 완료될 때까지 약간의 시간이 소요될 것이다. 최초의 동기화가 끝나고 나면, 지라는 주기적으로 LDAP의 변경 사항을 동기화한다.

사용자

지라가 익명의 사용자에게 접속 권한을 허락하지 않는다면, 사용자는 지라에 액세스하기 위한 계정을 갖기 원할 것이다(Browse Project 권한 스킴에 있는 Anyone 그룹을 선택함으로써 익명 사용자 접속을 허용할 수 있다. 자세한 내용은 9장의 '권한 스킴Permission Scheme' 절을 참고하기 바란다). 지라 7에서 각 사용자는 생성 이후 변경이 가능한 사용자명에 의해 식별된다.

사용자 브라우저

사용자 브라우저User Browser는 사용자명, 이메일 주소, 마지막 로그인 시도 시점, 계정이 속한 사용자 디렉터리 등을 포함한 지라에 있는 모든 사용자의 목록을 볼 수 있는 곳이다. 사용자 브라우저는 검색 기능도 제공한다. 사용자명, 전체 이름full name, 이메일 주소, 그룹 소속 여부 같은 기준에 맞는 사용자에 대한 검색이 가능하다. 다음과 같은 절차를 수행하면 사용자 브라우저에 접근할 수 있다.

1. 지라 관리자 콘솔을 연다.
2. User management 탭을 선택하고 Users 옵션을 선택한다. User Browser 페이지가 나타난다.

기본적으로 결과 화면에는 페이지 번호가 매겨지며 매 페이지마다 20명의 사용자가 노출되지만 이 설정을 화면당 최대 100명의 사용자가 보이게 변경할 수도 있다.[1] 수백 명의 사용자를 가진 대규모 조직에 대해 작업 중이라면, 관리 대상이 되는 사용자를 빠르게 찾는 데 이 옵션이 매우 유용하다.

---

1 All을 선택하면 기준에 맞는 모든 검색 결과를 한 페이지에 표시할 수 있다. - 옮긴이

효과적으로 사용자를 검색하는 기능을 제공하는 것 외에, 사용자 브라우저는 지라에
새로운 사용자를 추가하고 사용자의 그룹과 역할 관계를 관리하는 포털^{portal} 기능도
제공한다.

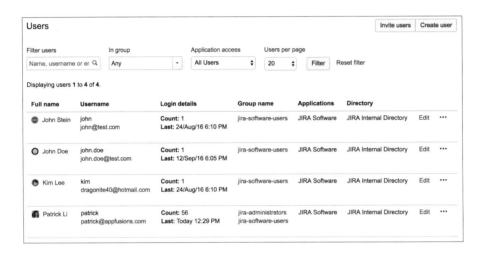

사용자 추가

여러 가지 방법으로 새로운 사용자를 추가하는 것이 가능하다.

- 지라 운영자에 의해 직접적인 생성
- 계정 생성을 위해 지라 운영자가 사용자를 초대
- 일반 가입 기능이 켜져 있는 경우, 사용자의 계정 가입
- LDAP 같은 외부 사용자 저장소와의 사용자 계정 동기화

첫 번째와 두 번째 방법은 지라 운영자만이 사용자 계정을 추가하고 관리할 수 있는
중앙집중식 관리 방법이다. 이러한 방식의 대부분은 조직의 내부 사용자만이 이용하
도록 설계된 비공개 지라 인스턴스에 적용이 가능하다.

세 번째 방법은 사용자 스스로 계정 등록이 가능하다. 이 방식은 수작업으로 사용자

계정을 생성하는 것을 감당할 수 없는 대규모 사용자에 대해 공개적인 지라 인스턴스를 운영할 경우 유용하다.

1. User Browser 페이지를 연다.

2. Create User 버튼을 클릭한다.

3. 새로운 사용자에 대한 고유한 사용자명을 입력한다. 사용자명이 이미 사용 중인 경우에는 지라가 해당 사실을 알려준다.

4. 새로운 사용자의 패스워드, 전체 이름, 이메일 주소를 입력한다. 패스워드를 입력하지 않는다면 임의의 패스워드가 생성될 것이다. 이 경우 신규 사용자가 자신의 패스워드를 재설정할 수 있도록 Send Notification Email 옵션을 선택해야 한다.

5. 새로운 사용자가 지라에서 접근해야 하는 애플리케이션을 선택한다. 예를 들어 지라 소프트웨어를 실행하는 경우 지라 소프트웨어 옵션을 체크할 수 있다. 이렇게 하면 하나의 라이선스가 소비된다.

6. 신규 사용자를 생성하기 위해 Create 버튼을 누른다.

사용자를 직접 등록하는 대신, 관리자는 사용자를 초대해서 초대받은 사용자가 스스로 계정을 생성하도록 할 수 있다. 이 방법은 초대를 받은 사람만 계정을 생성할 수 있기 때문에 일반 가입 옵션^public signup option^과는 다르다. 이 기능을 작동하기 위해서 이메일로 사용자를 초대하는 송신용 메일 서버 설정이 필요하다. 다음 단계를 수행하면 사용자 가입 초대를 할 수 있다.

1. User Browser 페이지로 이동한다.

2. Invite Users 버튼을 클릭한다.

3. 초대하고자 하는 사람의 이메일 주소를 명시한다. 한 번에 여러 명의 사용자를 초대할 수 있다.

4. Invite users 버튼을 클릭, 초대장을 보낸다.

일반 가입 활성화

지라 시스템이 공공 지원 시스템처럼 일반에 공개돼 있다면, 앞서 설명한 것과 같이 개별적으로 사용자 계정을 생성하는 것은 관리자에게는 매우 힘든 작업이 될 것이다. 이러한 형태의 지라를 위해, 일반 가입을 활성화해 사용자들이 스스로 계정을 생성하는 것을 허용할 수 있다. 지라에서 일반 가입을 활성화하려면 다음 단계를 수행하면 된다.

1. 지라 관리자 콘솔을 연다.
2. Systems 탭을 선택하고 General Configuration 옵션을 선택한다.
3. Edit Settings 버튼을 클릭한다.
4. Mode 필드의 Public을 선택한다.
5. 변경된 설정을 적용하기 위해 Update 버튼을 클릭한다.

지라를 Public 모드로 구동되도록 설정하면, 사용자는 로그인 페이지에서 가입과 계정 생성을 스스로 할 수 있게 된다.

9장 후반의 '전역 권한^{Global permission}' 절에서 보겠지만 사용자가 새 계정으로 가입하게 되면 자동적으로 지라의 전역 권한이 있는 그룹에 가입된다. 만일 지라를 Private 모드로 구동되도록 설정하면 관리자만 새로운 계정을 생성할 수 있다.

보안 문자 활성화

지라 시스템을 Public 모드로 운영하는 경우, 스팸 봇^{spam bots}에 의해 계정이 자동으로 생성되는 위험을 감수해야 한다. 이에 대응하기 위해 지라는 잠재적인 사용자가 텍스트 필드에 이미지로 된 표시 단어를 입력해야 하는 보안 문자^{CAPTCHA} 서비스를 제공한다. 보안 문자 서비스를 활성화하려면 다음 단계를 수행한다.

1. 지라 관리자 콘솔을 연다.
2. System 탭을 선택하고 General Configuration 옵션을 선택한다.
3. Edit Settings 버튼을 선택한다.
4. CAPTCHA on sign up 필드를 선택한다.
5. 변경 사항을 저장하기 위해 Update 버튼을 클릭한다.

이제 누군가 계정 신청을 하면 지라는 계정 생성 전 반드시 통과해야 하는 보안 문자 과제를 출력하게 될 것이다.

┃ 그룹

그룹^{Groups}은 정보 시스템에서 사용자를 관리하는 일반적인 방법이다. 대개 그룹은 조직에서 지위나 책임을 기반으로 한 사용자의 모음을 나타낸다. 지라에서 그룹은 권한과 알림 같은 구성 설정을 사용자에게 적용하는 효과적인 방법을 제공한다.

그룹은 지라에서 전역적으로 프로젝트 역할-추후에 논의한다-과 혼동해서는 안 되는 부분이다. 이는 사용자가 jira-administrators 그룹에 속했다면, 사용자가 어떤 프로젝트에 속해 있는지 관계없이 해당 그룹에 속해 있다는 것을 의미한다. 다음 절에서 그룹이 프로젝트 역할과 의미가 어떻게 다른지 살펴볼 것이다.

그룹 브라우저

사용자 브라우저와 유사하게 그룹 브라우저^{Group Browser}는 지라 그룹을 검색하고 추가, 설정할 수 있게 해준다.

1. 지라 관리자 콘솔을 연다.

2. User management 탭을 선택하고 Groups 옵션을 선택하면 Group Browser 페이지가 나타난다.

지라는 몇 가지 기본 그룹을 갖는다. 이러한 그룹은 지라를 설치할 때 자동으로 생성된다. 지라 소프트웨어에는 다음과 같은 기본 그룹이 있다.

그룹	설명
jira-administrators	지라 관리자. 기본적으로 이 그룹은 관리자 콘솔에 접근할 수 있도록 해준다.
jira-software-users	기본적으로 이 그룹에 있는 사용자는 지라 소프트웨어 애플리케이션에 로그인 할 수 있다.

지라 서비스 데스크 같은 다른 지라 애플리케이션은 다른 기본 그룹의 세트를 갖는다.

그룹 추가

지라에선 기본적으로 제공하는 그룹 이외에도 새로운 그룹을 생성할 수 있다. 그룹이 생성되면, 그룹 이름을 변경할 수 없다는 것을 아는 것이 중요하다. 따라서 그룹을 생성하기 전 그룹 이름에 대해 신중하게 생각해야 한다.

1. Group Browser 페이지를 연다.
2. 지라 시스템에서 유일한 그룹의 이름을 Add Group 섹션에 입력한다.
3. 신규 그룹을 생성하기 위해 Add Group 버튼을 클릭한다.

그룹이 생성된 후에는 해당 그룹은 아무런 멤버 없이 비어 있을 것이다. 그룹에 사용자를 수동으로 추가해야 한다.

그룹 멤버십 편집

때때로 조직 간에 사람들이 이동하게 되면 지라에도 이러한 이동을 반영한 최신 상태를 유지해야 할 필요가 있다. 그룹 브라우저에는 그룹 멤버십을 관리하는 두 가지 방법이 있다. 첫 번째는 각각의 그룹 레벨에서 멤버를 관리하는 것이고, 두 번째는 몇 개의 그룹을 한 번에 관리하는 것이다. 실질적으로 이 두 가지 방법은 유사하므로, 한 번에 이 두 가지 방법 모두를 알아볼 것이다.

개별 그룹을 관리하기 위해선 다음 단계를 수행한다.

1. Group Browser 페이지를 연다.

2. 관리를 원하는 그룹의 Edit Members 링크를 클릭하면 Bulk Edit Group Members 페이지가 나타난다.

여러 개의 그룹을 관리하기 위해선 다음 단계를 수행한다.

1. Group Browser 페이지를 연다.

2. 상단의 Bulk Edit Group Members 버튼을 클릭하면, Bulk Edit Group Members 페이지가 나타난다.

두 방법 모두 동일한 페이지로 이동한다는 것을 알 수 있다. 차이점은 개별적인 그룹 옵션을 선택하면 지라는 자동으로 업데이트할 그룹을 선택해준다. 대량 편집 방법을 선택하면 어떤 그룹도 선택되지 않는다. 그러나 어떤 방법을 선택하든지 변경을 적용하고자 하는 그룹을 한 개부터 모든 그룹까지 선택할 수 있다.

하나 이상의 그룹 멤버십을 업데이트하려면 다음 단계를 수행한다.

1. Bulk Edit Group Members 페이지를 연다.

2. 업데이트를 원하는 하나 이상의 그룹을 선택한다.

3. 가운데 상자에 있는 사용자들을 선택하고, Remove selected users 버튼을 클릭하면 선택된 사용자들이 해당 그룹에서 제거된다.

4. 오른쪽 상자에 사용자를 지정(사용자명을 입력)하고 Add selected users 버튼을 클릭하면 지정된 사용자들이 그룹에 추가된다.

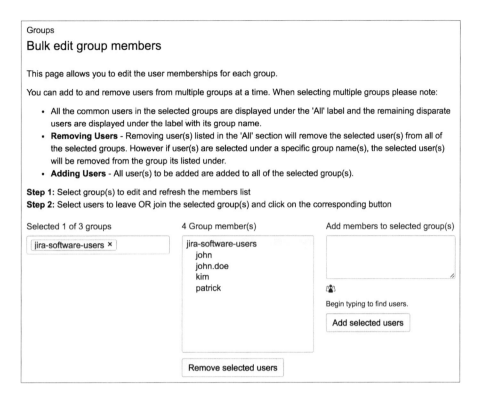

그룹 삭제

그룹이 쓸모없어지면 지라에서 해당 그룹을 제거할 수 있다.

1. Group Browser 페이지를 연다.

2. 제거하기 원하는 그룹에 대한 Delete 링크를 클릭하고, 영구적으로 제거하려는 그룹에 대해 Delete를 클릭한다.

그룹을 제거하게 되면 해당 그룹에 속해 있던 사용자의 그룹 관계는 변경을 반영해 업데이트될 것이다. 그러나 그룹을 사용하는 다른 구성을 갖고 있는 경우 주의하지 않으면, 그룹의 삭제는 부정적인 영향을 줄 수 있다. 예를 들어 Create Issue 프로젝트 권한을 권한 체제에서 developers라고 하는 그룹으로만 제한하는 경우, developers

그룹의 삭제는 이러한 권한 체제를 사용하는 프로젝트에서 아무도 이슈를 생성할 수 없도록 한다.

 그룹을 삭제하는 경우, 해당 그룹을 다른 구성에서 사용할 수 있으므로 매우 주의해야 한다.

프로젝트 역할

이미 알겠지만 그룹은 사용자의 집합이며 전역적으로 적용된다. 지라는 그룹 이외에도 사용자를 프로젝트 단위로 그룹화하는 다른 방법도 제공한다.

프로젝트 역할 브라우저

사용자 그룹과 비슷하게 프로젝트 역할은 지라 관리자에 의해 Project Role Browser 페이지에서 관리된다. 그러나 프로젝트 역할은 특정한 프로젝트에 적용되므로 지라 관리자는 지라에서 어떤 역할이 가능한지와 기본 멤버가 누구인지 정도만 정의할 수 있기 때문에, 프로젝트 역할 관리는 사용자 역할 관리와는 약간 다르다. 각 프로젝트 관리자−다음 절에서 논의한다−는 프로젝트에 기본적으로 할당된 부분 위에 덧붙여서 각 프로젝트 역할의 멤버를 좀 더 정의할 수 있다. 우리는 지라 관리자가 Project Role Browser 페이지를 통해서 제어할 수 있는가를 먼저 살펴보고, 어떻게 프로젝트 관리자가 좀 더 세세하게 멤버를 할당하는지 보게 될 것이다.

다음 단계를 수행하면 Project Role Browser 페이지에 접근할 수 있다.

1. 지라 관리 콘솔을 연다.
2. System 탭을 선택하고 Role 옵션을 선택하면 Project Role Browser 페이지가 나타난다.

프로젝트 역할 추가

프로젝트 역할을 생성하기 위해선 먼저 관리자 역할 추가가 필요하다. 그 후 각 프로젝트 관리자가 사용자를 추가할 수 있다. 새로운 프로젝트 역할을 추가하기 위해 다음 단계를 수행한다.

1. Project Role Browser 페이지를 연다.
2. 지라에서 유일한 프로젝트 역할 이름을 Add Project Role 부분에 입력한다.
3. Add Project Role 버튼을 클릭, 새 프로젝트 역할을 생성한다.

추가된 새로운 프로젝트 역할은 모든 프로젝트에서 보이게 된다.

기본 멤버 관리

프로젝트 역할의 기본 멤버는 할당이 가능하다. 새로 생성된 프로젝트에서 기본 멤버는 할당된 프로젝트 역할을 갖게 된다. 기본 멤버들은 지라 관리자가 매번 새로운 프로젝트가 생성될 때마다 수동으로 관리하지 않고, 프로젝트 역할의 멤버를 자동으로 할당하는 효과적인 방법이다.

예를 들어 기본으로 jira-administrator 그룹의 사용자가 Administrators 프로젝트 역할의 멤버가 된다. 이것은 새로운 프로젝트의 베이스라인을 생성함으로써 설정 효율을 높여줄 뿐 아니라, 기본 설정을 수정할 수 있도록 허용함으로 프로젝트 고유의 요구 사항을 수용할 수 있는 유연성을 제공한다.

프로젝트 역할의 기본 멤버를 설정하기 위해 다음 단계를 수행한다.

1. Project role Browser 페이지를 연다.

2. 편집하고자 하는 프로젝트 역할의 Manage Default Members 링크를 클릭한다.

다음 화면에서 Administrators 프로젝트 역할은 기본 사용자(Patrick Li)와 기본 그룹(jira-administrators)을 갖고 있다.

이 페이지에서 사용자는 선택된 프로젝트 역할에 할당된 모든 기본 멤버를 볼 수 있으며, 개별적인 사용자나 그룹을 기반으로 기본 멤버를 할당할 수 있다.

프로젝트 역할에 기본 사용자/그룹을 추가하기 위해 다음 단계를 수행한다.

1. 기본 멤버 옵션(사용자 혹은 그룹)을 편집하기 위해 Edit 링크를 클릭한다.

2. 사용자/그룹 선택기 기능을 이용해 프로젝트 역할에 할당하고자 하는 사용자/그룹을 선택한다.

3. **Add** 버튼을 클릭, 역할을 할당한다. 다음 화면은 jira-administrators 그룹이 Administrators 프로젝트 역할에 기본 그룹으로 할당된 것을 보여준다.

Assign Default Groups to Project Role: Administrators

You can add and remove default groups from the project role **Administrators** by using the 'Join' and 'Leave' buttons below.

- **<< Return to viewing project role Administrators**

Add group(s) to project role:

☐   **Groups in Project Role**

☐   jira-administrators

[Remove]

[Add]

한 번 추가되고 나면 새로 생성되는 모든 프로젝트에 대해 프로젝트 역할에 지정된 사용자/그룹이 할당된다. 프로젝트 역할은 기본 멤버가 설정되고 난 후 새로운 프로젝트에만 적용된다는 점에 주의해야 한다. 기존 프로젝트에는 소급 적용돼 기본 멤버가 적용되지 않는다.

> 프로젝트 역할의 기본 멤버십 변경은 새로운 프로젝트에만 영향을 미친다.

프로젝트 역할 멤버 할당

이미 알고 있듯이 지라에선 프로젝트가 생성될 때마다 기본 멤버가 할당된다. 대부분의 프로젝트가 시작하는 경우, 이것으로 충분할 수 있다. 그러나 때때로 프로젝트 기간 동안 직원 교체 등으로 인한 변경이 있을 수 있다. 지라 관리자가 각 프로젝트의 멤버십을 관리하는 것이 가능하지만 프로젝트 역할은 각 프로젝트마다 다르므로, 각 프로젝트 담당자에게 책임을 위임하는 것이 합리적이다.

지라에선 Administer Projects 권한을 가진 사람이 프로젝트의 소유권자가 된다. 기본적으로 관리자의 프로젝트 역할을 가진 멤버가 그 권한을 갖게 된다. 다음 절에선 지라의 권한 관리 방법을 확인한다.

사용자는 프로젝트 관리자로써 프로젝트에 다양한 프로젝트 역할에 멤버를 할당할 수 있으며, 프로젝트 관리 페이지에서 역할을 할당할 수 있다.

1. 업데이트하려는 프로젝트의 프로젝트 관리 페이지로 이동한다.

2. 왼쪽 패널에서 Users and Roles를 선택한다.

3. Add users to a role 링크를 클릭한다.

4. 사용자의 사용자명이나 그룹명을 입력한다. 지라는 자동 검색 기능을 통해 입력한 결과를 보여줄 것이다.

5. 찾아낸 사용자/그룹을 추가하기 위해 Add 버튼을 클릭한다.

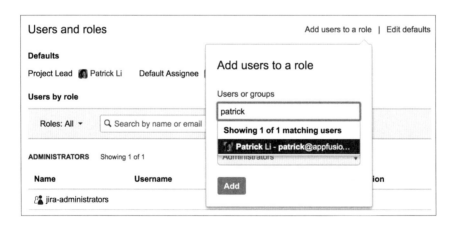

지라 권한 계층

지라는 계층적 방식 hierarchical manner 으로 권한을 관리한다. 각 레벨은 상위 레벨에 비해 좀 더 세분화된다. (만일 권한 모두 이슈에 관해 설정돼 있는 경우) 이슈의 확인과 같이 사용자가 자원에 접근하기 위해선 네 가지 레벨의 권한에 모두 만족해야 한다.

- **애플리케이션 접근 권한** Application access permission: 지라에서 지라 소프트웨어 같은 다양한 애플리케이션에 대한 접근 권한을 갖는 그룹을 정의한다.
- **지라의 전역 권한** JIRA global permission: 누가 지라에 접근할 수 있는지 같은 지라의 전반적인 접근 권한을 제어한다.
- **프로젝트 레벨 권한** Project-level permission: 프로젝트 레벨의 권한을 제어한다.
- **이슈 레벨 보안** Issue-level security: 이슈 레벨에서 보기 접근을 제어한다.

이제 각 권한 레벨을 살펴보고 요구 사항에 맞추어 각 권한 레벨을 설정하는 방법을 살펴볼 것이다. 우선 가장 단위가 큰 권한 레벨인 전역 권한부터 살펴보도록 하자.

애플리케이션 접근 권한

애플리케이션 접근 권한은 지라 7에서 도입된 새로운 개념이다. 지라에는 지라 소프트웨어와 지라 서비스 데스크 같은 다양한 애플리케이션이 있고 각 애플리케이션은 자체적인 라이선스를 가질 수 있기 때문에 관리자는 각 애플리케이션에 대해 어떤 사용자가 접근 권한을 가질 것인지 지정하는 방법이 필요하다. 지라 7 이전에는 제거되지 않은 전역 권한을 갖는 지라 사용자를 통해 통제됐다.

애플리케이션 접근 권한을 관리하기 위해 다음을 수행하면 된다.

1. 지라 관리 콘솔로 이동한다.

2. Application 탭을 선택하고 Application access 옵션을 선택한다.

3. 애플리케이션에 대한 권한을 부여할 그룹을 선택한다. 그룹에 대한 Default
   옵션을 체크하면, 그룹이 생성되는 경우 새로운 사용자들이 추가된다.

Application access

A user must belong to a group assigned to an application to be able to log in and access that application.
When you create a user for a JIRA application, that user is automatically added to the application's default
group. Additional permissions can be assigned to a group via global permissions.

JIRA Software `DEFAULT` Unlimited users (4 used) ⓘ

Name		Default	
jira-administrators (1 user)	ADMIN	☐	Remove
jira-software-users (4 users)		☑	Remove
Select group... ▾			

Select group to add it to the application

▌ 전역 권한

이름에서 알 수 있듯이 전역 권한은 가장 높은 수준의 권한이다. 가장 단위가 큰 권한
으로 지라에서 전역적으로 적용되며, 지라에 접근이나 설정을 관리할 수 있는 광범위
한 보안 수준을 제어한다. 전역 권한은 세분화된 보안이 아니기 때문에 사용자보다는
그룹에 적용된다. 다음 표는 권한과 각 권한이 지라에서 제어할 수 있는 사항에 대한
목록이다.

전역 권한 수준	상세 설명
JIRA System Administrators	지라 관리자 기능을 수행하기 위한 권한. 이 권한은 다른 시스템에서의 루트 모드에 가깝다.
JIRA Administrators	시스템 부분의 변경과 관계없는 대부분의 지라 관리자 기능을 수행하기 위한 권한(예를 들어 시스템 부분 변경은 SMTP 서버를 설정하고 지라 데이터를 추출하고 복원하는 등의 권한)
JIRA Users	지라에 로그인할 수 있는 권한. 새로 생성된 사용자는 자동적으로 이 권한을 가진 그룹에 들어가게 된다.
Browse Users	지라의 사용자와 그룹 목록을 볼 수 있는 권한. 사용자가 사용자 선택기/그룹 선택기 기능을 사용하길 원하는 경우 필요하다.
Create Shared Object	필터와 대시보드를 다른 사용자들과 공유할 수 있는 권한
Manage Group Filter Subscriptions	그룹 필터 구독을 관리할 수 있는 권한. 필터는 10장, '검색, 보고, 분석'에서 논의한다.
Bulk Change	다음과 같은 대량 작업을 수행할 수 있는 권한 • 대량 편집 • 대량 이동 • 대량 삭제 • 대량의 작업 전이

지라 시스템 관리자와 지라 관리자의 차이점

지라를 새로 접하면 대개 지라 시스템 관리자^{JIRA system administrator} 와 지라 관리자^{JIRA administrator} 의 구분을 혼동한다. 대체로 이 두 역할은 동일하며 지라의 관리 기능 대부분을 수행할 수 있다.

두 역할의 차이점은 지라 관리자는 애플리케이션 환경이나 네트워크에 영향을 미칠 수 있는 기능에는 접근하지 못하는 반면, 지라 시스템 관리자는 모든 기능에 접근 가능하다는 점이다.

이러한 두 역할의 구분은 유용할 수 있으나 필수 사항은 아니다. 기본적으로 jira-administrator 그룹은 지라 시스템 관리자와 지라 관리자 권한을 모두 갖고 있다.

다음 시스템 관리 예제는 지라 시스템 관리자 권한을 갖고 있는 사용자만이 접근할 수 있는 목록이다.

- SMTP 서버의 세세한 설정
- CVS 소스 코드 저장소 설정
- 리스너 설정
- 서비스 설정
- 지라 인덱스 파일 저장 위치
- XML 백업 파일로부터 지라 데이터 읽어들이기
- 지라 데이터를 XML 백업 파일로 추출하기
- 첨부 설정
- 지라 라이선스에 관한 접근
- 지라 시스템 관리자 전역 권한에 대한 부여/취소
- 지라 시스템 관리자 전역 권한에 있는 사용자 삭제

전역 권한 설정

전역 권한은 지라 관리자와 지라 시스템 관리자에 의해 설정되고 관리된다.

1. 지라 관리 콘솔을 연다.
2. System 탭을 선택하고 Global Permissions 옵션을 선택하면, 다음 그림과 같이 Global Permissions 페이지가 나타난다.

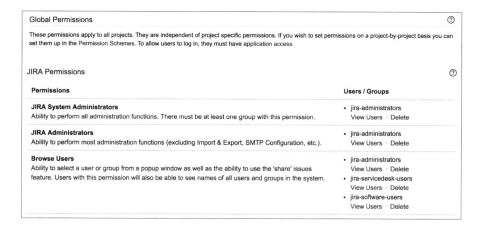

 지라 관리자 전역 권한을 가진 사용자는 스스로에게 지라 시스템 관리자 전역 권한을 부여할 수 없다.

전역 권한 부여

전역 권한은 그룹만을 대상으로 부여된다. 그렇기 때문에 전역 권한을 적용하려면 사용자끼리 논리적인 그룹으로 조직해야 한다. 예를 들어 관리자가 jira-administrators 그룹과 같은 그룹에 속하길 원한다면, 지라 접근 권한을 부여할 수 있다.

1. Global Permissions 페이지를 연다.

2. Add Permission 섹션에 할당하고자 하는 권한을 선택한다.

3. 권한을 부여하고자 하는 그룹을 선택한다.

4. Add 버튼을 클릭, 권한을 추가한다.

Group 드롭다운 목록은 지라에 있는 모든 그룹을 나열할 것이다. 이외에 Anyone이라는 추가 옵션을 가질 것이다. 이 옵션은 지라에 로그인하지 못하는 사용자를 포함한 모든 사용자를 가리킨다. 관리자는 로그인이 필요한 지라의 사용자 권한을 부여할 때는 이 옵션을 선택할 수 없고, Anyone은 비등록 사용자를 가리킨다. 생산 시스템에서 Anyone(비등록 사용자)에게 전역 권한을 허가하는 경우엔 세심한 주의를 기울여야 한다. 보안 및 개인 정보 보호 문제로 이어질 수 있기 때문이다. 예를 들어 Anyone에 Browse Users 권한을 부여한다면, 지라 시스템에 접속할 수 있는 모든 사람들이 등록된 사용자 정보에 접근할 수 있게 된다.

전역 권한 취소

전역 권한은 취소될 수 있다. 지라 시스템 관리자와 지라 관리자는 전역 권한을 취소할 수 있지만, 지라 관리자는 지라 시스템 관리자의 전역 권한을 취소할 수 없다.

그룹으로부터 전역 권한을 삭제하기 위해 다음 단계를 수행한다.

1. Global Permissions 페이지를 연다.
2. 전역 권한을 제거하고자 하는 그룹의 Delete 링크를 클릭한다.
3. Delete 버튼을 클릭, 전역 권한을 삭제한다.

지라는 실수로 권한을 제거해서 스스로 자신의 계정이 잠기는 것을 방지하기 위해 내장된 확인 규칙을 갖고 있다. 예를 들어 지라는 마지막으로 지라 시스템 관리자 그룹의 삭제를 허용하지 않는다. 지라가 지라 시스템 관리자 전역 권한을 다시 추가하는 것을 막기 때문이다(지라 시스템 관리자만 전역 권한을 부여/취소할 수 있기 때문이다).

프로젝트 권한

전역 권한은 제어하고자 하는 것보다 대단위로 적용되고 전역으로 적용된다. 다시 말해 그룹 단위로만 적용할 수 있으며 권한 적용을 결정할 때 유연성이 없을 수 있다.

좀 더 유연한 관리 방법과 권한 설계를 위해, 지라는 각 프로젝트마다 프로젝트 고유의 권한 설정을 허용함으로써 프로젝트 수준에서 권한을 관리할 수 있도록 한다. 또한 권한은 다음 가운데 하나에 할당될 수 있다.

- Reporter: 이슈를 제출하는 사용자
- Group: 특정한 그룹에 속한 사용자
- Single user: 지라 내의 단일 사용자
- Project lead: 프로젝트 리더
- Current assignee: 현재 이슈에 할당된 사용자
- User custom field value: 사용자 정의 필드 타입 User Custom Field에 지정된 사용자
- Project role: 특정한 역할에 할당된 모든 사용자
- Group custom field value: Group Custom Field에 지정된 그룹에 속한 사용자

권한 목록은 프로젝트 수준에서 권한을 제어하는 부분이 좀 더 세밀하고 계획적이다. 알고 있어야 하는 권한 목록은 이것이 마지막이고, 새로운 권한 유형을 추가할 수 없다.

프로젝트 권한	설명
Administer Project	프로젝트를 관리하기 위한 권한. 이 권한을 가진 사용자를 프로젝트 관리자(project administrators)라고 한다. 프로젝트 관리자는 프로젝트 역할 멤버십과 컴포넌트, 버전, 이름이나 설명 같은 일반적인 프로젝트 세부 사항을 수정할 수 있다.
Browse Project	사용자가 프로젝트와 프로젝트의 이슈를 열람할 수 있는 권한. 만약 사용자가 프로젝트 열람 권한이 없는 경우 해당 프로젝트가 보이지 않고 알림이 가지 않는다.
Manage Sprints	애자일 보드에서 스프린트를 생성하고 시작하는 것 같이, 누가 스프린트 관련 작업을 수행할 수 있는지 통제하기 위한 권한. 지라 소프트웨어에만 적용이 가능하다.
View Development Tools	코드 커밋과 빌드 결과와 같은 지라 통합 개발 도구 정보에 접근하기 위한 권한
View Read-Only Workflow	읽기 전용 워크플로우 다이어그램을 볼 수 있는 권한. 이 권한을 가지면 이슈 상태 다음에 View Workflow 링크가 보이게 될 것이다.

이슈 권한	설명
Assignable User	이슈를 할당받을 수 있는 사용자
Assign Issues	이슈를 다른 사용자에게 할당할 수 있는 권한
Close Issues	이슈를 닫을 수 있는 권한
Create Issues	이슈를 생성할 수 있는 권한
Delete Issues	이슈를 삭제할 수 있는 권한
Edit Issues	이슈를 편집할 수 있는 권한
Link Issues	이슈들을 연결할 수 있는 권한(이슈 연결이 가능한 경우)
Modify Reporter	Reporter 필드의 값을 수정할 수 있는 권한
Move Issues	이슈를 이동할 수 있는 권한
Resolve Issues	이슈를 해결하고 Fix For Version 필드의 값을 설정할 수 있는 권한
Schedule Issues	이슈 기한을 설정하고 갱신할 수 있는 권한
Set Issue Security	이슈 레벨 보안을 사용하기 위해 이슈 보안 레벨을 설정할 수 있는 권한. 이슈 보안에 대해서 더 알고 싶다면 다음 절을 참고하기 바란다.
Transition Issues	워크플로우를 따라 이슈를 전이시킬 수 있는 권한

투표자와 감시자 권한	설명
Manage Watchers	이슈의 감시자(Watcher) 목록을 관리할 수 있는 권한(감시자의 추가/삭제)
View Voters and Watchers	이슈의 투표자(Voter)와 감시자 목록을 볼 수 있는 권한

의견 권한	설명
Add Comments	이슈에 의견(comments)을 추가할 수 있는 권한
Delete All Comments	모든 의견을 지울 수 있는 권한
Delete Own Comments	자신의 의견을 지울 수 있는 권한
Edit All Comments	모든 사용자의 의견을 편집할 수 있는 권한
Edit Own Comments	자신의 의견을 편집할 수 있는 권한

첨부 권한	설명
Create Attachments	이슈에 첨부 파일을 추가할 수 있는 권한(첨부가 활성화된 경우)
Delete All Attachments	모든 첨부 파일을 삭제할 수 있는 권한
Delete Own Attachments	자신이 추가한 첨부 파일을 삭제할 수 있는 권한

시간 추적 권한	설명
Delete Own Worklogs	자신에 의해 생성된 작업 로그를 지울 수 있는 권한
Delete All Worklogs	모든 작업 로그를 지울 수 있는 권한
Edit Own Worklogs	자신에 의해 생성된 작업 로그를 편집할 수 있는 권한
Edit All Worklogs	모든 작업 로그를 편집할 수 있는 권한
Work On Issues	종료된 이슈에 작업 로그를 남길 수 있는 권한(시간 추적 기능이 활성화된 경우)

표에서 보듯 목록은 수정할 수 없지만 지라는 사용자가 원하는 대부분의 권한을 커버할 수 있는 매우 포괄적인 권한 목록을 제공한다.

이러한 다양한 권한을 각 프로젝트마다 개별적으로 생성해야 한다면, 매우 비효율적인 결과를 낳게 될 것이다. 지라에서 권한 스킴은 다수의 프로젝트에 대해 사용자의 권한을 한 번에 정의하는 것을 가능하게 만든다.

▌ 권한 스킴

권한 스킴은 알림 스킴 같은 다른 스킴처럼 권한–사용자나 권한–사용자 집합 관계의 집합이다. 각 권한 스킴은 하나 이상의 프로젝트에 적용될 수 있으므로 재사용이 가능하고 자체적으로 포함되는 요소이다.

대부분의 스킴과 같이 권한 스킴은 프로젝트 단위로 적용된다. 이것은 각 프로젝트마다 세밀한 권한을 적용할 수 있도록 한다. 프로젝트 역할과 같이, 지라 관리자는 권한 스킴의 생성과 설정을 관리하고 각 프로젝트 관리자는 어떤 권한 스킴을 사용할지 선택하고 결정한다. 이런 방식은 관리자가 그들의 권한을 설계하고 조직의 일반적인 요구에 기반해 재사용하도록 하게 한다. 의미를 가진 스킴 이름과 설명은 프로젝트 관리자가 각 프로젝트마다 새로운 권한의 집합을 필요로 하는 대신 프로젝트의 요구에 가장 적합한 권한의 집합을 선택할 수 있게 해준다.

우리는 먼저 지라 관리자가 권한 스킴을 관리하고 설정하는 방법을 살펴보고, 그 후 프로젝트 관리자가 프로젝트에 권한 스킴을 적용하는 방법을 살펴본다.

1. 지라 관리 콘솔을 연다.
2. Issues 탭을 선택하고 Permission Schemes 옵션을 선택하면 Permission Schemes 페이지가 나타난다.

Permission Schemes 페이지에서 모든 권한 스킴의 목록을 볼 수 있다. 해당 페이지에서 각 스킴의 권한 설정을 변경할 뿐만 아니라 새로운 스킴을 생성, 편집, 그리고 삭제를 할 수 있다.

권한 스킴 추가

워크플로우 스킴 같은 다른 스킴과 다르게 지라는 새로운 프로젝트를 생성할 때 특화 권한 스킴을 생성하지 않고, Default Permission Scheme이라고 하는 미리 구성된 스킴을 이용한다. 이 스킴은 대부분의 간단한 소프트웨어 개발 프로젝트에 적합하다. 하지만 때로는 이 스킴으로는 충분하지 못하다. 이런 경우 보통 Default Permission Scheme을 직접 수정하지 않고 권한 스킴을 생성하는 것이 좋다.

1. Permission Schemes 페이지를 연다.

2. Add Permission Scheme 버튼을 클릭한다.

3. 새로운 권한 스킴에 이름과 설명을 입력한다.

4. Add 버튼을 눌러 새로운 권한 스킴을 생성한다.

새로운 권한 스킴에서, 모든 권한은 아무런 설정도 돼 있지 않다. 이것은 새로운 스킴을 바로 사용한다면 아무도 프로젝트에 접근할 수 없음을 의미한다. 우리는 어떻게 권한을 설정하는지 다음 절에서 살펴본다.

 처음부터 권한 스킴을 만드는 것보다 기존 권한 스킴을 복사하는 것이 빠르다.

권한 스킴 설정

지라의 다른 대부분의 스킴과 마찬가지로 권한 스킴을 좀 더 유용하게 만들기 위해 세밀하게 설정하길 원할 것이다.

1. Permission Schemes 페이지를 연다.
2. 설정하고자 하는 권한 스킴의 Permissions 링크를 클릭하면 Edit Permission 페이지가 나타난다.

이 페이지에선 각 권한과 연결된 사용자, 그룹, 역할, 그리고 각각의 짧은 설명이 표시된 프로젝트 수준의 권한 목록을 확인할 수 있다. 대부분의 권한 옵션이 프로젝트 역할을 통해 기본 사용자로 연결돼 있는 Default Permission Scheme에 주목해야 한다. 만일 새로운 권한 스킴을 보게 된다면 권한과 연결된 사용자가 하나도 없는 것을 보게 될 것이다. 이 페이지는 프로젝트 권한 설정에 대한 한 페이지의 화면이고, 여기서 사용자를 추가하고 삭제할 수 있다.

사용자 정의 이벤트를 통해 추가적인 옵션을 허용하는 알림 스킴과는 다르게, 권한 스킴에는 새로운 권한을 정의할 수 없다.

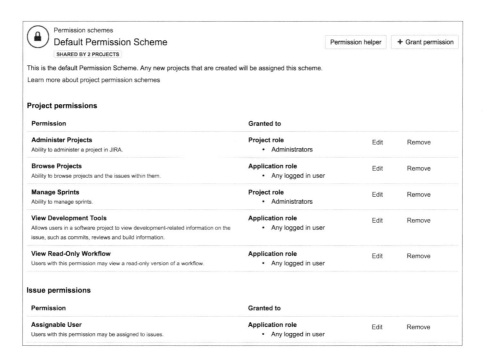

권한 부여

알림 스킴과 마찬가지로 지라는 특정 권한을 가져야 하는 사용자를 지정하는 옵션 범위를 제공한다. 일반적으로 사용되는 그룹 옵션뿐 아니라, 사용자 정의 필드에 지정된 사용자 같은 추가적인 옵션을 사용해 사용자를 지정할 수 있다.

다시 말하면 사용자에게 권한을 부여할 두 가지 선택 사항을 갖게 된다. 특정 권한을 사용자에게 추가하거나 다수의 권한을 한 번에 추가할 수도 있다. 두 가지 방법 모두 동일한 인터페이스를 통해 보인다. 차이점은 없다.

1. 수정하고자 하는 권한 스킴의 Edit Permission 페이지를 연다.

2. Grant permission 링크나 Add 링크를 클릭하면 특정 권한을 부여할 수 있다. Add New Permission 페이지가 나타난다.

3. 사용자에게 부여하고자 하는 권한을 선택한다.

4. 권한을 부여받을 사용자를 지정하기 위해 사용자 옵션을 선택한다. 더 많은 옵션을 보기 위해선 Show more 링크를 클릭한다.

5. Add 버튼을 클릭, 선택한 권한을 부여한다.

User Custom Field Value 같은 권한 옵션은 사용자 접근을 제어하는 데 매우 유연한 방법이다. 예를 들어 당신이 Editor 사용자 정의 필드를 갖고 있다면, 이슈를 편집할 수 있는 Edit Issue 권한을 사용자 정의 필드에 지정된 사용자에게만 허락할 수 있다.

사용자 정의 필드는 권한을 적용하기 위해 일반 뷰나 편집 화면에 배치할 필요가 없다. 예를 들어 워크플로우 전이에 나타나는 Submit to Manager라는 사용자 정의 필드가 있다면, 사용자가 관리자를 선택한 후에는 관리자만이 이슈를 편집할 권한을 갖게 된다.

권한 해지

다음과 같이 권한을 준 사용자로부터 쉽게 권한을 해지할 수 있다.

1. 설정하고자 하는 권한 스킴의 Edit Permissions 페이지를 연다.

2. 해지하고자 하는 권한의 Delete 링크를 클릭한다. 권한을 해지하기 위해 Delete 버튼을 다시 클릭한다.

사용자가 특정 접근을 획득하는 것을 막기 위해 권한을 해지하는 경우, 다른 사용자 옵션이 동일한 사용자에 적용할 수 있는 같은 권한이 부여되지 않았는지 확인해야 한다. 예를 들어 Single User와 Group 옵션에 Browse Projects 권한이 설정돼 있다면 Single User 옵션의 권한을 해지했는지 확인하고, 권한을 해지한 사용자가 선택된 Group 옵션에 포함되지 않는지도 확인해야만 보안 설정에 허점이 없게 된다.

권한 스킴 적용

지금까지 관리자가 프로젝트에 권한을 설정하기 위해 어떻게 권한 스킴을 선택할 수 있는지를 이야기했다. 지금부터는 어떻게 스킴을 프로젝트에 적용하는지 살펴볼 것이다. 특별한 것 없이 권한 스킴은 알림과 워크플로우 스킴과 동일한 방법으로 프로젝트에 적용된다.

1. 워크플로우 스킴을 적용하고자 하는 프로젝트 관리 페이지로 이동한다.

2. 왼쪽 패널에서 Permissions를 선택한다.

3. Actions 메뉴에 있는 Use a different scheme 옵션을 선택한다.

4. 사용하고자 하는 권한 스킴을 선택한다.

5. Associate 버튼을 누른다.

권한 스킴은 바로 적용되고, 권한이 효과를 나타내는 것을 확인할 수 있다.

▌ 이슈 보안

지라 관리자가 지라의 전역 권한을 이용해 일반적인 접근을 제한하고, 프로젝트 관리자가 권한 스킴을 통해 개별 프로젝트에 더 세분화된 권한을 배치하는 방법을 알아봤다. 지라는 이슈 보안Issue security을 통해 일반 사용자들이 작업하는 이슈에 대해 보안 수준을 설정할 수 있다.

이슈 보안은 미리 구성된 이슈 보안 수준 가운데 하나를 선택함으로써 사용자가 이슈를 (편집 권한이 아닌) 볼 수 있는 권한을 설정할 수 있게 한다. 이것은 사용자에게 보안 제어를 위임하고 누가 그들의 이슈를 볼 수 있는지를 결정(제한 정도)할 수 있는 권리를 주는 매우 강력한 기능이다.

높은 수준에서 이슈 보안은 권한 스킴과 비슷한 일을 한다. 지라 관리자는 보안 수준의 집합을 통해 이슈 보안 스킴의 생성과 설정을 시작할 것이다. 프로젝트 관리자는 사용자에게 스킴 안에서 보안 수준을 선택하고 개별 이슈에 보안 수준을 적용할 수 있도록, 이러한 스킴 가운데 하나를 자신의 프로젝트에 적용할 수 있다.

▌ 이슈 보안 스킴

이전에 설명한 바와 같이 이슈 보안의 시작점은 이슈 보안 스킴이다. 이슈 보안 스킴을 가능한 많이 재사용할 수 있도록 이슈 보안 스킴을 생성하고 보안 수준을 설계하는 책임은 지라 관리자에 있다.

1. 지라 관리 콘솔을 연다.

2. Issues 탭을 선택하고 Issue Security Scheme 옵션을 선택하면 Issue Security Scheme 페이지가 나타난다.

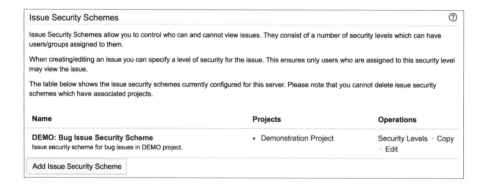

이슈 보안 스킴 추가

지라는 미리 정의된 이슈 보안 스킴을 갖고 있지 않기 때문에, 이슈 보안 스킴을 처음부터 만들어야 한다. 새로운 보안 스킴을 만들기 위해선 다음 단계를 수행한다.

1. Issue Security Scheme 페이지로 이동한다.

2. Add Issue Security Scheme 버튼을 클릭한다.

3. 새로운 스킴에 이름과 설명을 써 넣는다.

4. 새로운 이슈 보안 스킴을 생성하기 위해 Add 버튼을 클릭한다.

이슈 보안 스킴은 권한 스킴처럼 보안 수준을 정의하지 않으므로, 스킴 생성 후 바로 보안 수준을 생성해야 할 필요가 있다.

이슈 보안 스킴 구성

미리 정의된 권한 목록이 있는 권한 스킴과 다르게, 이슈 보안 스킴에선 스킴에 원하는 옵션이 얼마나 많이 추가되는가에 대한 모든 권한을 갖는다.

이슈 보안 스킴에서 옵션은 보안 수준^{Security Levels} 으로 알려져 있다. 보안 수준은 지라가 요청된 이슈에 사용자 접근을 허가하기 이전에 사용자가 충족하길 바라는 보안 수준을 나타낸다. 비록 이를 보안 수준이라 부른다고 해도, 생성되는 수준들 사이에는 계층 구조 형태가 있다는 것을 의미하진 않는다.

이슈 보안 스킴을 설정하기 위해 다음 단계를 수행한다.

1. Issue Security Scheme 페이지를 연다.

2. 설정하고자 하는 이슈 보안 스킴의 Security Levels 링크를 클릭한다. Edit Issue Security Levels 페이지가 열린다.

Edit Issue Security Levels

SHARED BY 1 PROJECT

On this page you can create and delete the issue security levels for the "DEMO: Bug Issue Security Scheme" issue security scheme. Each security level can have users/groups assigned to them.

An issue can then be assigned a Security Level. This ensures only users who are assigned to this security level may view the issue.

Once you have set up some Security Levels, be sure to grant the "Set Issue Security" permission to relevant users.

- View all **Issue Security schemes**
- Change default security level to "None"

Security Level	Users / Groups / Project Roles	Operations
Internal Only (Default) Issues only visible to members of the DEMO project.	• Group (demo-project-members) (Delete)	Add · Edit · Delete
Public Issue visible to all users with access to JIRA.	• Application Role (JIRA Software) (Delete)	Add · Default · Edit · Delete

Add Security Level

Add a new security level by entering a name and description below.

Name
Description

[Add Security Level]

이제부터 새로운 보안 수준을 생성하고 사용자들을 보안 수준에 할당할 수 있다.

보안 수준 추가

보안 스킴은 그 어떤 보안 수준도 정의하지 않기 때문에, 보안 스킴을 구성하는 첫 번째 단계는 새로운 보안 수준에 대한 집합을 생성하는 것이다.

1. 구성하길 원하는 이슈 보안 스킴의 Edit Issue Security Level 페이지를 연다.

2. Add Security Level 섹션에 있는 새 보안 수준에 이름과 설명을 작성한다.

3. Add Security Level 버튼을 클릭한다.

이제 스킴에 원하는 보안 수준을 추가할 수 있다. 팀이나 프로젝트 역할을 기반으로 보안 수준을 설계하고 이름을 붙이는 것-예를 들어 developers only-은 하나의 좋은 연습이 된다.

보안 수준에 사용자 할당

권한 스킴과 비슷하게, 보안 수준이 있다면 각 보안 수준에 사용자를 할당해야 한다. 보안 수준에 할당된 사용자는 지정된 보안 수준에 따라 이슈를 볼 수 있는 권한을 갖게 된다.

1. Edit Issue Security Levels 페이지를 연다.
2. 사용자 할당을 원하는 보안 수준의 **Add** 링크를 클릭한다.
3. 보안 수준에 할당하고자 하는 옵션을 선택한다.
4. 사용자를 할당하기 위해 **Add** 버튼을 클릭한다.

옵션에 개인 사용자를 추가하기 위해 Single User 옵션을 사용하려는 마음이 들겠지만, Project Role이나 Group 같은 다른 옵션을 사용하는 것이 더 나은 방법이다. 개인 사용자를 권한에 매어 놓지 않는 것이 (정책적으로) 더 유연하고, 옵션을 통해 그룹 연관 같은 권한 제어를 허용하기 때문이다.

기본 보안 수준 설정

만약 보안 수준이 선택되지 않은 이슈들이 있다면, 해당 이슈에 대해서 기본 옵션으로 보안 수준을 설정할 수 있다. 이것은 이슈에 대한 보안 수준의 할당을 잊어 (Set Issue Security 권한에서) 사용자를 막아야 하는 높은 수준의 보안 요구 사항을 갖는 프로젝트에서 유용한 기능이다.

1. Edit Issue Security Level 페이지를 연다.
2. 기본으로 설정하고자 하는 보안 수준의 **Default** 링크를 클릭한다.

기본 보안 수준으로 설정되면, 보안 수준의 이름 뒤에 Default를 갖게 된다. 이제 사용자가 이슈를 생성하고 보안 수준을 설정하지 않으면 기본 보안 수준이 적용된다.

이슈 보안 스킴 적용

보안 스킴과 마찬가지로 프로젝트 관리자는 프로젝트에 보안 스킴을 설정한다. 이슈 보안 스킴을 설정하는 것은 중간 이전 단계가 포함된 워크플로우 스킴을 설정하는 것과 유사하다. 이 단계는 이슈 보안 수준에 적용돼 존재하는 이슈가 스킴에 있는 새로운 보안 수준으로 성공적으로 이동해 가는 것을 보장한다.

1. 이슈 보안 스킴을 적용하고자 하는 프로젝트 관리 페이지로 이동한다.

2. 왼쪽 패널에서 Issue Security를 선택한다.

3. Actions 메뉴에서 Use a different scheme 옵션을 선택한다.

4. 사용할 권한 스킴을 선택한다.

5. 해당 과정의 2단계로 이동하기 위해 Next 버튼을 클릭한다.

6. 이 변경에 영향을 받을 수 있는 현재 존재하는 이슈에 적용할 새로운 보안 레벨을 선택한다.

7. 새 이슈 보안 스킴을 적용하기 위해 Associate 버튼을 클릭한다.

▮ 권한 문제 해결

알림과 마찬가지로 문제 해결 권한 설정은 매우 어려운 작업이 될 수 있다. 이를 돕기 위해 지라는 사용자가 특정 기능에 접근하지 못하는 설정을 정확하게 찾아내는 Permission Helper를 제공한다.

Permission Helper는 Notification Helper와 비슷하게 동작한다.

1. 지라 관리 콘솔을 연다.

2. Add-ons 탭을 선택하고 바닥에 Permission Helper 옵션을 선택한다.

3. Users 필드에 접근 문제를 갖고 있는 사용자를 지정한다.

4. 테스트할 이슈를 지정한다.

5. 사용자가 갖고 있지 못한 권한을 선택한다(예를 들어 Edit issue).

6. Submit을 클릭한다.

위의 화면에서 볼 수 있듯이, Patrick Li 사용자는 DEMO-3 프로젝트의 이슈를 편집
할 수 없다. 프로젝트에서 사용하는 권한 스킴인 Default Permission Scheme에서
필요로 하는 프로젝트 역할인 Internal Only의 멤버가 아니기 때문이다.

워크플로우 보안

지금까지 살펴봤던 보안 기능은 워크플로우엔 적용되지 않는다. 지라에 보안을 적용할 때, 누가 특정 워크플로우의 전이를 수행할 수 있는가를 고려해야 한다. 이를테면 관리자 그룹에 있는 사용자만이 이슈의 Authorize 전이를 실행할 수 있을 것이다. 워크플로우에 보안을 강제하기 위해선 워크플로우 조건을 추가해, 각 전이마다 보안 설정을 해야 한다. 워크플로우와 조건에 대한 자세한 논의는 7장, '워크플로우와 비즈니스 프로세스'를 참조하면 된다.

HR 프로젝트

앞서 본 장에서 지라를 사용자 정의에 따른 스크린과 필드로 데이터를 저장할 수 있도록 구성했고, 저장된 데이터를 워크플로우를 통해 처리했다. 지금부터 해야 할 일은 허가된 사용자만이 이슈에 접근하고 조작하는 것을 보장하기 위해 수집된 데이터에 대한 보안을 적용하는 것이다.

HR 프로젝트는 내부 팀에서 사용할 것이므로 갖고 있는 데이터가 다른 사용자에 의해 (보통 실수로) 수정되지 않도록, 실제로 해야 하는 일은 이슈에 충분한 권한을 부여하는 것이다. 이는 접근을 적절하게 조정함으로써 오류를 완화시킨다.

이를 위해 다음과 같은 요구 사항이 필요하다.

- 누가 HR 팀에 속해 있는지 말할 수 있어야 한다.
- 이슈 할당 작업은 티켓이 제출된 사용자와 HR 팀 멤버로 한정한다.
- 티켓이 다른 프로젝트로 이동하는 것을 허용하면 안 된다.
- 티켓을 할당받는 이를 reporter와 HR 팀 멤버로 제한하라.

물론 여기서 적용할 수 있는 다른 권한들이 많이 있지만, 앞의 네 가지 요구 사항은 더 나은 시스템 구축을 위한 좋은 출발 지점이 된다.

그룹 설정

가장 먼저 해야 할 일은 업무 지원 팀의 멤버를 위한 새로운 그룹을 설정하는 것이다. 일반 지라 사용자와 업무 지원 직원을 구분하는 데 도움이 된다.

1. Group Browser 페이지를 연다.

2. Add Group 섹션에 새 그룹의 이름을 hr-team으로 입력한다.

3. Add Group 버튼을 클릭한다.

시나리오에 따라 다른 팀과 부서를 위한 그룹을 더 생성할 수 있다. 누구든지 프로젝트에 티켓을 기록할 수 있어 이들을 구별할 필요가 없기 때문이다.

사용자 그룹 연결 설정

그룹 설정과 동시에 팀 멤버를 새로운 그룹에 할당할 수 있다.

1. Group Browser 페이지를 연다.

2. hr-team 그룹의 Edit Members 링크를 클릭한다.

3. 사용자 선택기를 사용해 사용자를 선택하거나 간단하게 쉼표로 구문된 사용자명을 입력한다. 이때 관리자[admin] 사용자도 그룹에 추가하자.

4. Add selected users 버튼을 클릭한다.

권한 스킴 설정

다음 단계는 HR 프로젝트 권한을 설정하는 것으로 고유의 권한 스킴을 갖고 있어야 한다. 여기서는 매우 작은 부분만 수정할 것이므로, 언제나처럼 기준으로서 Default Permission Scheme을 복사하고 수정 부분을 가장 위에 위치시키는 것이 더 효율적이다.

1. Permission Schemes 페이지를 연다.
2. Default Permission Scheme의 Copy 링크를 클릭한다.
3. 새로운 스킴을 HR Permission Scheme으로 다시 명명한다.
4. 설명 부분을 'Permission scheme designed for HR team projects'로 변경한다.

이제 기본 권한 스킴이 설정됐고, 요구 사항 해석과 이를 지라에 구현하는 재미있는 부분을 시작할 수 있다.

권한 설정

권한 설정 시작 시 가장 먼저 해야 할 일은 기존 지라 권한과 요구 사항이 일치하는지 확인하는 것이다. 우리의 프로젝트의 경우, 다음 사항을 제한하길 원했다.

- 누가 이슈를 할당할 수 있는가?
- 누가 이슈를 할당받을 수 있는가?
- 이슈의 이동을 비활성화함

지라 권한 목록을 살펴보면 Assign Issue와 Assignable Users, Move Issue 권한을 각각의 요구 사항과 일치시킬 수 있다.

수정해야 할 권한이 어떤 것인지 해결되면, 다음 단계는 그 권한이 주어져야 할 사용자들을 지정하는 전략을 수립하는 것이다. 이슈 이동을 제한하는 옵션은 간단하다. 해야 할 모든 것은 모든 이들로부터 권한을 삭제하는 것이고, 그 결과 프로젝트에서 사용자가 이슈를 이동하는 것을 효과적으로 방지한다.

다음 두 요구 사항은 reporter(티켓이 발급된 사용자)와 우리의 새 help-desk-team 그룹에 권한을 허가하는 것과 유사하다.

1. Permission Schemes 페이지를 연다.

2. HR Permission Scheme의 Permission 링크를 클릭한다.

3. Grant permission 링크를 클릭한다.

4. Assign Issues와 Assignable Users 권한을 선택한다.

5. Reporter 옵션을 선택한다.

6. Add 버튼을 클릭한다.

7. 위 단계를 반복해 help-desk-tem 그룹에 같은 권한을 부여한다.

한 번에 권한을 모두 선택하면, 사용자에게 여러 권한을 빠르게 부여할 수 있다. 이제 Move Issues 권한의 모든 사용자를 제거해야 한다. 해당 순간엔 Any logged in user 하나에만 부여돼 있어야 하지만 하나 이상의 권한이 부여돼 있다면 모두 삭제해야 한다.

1. Permission Scheme 페이지를 연다.

2. HR Permission Scheme의 Permission 링크를 클릭한다.

3. Move Issue 권한이 허가된 모든 사용자의 Delete 링크를 클릭한다.

이것이 전부다! 몇 번의 클릭만으로 모든 권한 요구 사항이 해결됐다.

마무리하기

마지막으로 프로젝트 관리자 모자를 쓰고 새로운 권한 스킴을 HR 프로젝트에 설정할 수 있다.

1. HR 프로젝트의 Project Administration 페이지를 연다.

2. Permission 옵션을 클릭하고, 새로운 HR Permission Scheme을 선택한다.

4. Associate 버튼을 클릭한다.

권한 스킴을 프로젝트에 연결함으로써 모든 권한 변경을 적용했다. 이제 새로운 이슈를 생성하거나 기존의 이슈를 편집하면 더 이상 이슈 할당자 목록에 지라의 모든 사용자가 포함되지 않는 것을 확인할 수 있다.

▌ 요약

9장에선 먼저 지라와 사용자 디렉터리를 통한 LDAP와 같은 사용자 저장소를 통합하는 방법을 살펴봤다. 그 후, 그룹과 프로젝트 역할 같은 지라의 사용자 관리 옵션을 살펴봤다. 이 기능은 매우 비슷하지만 그룹은 전역적으로 적용되는 반면, 프로젝트 역할은 지정된 개별 프로젝트에만 적용된다. 그리고 지라가 권한을 계층적으로 관리하는 방법도 학습했다. 각 권한 수준과 권한 수준을 어떻게 관리하는지에 대해서도 자세하게 다뤘다.

10장에선 다른 접근 방법을 선택할 것이다. 보고를 통한 데이터 수집이라는 지라의 또 다른 강력한 사용법을 살펴볼 것이다.

10

검색, 보고, 분석

2장, '비즈니스 프로젝트에 지라 사용하기'에서 6장, '스크린 관리'까지, 지라가 정보 시스템으로서 어떻게 사용자로부터 데이터를 수집하는 데 사용되는지 알아봤다. 7장, '워크플로우와 비즈니스 프로세스' 그리고 8장, '이메일과 알림'에서 워크플로우와 알림을 통해 모은 데이터에 가치를 더해 주는 몇 가지 기능에 대해 논의했다. 10장에선 방정식의 나머지 절반인 데이터를 출력하고 사용자에게 좀 더 유용한 정보로 표현하는 법을 살펴볼 것이다.

10장에서 학습하는 내용은 다음과 같다.

- 지라에서 검색 인터페이스 사용
- 지라에서 사용 가능한 여러 가지 검색 옵션 학습
- 필터에 대해 살펴보고, 검색 결과를 다른 사용자와 공유하는 방법

- 지라에서 보고서 생성
- 대시보드와 가젯^{gadgets}을 통한 정보 공유

지라 검색 인터페이스와 옵션

정보 시스템으로서 지라는 데이터 검색에 대한 기능과 옵션을 완전하게 제공한다. 지라는 3가지 검색 옵션을 제공한다.

- **빠른/텍스트 검색**^{Quick/text search}: 간단한 텍스트 기반의 검색 쿼리를 통해 빠르게 이슈에 대한 검색을 할 수 있도록 한다.
- **기본/단순 검색**^{Basic/simple search}: 직관적인 사용자 인터페이스^{UI} 컨트롤을 통해 이슈 필드에 대한 기준을 지정할 수 있다.
- **고급 검색**^{Advanced search}: 지라의 검색 언어인 JQL^{JIRA Query Language}를 통해 강력한 검색 쿼리를 구성할 수 있다.

지라에서 제공하는 모든 검색 옵션의 상세 내용을 보기 전에, 지라에서 검색을 수행하는 동안에 사용하게 될 주된 검색 인터페이스에 대해 먼저 살펴보자.

이슈 네비게이터

이슈 네비게이터^{Issue Navigator}는 지라에서 모든 검색이 수행되는 기본 위치이다. 상단 메뉴 바의 Issues 메뉴를 클릭한 후, Search for issues를 선택함으로써 이슈 네비게이터에 접근할 수 있다.

이슈 네비게이터는 여러 부분으로 구성돼 있다. 첫 번째 부분은 검색하고자 하는 프로젝트로 관심을 갖고 있는 이슈 타입 같은 모든 검색 기준을 지정하는 곳이다. 두 번째 부분은 검색 결과를 보여주는 곳이다. 세 번째 부분은 검색 결과를 다른 형태로 추

출하는 것과 같이 검색 결과를 대상으로 수행할 수 있는 작업을 포함하고 있다. 끝으로 네 번째 부분은 미리 구성돼 있는 유용한 사용자 생성 필터 목록이다.

이슈 네비게이터에 처음 접근하면 기본 검색 상태이다(다른 검색 옵션에 대한 더 자세한 내용은 10장 후반부에서 논의한다). 만일 이전에 이슈 네비게이터를 방문한 적이 있고 고급 검색 같은 다른 검색 옵션을 선택했다면, 지라는 이러한 사항을 기억하고 해당 옵션으로 이슈 네비게이터를 연다.

다음 화면은 기본 검색 모드의 이슈 네비게이터를 보여준다. 기본 검색에선 각 필드 값을 선택함으로써, 메뉴 바와 필드에 검색 기준을 지정한다.

▎ 기본 검색

기본 검색은 단순 검색으로도 알려져 있다. 기본 검색은 사용이 간단한 인터페이스로, 검색 기준을 설정할 수 있다. 기본 검색 인터페이스에선 프로젝트와 이슈 타입 같은 검색을 원하는 필드를 선택하고, 이러한 필드에 값을 지정할 수 있다. 다음 화면에서 보는 바와 같이 우리는 Demonstration Project 프로젝트에서 Open 상태를 가지는 Bug 타입의 이슈를 검색할 수 있다.

기본 검색에서 지라는 선택된 필드에서 검색이 가능한 값을 표시해준다. 선택 가능한 옵션을 기억할 필요가 없기 때문에 상태 기반 사용자 정의 필드나 선택 목록 기반의 사용자 정의 필드 같은 필드에 대해 매우 편리하다. 예를 들어 상태 필드에 대해 지라는 모든 가능한 상태를 목록으로 보여준다.

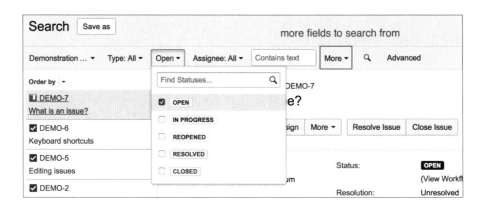

기본 검색 인터페이스로 작업하는 동안 지라는 프로젝트, 그리고 이슈 타입, 상태, 할당자를 기본 필드로 보여준다. More 버튼을 클릭하고 검색에 사용하고자 하는 필드를 선택해서 검색에 대한 추가 필드를 추가할 수 있다. 기본 검색에 대한 설정 및 실행 방법은 다음과 같다.

1. Issue Navigator로 이동한다. 만일 기본 검색 인터페이스를 볼 수 없고 Basic 링크가 보인다면 기본 검색으로 변경하기 위해 Basic 링크를 클릭한다.

2. 기본 검색 인터페이스상의 필드를 선택하고 값을 채운다. 검색 기준에 필드를 추가하고자 하면 More를 클릭한다.

지라는 검색 기준을 변경할 때마다 검색 결과를 자동적으로 갱신한다.

기본 검색으로 작업 시 명심할 사항 가운데 하나는 사용자 정의 필드에 대한 프로젝트와 이슈 타입의 컨텍스트를 고려해야 한다는 것이다(필드 관리에 관해선 5장, '필드 관리'를 참고하라). 만약 사용자 정의 필드가 특정 프로젝트와 이슈 타입에만 적용 가능하다면, 표시할 수 있는 사용자 정의 필드의 검색의 일부로 반드시 프로젝트와 이슈 타입을 선택해야 한다.

▌ JQL 고급 검색

기본 검색은 유용하며 대부분 사용자의 검색 요구 사항을 만족시킨다. 그러나 여전히 일부 제약 사항이 있다. 이러한 제약 사항 가운데 하나는 기본 검색은 포함 논리 inclusive logic 만 허용하고, 배제 논리 exclusive logic 는 허용하지 않는다는 점이다. 예를 들어 기본 검색에서 한 프로젝트를 제외한 모든 프로젝트의 이슈를 검색하고자 한다면, 제외하고자 하는 프로젝트를 제외한 모든 프로젝트를 선택해야 한다. 기본 검색 인터페이스에선 배제 exclusion 를 지정할 수 없기 때문이며, 이것이 고급 검색이 필요한 이유다.

고급 검색에선 기본 검색의 필드 선택 기반 인터페이스를 사용하는 대신, JQL JIRA Query Language 을 사용한다. JQL은 애틀라시안에서 개발한 고유한 질의 언어 Query language 이다. SQL Structured Query Language 에 익숙하다면, JQL이 유사한 구문을 갖고 있다는 것을 알 수 있지만 JQL은 SQL과는 동일하지 않다.

JQL과 SQL의 가장 큰 차이점 가운데 하나는 JQL이 select문으로 시작하지 않는다는 것이다. JQL 쿼리는 필드, 연산자, 값이나 값을 반환하는 함수로 구성된다. SQL과 다르게 JQL 쿼리로부터 반환되는 필드를 지정할 순 없다. JQL 쿼리는 일반 SQL select 구분의 where 키워드 이후 부분이라고 생각할 수 있다. 다음 표는 JQL 컴포넌트 요약이다.

JQL 컴포넌트	상세 설명
키워드(Keyword)	JQL의 키워드는 다음과 같이 특별하게 예약된 단어이다. • AND와 같이, 쿼리를 합침 • NOT과 같이, 쿼리의 논리를 결정함 • NULL과 같이, 특별한 의미를 지님 • ORDER BY와 같이, 특정한 기능을 제공함
연산자(Operator)	연산자는 필드의 값을 평가하는 데 사용되는 기호나 단어이다. 왼쪽 부분에 있는 필드의 값들은 연산자의 오른쪽 부분에 대해 검토돼야 한다. 연산자의 예는 다음과 같다. • Equals: = • Greater than: 〉 • IN: 필드 값이 괄호 안에 명시된 많은 값 중 하나인지 확인할 때
필드(Field)	필드는 지라 시스템 필드와 사용자 필드를 나타낸다. JQL을 사용할 때 이슈에 대한 필드 값은 쿼리를 평가하는 데 사용된다.
함수(Functions)	JQL의 함수는 특정 계산이나 로직을 수행하고 결과를 연산자로 평가하는 데 사용될 수 있는 값의 형태로 반환한다.

기본적으로 각 JQL 쿼리는 하나 이상의 컴포넌트로 구성된다. 기본 JQL 쿼리는 다음과 같은 3개의 요소로 구성된다.

- **필드**Field : 이슈 필드(예를 들어 status)나 사용자 정의 필드가 될 수 있다.
- **연산자**Operator : 연산자는 결과로 반환되는 이슈가 반드시 만족해야 하는 비교 로직(예를 들어 = 이나 〉)을 정의한다.
- **값**Value : 값은 필드와 비교되는 대상이다. 값은 텍스트로 표현되는 문자값(예를 들어 Bug)이나, 값을 반환하는 함수가 될 수 있다. 검색하려는 값에 공백이 포함된 경우, 예를 들어 issuetype = "New Feature"와 같이 값의 양끝에 쌍따옴표를 사용해야 한다.

쿼리는 논리적 AND나 OR와 같은 키워드를 통해 좀 더 복잡한 형태의 쿼리로 연결할 수 있다. 예를 들어 Resolved 상태의 모든 이슈를 보기 위한 기본 쿼리는 다음과 같다.

```
status = Resolved
```

현재 로그인한 사용자에게 할당된, Resolved 상태를 가지는 Bug 이슈 타입을 갖는 모든 이슈를 보기 위한 더욱 복잡한 쿼리는 다음과 같다(currencUser( )는 JQL 함수이다).

```
issuetype = Bug and status = Resolved and assignee = currentUser( )
```

모든 JQL 함수와 연산자에 대한 논의는 이 책의 범위를 벗어난다. 고급 검색 인터페이스 화면에서 **Syntax Help** 링크를 클릭하면, 참고 문서 전체를 볼 수 있다. https://confluence.atlassian.com/x/ghGyCg에서 JQL 문법의 완전한 참고 문서를 확인할 수 있다.

Issue Navigator 페이지에서, 고급 검색 인터페이스에 접속하는 방법은 다음과 같다.

1. **Issue Navigator** 페이지로 이동한다.
2. 우측의 **Advanced** 링크를 클릭한다.
3. JQL 쿼리를 구성한다.
4. **Search** 버튼을 클릭하거나 키보드의 **Enter** 키를 누른다.

JQL 구조가 복잡해짐에 따라 익숙해지는 데 시간이 걸리지만, 고급 검색 인터페이스는 자신만의 쿼리 구성을 도와주는 매우 유용한 기능을 갖고 있다. 자동 완성 **autocomplete** 기능(기능을 끌 수도 있음)은 사용할 키워드와 값, 연산자를 고르는 데 도움을 줄 수 있다. 또한 고급 검색 인터페이스는 실시간으로 쿼리를 검사하고, 쿼리가 유효한 경우 다음과 같은 화면이 보인다.

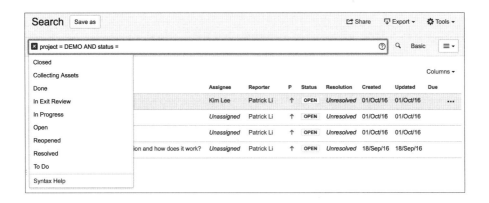

JQL 쿼리에 구문 오류가 없는 경우, 지라는 JQL 입력 상자 아래에 검색 결과 테이블을 보여준다.

쿼리가 동작하는 동안 **Basic/Advanced** 링크를 클릭하면 기본 검색과 고급 검색 사이를 전환할 수 있고 지라는 자동으로 검색 조건을 JQL로 변환시켜준다. 실제로 이 기능은 처음 JQL에 입문한 경우 JQL의 기본 문법을 배우는 데 유용한 기능이다. 예를 들어 처음에는 기본 검색 옵션에서 검색 기준을 구성하고, 검색 기준에 해당하는 JQL이 무엇인지 확인할 수 있다. 그러나 모든 JQL이 기본 검색으로 변환될 수 있는 것이 아니라는 사실을 알고 있어야 한다. JQL을 사용해서 기본 검색 인터페이스보다 많은 것을 할 수 있기 때문이다.

 단순 검색과 고급 검색 사이의 전환은 JQL의 기본 문법에 익숙해지는 데 도움을 줄 수 있다.

▎ 빠른 검색

지라는 이슈 요약, 설명, 코멘트에 포함된 텍스트를 기반으로 빠르고 간편하게 검색하는 빠른 검색 기능을 제공한다. 지라의 모든 이슈에 대해 텍스트 기반으로 검색할 수 있다.

빠른 검색 기능은 스마트 쿼리를 통해 최소한의 타이핑으로 좀 더 특화된 검색을 수행할 수 있는 추가적인 기능을 갖고 있다. 지라는 특정 이슈 타입/상태를 가지는 이슈로 제한해 빠른 검색으로 사용 가능한 내장 쿼리 목록을 갖고 있다. 몇 가지 유용한 쿼리는 다음 표와 같다(빠른 검색에 대한 전체 참조 문서는 https://confluence.atlassian. com/jiracoreserver072/quick-searching-829092656.html을 참고하면 된다).

스마트 쿼리	결과
이슈 키(예를 들어 HD-12)	지정된 이슈 키에 해당하는 문제로 직접 이동한다.
프로젝트 키(예를 들어 HD)	이슈 네비게이터 페이지에 지정된 프로젝트 키에 해당하는 프로젝트의 모든 이슈를 표시한다.
My, 또는 my open bugs	현재 접속한 사용자에게 할당된 모든 이슈를 표시한다.
Overdue	마감일이 오늘 이전인 모든 이슈를 표시한다.
특정 상태의 이슈(예를 들어 open)	지정된 상태에 해당하는 모든 이슈를 표시한다.
특정 해결 상태의 이슈(예를 들어 resolved)	지정된 해결 상태의 모든 이슈를 표시한다.

지라에서 빠르고 강력한 검색을 위해 이러한 쿼리를 조합할 수 있다. 예를 들어 다음 쿼리는 **Help Desk** 프로젝트의 모든 resolved된 이슈를 가져온다.

```
HD resolved
```

빠른 검색은 기본 검색이나 고급 검색보다 훨씬 간단하다. 사용자가 해야 할 일은 검색하고자 하는 텍스트를 입력하거나, 우측 상단 구석 **Quick Search** 박스 안에 스마트 쿼리를 입력하고 키보드의 **Enter** 키를 누르는 것이다.

빠른 검색의 목표는 찾고자 하는 것을 가능한 가장 빠른 방법으로 찾게 하는 것이다. 스마트 쿼리를 사용하면 단순한 텍스트 기반 검색보다 더 많은 것을 할 수 있다.

 빠른 검색은 대소문자를 구별(case-sensitive)한다는 것을 알고 있는 것이 중요하다. my 대신 My 단어로 검색하는 것은 현재 로그인한 사용자에게 할당된 이슈를 검색하는 것보다 간단한 텍스트 검색이 될 것이다.

▌ 검색 결과로 작업

지금까지 지라에서 검색을 하는 방법을 살펴봤다. 대상 이슈에서 직접 가져오는 이슈 키 스마트 쿼리issue key smart query의 사용을 제외하나 다른 모든 검색 결과는 이슈 네비게이터에서 보여진다.

이슈 네비게이터는 검색을 수행하고 결과를 보여주는 것보다 더 많은 기능을 갖고 있다. 이슈 네비게이터는 다음 사항을 포함하는 다른 기능도 갖고 있다.

- 다양한 뷰 옵션에서 검색 결과 보여주기
- 다른 형태로 검색 결과 추출
- 이슈에 대한 검색 결과에서 보길 원하는 열의 선택
- 검색 결과를 다른 사람들과 공유
- 필터 생성 및 관리

결과 뷰 전환

이슈 네비게이터는 두 가지 다른 뷰에서 검색 결과를 보여줄 수 있다. 기본 뷰는 Detail View로 검색된 결과 이슈는 왼쪽에 표시되고, 현재 선택된 이슈의 자세한 내용이 오른쪽에 표시된다. 이 뷰를 사용하면 검색 결과와 동일한 페이지에서 바로 문제의 내용을 볼 수 있다.

두 번째 뷰는 List View로 이슈가 표 형태로 보여진다. 이슈의 필드 값은 테이블 열로 표시된다. 나중에 보게 되겠지만, 테이블 행뿐만 아니라 어떤 순서로 표시되는지도 설정이 가능하다. 오른쪽의 Basic/Advanced 옵션 다음에 있는 View 메뉴에서 옵션을 선택해 두 뷰 사이를 전환하는 것이 가능하다.

검색 결과 추출

지라는 이슈 네비게이터 페이지에서 MS 워드나 엑셀같이 다양한 형태로 검색 결과를 추출^export할 수 있다. 지라는 검색 결과를 XML이나 인쇄에 적합한 페이지로 보여줄 수도 있다. 워드나 엑셀 같은 포맷을 선택하면, 지라는 적절한 파일을 생성하고 직접 다운로드할 수 있다. 검색 결과를 다른 포맷으로 추출하는 방법은 다음과 같다.

1. Issue Navigator 페이지로 이동한다.
2. 검색을 실행한다.
3. 우측 상단 구석의 Export 드롭다운 메뉴를 선택한다.
4. 검색 결과를 보기 원하는 포맷을 선택한다.

선택하는 포맷에 따라 일부 포맷(예를 들어 printable)은 화면에 표시되고 다른 포맷(예를 들어 엑셀)은 다운로드 대화 상자를 표시한다.

행 레이아웃 조절

검색 결과를 나타내기 위해 List View 옵션을 사용하고 있다면 표시되는 필드 열을 구성할 수 있다. 지라에선 모든 개인적인 검색과 필터의 검색 레벨에 대해 (10장 후반부에 확인한다) 이슈 네비게이터를 커스터마이즈할 수 있다. 관리자의 경우, 다른 사용자의 열 레이아웃을 설정할 수 있다(사용자 고유의 열 레이아웃 설정을 덮어쓸 수 있다).

전역적인 이슈 네비게이터의 열 레이아웃 설정 방법은 다음과 같다.

1. Issue Navigator 페이지로 이동한다.

2. 결과 뷰를 List view로 변경한다.

3. 다음에 보이는 것과 같이, Columns 드롭다운 메뉴를 선택하고 열 레이아웃 옵션을 선택한다.

다음 옵션은 열 레이아웃을 설정하는 데 사용할 수 있다.

- My Defaults: 모든 검색 결과에 적용된다.
- Filter: 현재 필터에만 적용된다.
- System: 모든 검색 결과에 적용된다.

필드 열을 추가하거나 제거하려면 간단하게 목록의 필드를 선택/취소하면 된다. 열 레이아웃을 재정렬하려면 열을 좌/우 적절한 위치로 드래그해 재정렬할 수 있다.

검색 결과 공유

검색이 완료된 후 검색 결과를 동료들과 공유하고 싶을 수 있다. 이제 당신의 동료에게 동일한 검색을 실행하라고 말하거나, 11장에서 볼 수 있듯 검색 결과를 필터로 저장하고 다른 사람에게 공유하는 것이 가능하다. 또 다른 방법은 일회성 공유가 아니라면, 내장된 공유 기능^{share feature}을 이용해 더 편리하게 공유할 수 있다.

현재의 검색 결과를 공유하기 위해 해야 하는 일은 우측 상단 구석의 **Share** 버튼을 클릭하고, 사용자명이나 이메일 주소를 입력한 뒤(이메일 주소를 사용하는 것은 검색 결과를 지라 사용자가 아닌 사람에게 공유할 수 있게 해준다), 여러 명의 사용자나 이메일 주소를 추가해서 한 명 이상의 사용자에게 검색 결과를 공유하는 것이다. 왜 검색 결과를 공유했는지 알려주기 위해 빠른 메모^{Quick note}를 추가할 수 있다. 그러면 지라는 모든 선택된 사용자와 이메일 주소로 이메일을 전송하게 된다.

▌ 필터

검색 쿼리를 실행한 후 때때로 다음 사용을 위해 쿼리를 저장하는 것이 유용하다. 예를 들어 특정 날짜까지 완료돼야 하는 일부 프로젝트의 오픈된 모든 버그와 새 기능들에 대한 목록에 대해 쿼리를 생성할 수 있고, 진행 상황을 모니터링할 수도 있다. 상태를 점검하고자 할 때마다 매번 이와 같은 검색 쿼리를 새로 생성하는 대신 쿼리를 다음 단계로 재사용 가능한 필터로 저장할 수 있다. 필터는 재사용이 가능한 이름이 붙여진 검색 쿼리로 생각할 수 있다.

검색 쿼리를 필터로 저장하는 것은 쿼리를 다시 만들 필요 없이 보고서를 빠르게 열람할 수 있다는 점 외에, 다음과 같은 다른 혜택을 제공한다.

- 다른 사용자에게 저장된 필터를 공유한다.
- 보고서 생성을 위한 데이터 소스로 필터를 사용한다.

- 애자일 보드에 필터를 사용한다(3장, '애자일 프로젝트에 지라 사용하기'를 참고 하라).
- 가젯^{gadgets} 으로 대시보드^{dashboard}에 결과를 표시한다.
- 이메일로 검색 결과를 받아보기 위해 자동으로 검색 쿼리를 구독한다.

가젯과 애자일 보드에 대한 소스로 필터를 생성하고 사용하는 경우 주의해야 하는 몇 가지 사항은 다음과 같다.

- 애자일 보드를 위한 필터를 생성하는 경우, 검색 쿼리의 일부로 관련된 프로 젝트를 선택을 확실히 해야 한다.
- 가젯과 애자일 보드에 대한 필터를 생성하는 경우, 가젯과 보드에 접근 권한 을 갖는 동일한 사용자 그룹을 갖는 필터 공유를 확실히 해야 한다. 그렇지 않으면 이들은 그 어떤 결과도 확인하지 못할 것이다.

필터를 사용해 수행할 수 있는 고급 작업을 모두 알아보고, 이후의 섹션에서 대시보 드와 가젯 같은 새로운 용어와 몇 가지 개념을 설명할 것이다. 그러나 필터를 생성하 고 관리하는 방법을 먼저 살펴봐야 한다.

필터 생성

새로운 필터를 생성하려면, 먼저 검색 쿼리를 구성하고 실행해야 한다. 이러한 작업 은 지라에서 제공하는 세 가지 이용 가능한 검색 옵션 가운데 하나를 사용해 가능하 지만 검색 결과를 반드시 Issue Navigator 페이지로 가져와야 한다는 점에 주의해야 한다. 빠른 검색 옵션과 이슈 키에 의한 검색을 사용하는 경우, 필터를 생성할 수 없 다. 쿼리가 실행되고 나면 어떤 결과가 되돌려지는지에 상관없이 실행된 검색에 기반 한 새로운 필터를 생성하는 것이 가능하다.

1. Issue Navigator 페이지로 이동한다.

2. 지라에서 검색 쿼리를 구성하고 실행한다.

3. 상단에 있는 Save as 버튼을 클릭한다.

4. 필터에 대해 의미 있는 이름을 입력한다.

5. 필터를 생성하기 위해 Submit 버튼을 클릭한다.

필터가 생성되고 나면 모든 검색 매개변수가 저장된다. 나중에 저장된 필터를 다시 수행하면 지라는 동일한 매개변수를 기반으로 해 업데이트된 결과를 검색한다.

필터가 생성됐다면 새로운 검색을 시작하기 위해선 New filter 버튼을 클릭해야 할 필요가 있음을 알아야 한다. 이슈 네비게이터는 마지막 검색을 기억하고 있기 때문에 새로운 검색을 시작하지 않고 기존 필터로 작업하는 경우, 실제로 기존 필터 대신 현재의 필터를 수정하게 된다.

 실수로 인한 기존 필터의 수정을 방지하고, 새로운 검색 세션을 시작하기 위해선 항상 New filter 버튼을 클릭해야 한다.

필터 관리

생성된 필터 수가 증가함에 따라 여러 필터를 관리하고 유지하기 위한 중심 위치가 필요하다. Manage Filters 페이지에 접근하기 위한 두 가지 방법이 있다. 다음과 같이 이슈 네비게이터를 통해 페이지에 접근이 가능하다.

1. Issue Navigator로 이동한다.

2. 왼편의 Find Filters 링크를 클릭한다. 또한 상단의 네비게이터 바를 통해 Manage Filter 페이지에 접근하는 것이 가능하다.

3. Issues에서 드롭다운 메뉴를 호출한다.

4. 목록 아래에서 Manage Filters 옵션을 클릭한다.

Manage Filters 페이지는 기존 필터에 대한 검색 옵션에 따라, 왼쪽에 제시된 탭처럼 세 가지 주요 범주에 따라 필터를 보여준다.

- Favorite: 필터를 나열한다. 자신의 이름 앞에 회색 별표를 가진 필터를 나열한다. 이러한 필터는 Issues 드롭다운 메뉴에서 목록화된다. 사용자는 별표를 직접 클릭함으로 필터에 선호^{Favorite} 표시를 할 수 있다.
- My: 사용자에 의해 생성된 필터를 목록화한다.
- Popular: 대부분이 선호 표시를 한 상위 20개 필터를 목록화한다.
- Search: 다른 사용자가 공유한 기존 필터를 검색한다.

다음 화면에서 볼 수 있듯이 Due this week(HD)와 Due this week(HD) 필터 모두 선호 필터로 표시돼 있다.

필터 공유

필터를 생성한 후 사용자는 이름과 설명, 공유 권한, 그리고 검색 매개변수와 같은 세부 사항을 업데이트할 수 있다. 기본적으로 새롭게 생성된 필터는 공유되지 않는다. 이것은 새로 생성된 필터는 사용자에게만 표시된다는 것을 의미한다. 필터를 다른 사용자와 공유하기 위해선 다음과 같은 단계를 수행해야 한다.

1. Manage Filters 페이지로 이동한다.

2. 편집하기 원하는 필터에 대한 **Edit** 링크를 클릭한다.

3. 필터에 대한 세부 사항을 업데이트한다.

4. 필터를 공유할 group/project 역할을 선택한다.

5. 변경을 적용하기 위해 **Save** 버튼을 클릭한다.

이것은 다음 그림과 같이 보인다.

 필터를 공유하기 위한 그룹이나 프로젝트를 선택한 후, Add 링크의 클릭 여부를 확인해
야 한다.

필터를 공유하기 위해선 **Create Shared Object** 전역 권한을 갖고 있어야 한다(전역 권한에 대한 더 많은 정보는 9장, '지라 보안'을 참조하라).

필터를 공유하고 나면 다른 사용자가 필터를 갖고 검색하고 구독하는 것이 가능하다. 그러나 다른 사용자는 필터에 대한 변경을 할 수 없다. 필터의 소유자만이 필터의 검색 매개변수를 변경할 수 있다. 나중에 살펴보겠지만 지라 관리자는 필터의 소유권을 변경할 수 있다.

필터 구독

8장, '이메일과 알림'에서 살펴봤듯이 지라는 특정 이벤트가 발생했을 때 사용자가 업데이트된 내용을 유지할 수 있도록 이메일을 보내는 것이 가능하다. 여러 필터에 대해 지라는 한 단계 더 나아가 필터에 대한 구독을 허용한다.

필터에 대해 구독을 할 때 지라는 필터를 기반으로 검색을 수행하고 이메일로 수행 결과를 보낸다. 작업이 수행돼야 하는 시기와 빈도를 사용자가 지정할 수 있다. 한 예로 매일 아침 사용자가 출근 전 지라가 검색 결과를 보내도록 구독을 설정하면, 사용자가 메일 수신함을 열었을 때 주의를 필요로 하는 이슈의 전체 목록을 볼 수 있다.

필터에 대해 구독하려면 (필터를 직접 생성했거나 다른 사용자가 공유했거나 어느 쪽이든) 필터를 볼 수 있어야 한다

1. **Manage Filters** 페이지로 이동한다.

2. 구독하기 원하는 필터를 찾는다.

3. 필터에 대한 **Subscribe** 링크를 클릭한다.

4. 구독에 대한 수신인을 선택한다. 일반적으로 사용자(Personal Subscription)가 된다. 사용자는 그룹을 선택해서 다른 사람들에 대한 구독을 생성할 수도 있다.

5. 필터에서 반환되는 결과가 없어도 사용자에게 이메일을 보내기 원하는 경우, Email this filter even if there are no issues found 옵션을 선택한다. 이것은 이메일을 받지 않는 이유가 다른 오류로 인한 것인지 확인하는 경우에 유용하다.

6. 지라가 사용자에게 이메일을 보내는 빈도와 시간을 지정한다.

   이는 다음 화면처럼 보인다.

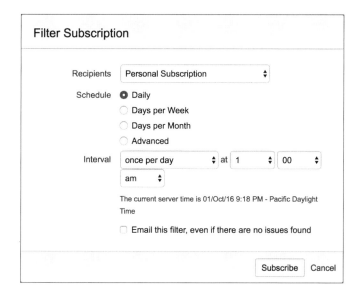

7. Subscribe 버튼을 클릭한다. 구독^{subscription}이 생성되고, 다시 Manage Filters 페이지로 되돌아간다. 이제 Subscribe 링크는 구독자의 수가 증가된다. 예를 들어 1 Subscription으로 변경된다.

8. 구독이 제대로 생성됐는지 확인하기 위해, 1 Subscription 링크를 클릭한다.

9. 새로운 구독을 테스트하기 위해, Run Now 링크를 클릭한다.

Subscriptions					Add subscription	?
Subscriber	**Subscribed**	**Schedule**	**Last sent**	**Next send**	**Operations**	
Patrick Li	Patrick Li	Daily at 1:00 am	Never	05/Nov/16 1:00 AM	Edit · Delete · Run now	

필터 삭제

필터가 더 이상 필요하지 않은 경우 필터를 삭제할 수 있다. 그러나 다른 사람들과 필터를 공유하고 그들이 필터에 대한 구독을 만들 수 있기 때문에, 공유 필터를 삭제하는 경우 다른 사용자들에게 영향을 줄 수 있다. 다행스럽게도 필터를 삭제했을 때 지라는 다른 사람이 필터를 사용하고 있을 경우 이에 대해 알려준다.

1. Manage Filters 페이지로 이동한다.

2. 삭제하기 원하는 필터에 대한 Delete 링크를 클릭한다. 그러면 Delete Filter 확인 대화 상자가 나타난다.

3. 필터의 제거가 다른 사용자에게 영향을 주지 않는지 확인한다.

4. 필터를 제거하기 위해 Delete 버튼을 클릭한다.

필터를 구독하는 사용자가 있는 경우 지라는 이를 알려준다. 그런 다음 사용자는 필터를 삭제하고 다른 사용자가 알도록 할 것인지, 지라에 필터를 남겨둘 것인지 결정할 수 있다.

필터의 소유권 변경

지라는 필터의 소유자에게만 검색 기준과 같은 변경을 허용한다. 대부분 문제가 되지 않지만, 다른 사용자와 필터를 공유했는데 필터의 소유자가 조직을 떠난다면 문제가 될 수 있다. 다음 단계를 수행해 필터의 소유권을 변경할 수 있다.

1. 지라 관리 콘솔로 이동한다.

2. System 탭을 선택한 후, Shared filters 옵션을 선택한다.

3. 소유권을 변경하기 원하는 필터를 검색한다.

4. Change Owner 옵션을 클릭한다.

5. 새로운 소유자가 될 사용자를 검색해서 선택한다.

6. Change Owner 버튼을 클릭한다.

이는 다음 화면처럼 보인다.

Search Shared Filters

Find and modify filters that are shared with any group or role.

Search		Owner	
Searches in the filter's name and description.		Start typing to get a list of possible matches.	

Search

Name ↑	Owner	Shared With	Popularity	
Due this week (HD)	Patrick Li (patrick)	• **Project**: Help Desk	1	⚙ ▾
Due this week (HR)	Patrick Li (patrick)	• **Project**: Human Resource		Change Owner
				Delete Filter
Filter for DEMO board	Patrick Li (patrick)	• **Project**: Demonstration Project	0	⚙ ▾

▌ 보고서

JQL과 필터 외에 지라는 프로젝트, 이슈, 사용자, 그 외 더 많은 사항의 통계에 대한
더 나은 이해를 돕기 위해 전문적인 보고서를 제공한다. 지라 내 대부분 보고서는 특
정 프로젝트 이슈에 대한 보고를 위해 설계됐다. 그러나 일부 보고서는 다양한 프로
젝트에 걸쳐, 필터와 함께 전역적으로 사용이 가능하다.

보고서 생성

모든 지라 보고서는 프로젝트에 특화^{project-specific} 된 것인지, 전역적^{global} 인지 여부에 상관없이 특정 프로젝트의 **Browse Project** 페이지에서 접근할 수 있다. 두 종류의 보고서 간에는 차이가 있다. 전역 보고서는 데이터 소스로 필터의 선택을 허용한다. 반면 프로젝트 특화 보고서는 사용자가 있는 프로젝트를 기반으로 미리 정해진 데이터 소스를 갖고 있다.

보고서를 생성하는 경우, 사용자는 때때로 몇 가지 구성 옵션을 제공해야 한다. 예를 들어 보고에 대한 데이터를 제공하는 필터를 선택하거나 보고서의 필터를 선택할 수 있다. 구성 옵션은 보고서에 따라 다르지만, 보고서에는 사용자의 작업을 돕기 위한 각 옵션에 대한 힌트와 제안이 항상 있다.

보고서를 생성하기 위해선 다음 단계를 수행한다. 사용자는 먼저 **Browse Project** 페이지로 이동해야 한다.

1. 보고서를 생성하기 원하는 프로젝트를 선택한다.

2. 왼쪽 패널에서 **Reports** 탭을 선택한다.

3. 생성하기 원하는 보고서를 생성한다. 이용 가능한 보고서의 유형은 프로젝트 타입에 따라 달라진다.

4. 보고서에 대한 구성 옵션들을 지정한다.

5. 보고서를 생성하기 위해 **Next** 버튼을 클릭한다.

다음 예제에서 파이 차트 보고서를 생성할 것이다. 다음 그림에서와 같이, 먼저 지라에서 제공하는 사용 가능한 보고서 타입 목록에서 생성할 보고서 타입을 선택한다.

All reports

Issue analysis

Average Age Report

Shows the average age of unresolved issues for a project or filter. This helps you see whether your backlog is being kept up to date.

Created vs. Resolved Issues Report

Maps created issues versus resolved issues over a period of time. This can help you understand whether your overall backlog is growing or shrinking.

Pie Chart Report

Shows a pie chart of issues for a project/filter grouped by a specified field. This helps you see the breakdown of a set of issues, at a glance.

그 다음 필요한 보고서의 매개변수를 설정한다. 이 경우 사용자는 프로젝트나 기존 필터를 기반으로 보고서를 생성할지 여부를 지정해야 한다. 기본적으로 현재 프로젝트가 미리 선택돼 있다. 또한 다음 화면에서 볼 수 있는 것처럼, 사용자는 보고해야 하는 이슈 필드가 무엇인지 지정해야 한다.

Configure - Pie Chart Report

Report: Pie Chart Report

Description:
Shows a pie chart of issues for a project/filter grouped by a specified field. This helps you see the breakdown of a set of issues, at a glance.

Project or Saved Filter

Demonstration Project Change Filter or Project...

Project or saved filter to use as the basis for the graph.

Statistic Type

Issue Type

Select which type of statistic to display for this filter

Next Cancel

보고서에 대한 설정을 한 뒤 **Next** 버튼을 클릭하면 지라는 보고서를 생성하고 화면에 표시한다.

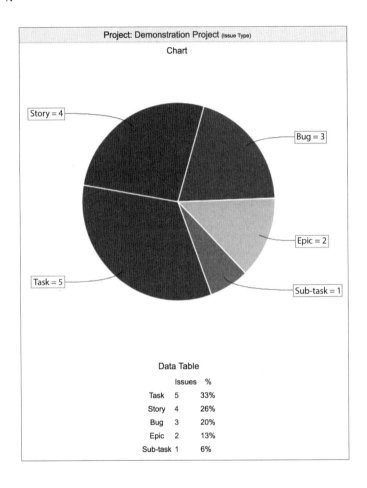

보고서 타입은 보고서의 레이아웃을 결정한다. 일부 보고서(예를 들어 Pie Chart Report)는 차트와 관련되는 반면, 다른 보고서(예를 들어 Single Level Group By Report)는 표 형식의 레이아웃을 갖는다. 일부 보고서(예를 들어 Time Tracking Report)는 내용을 엑셀과 같은 형식으로 추출하는 옵션을 갖고 있다.

▌대시보드

대시보드는 사용자가 지라에 접근할 때 보이는 첫 번째 페이지이다. 대시보드는 지라 인스턴스로부터 다양한 데이터와 정보를 제공하는 가젯으로 알려진 미니–애플리케이션들을 관리한다. 대시보드는 포털처럼 동작해, 사용자와 관련 있거나 관심을 갖는 정보를 한 페이지의 뷰로 제공한다.

대시보드 관리

지라를 처음 설치하면 사용자에게 할당된 모든 이슈와 같은 일부 유용한 정보를 보여 주기 위해 미리 설정돼 있는 시스템 대시보드^{system dashboard}라는 기본 대시보드를 볼 수 있다.

1. 시스템 대시보드는 모두에게 공유되기 때문에 일반 사용자는 시스템 대시보드를 변경할 수 없다. 그러나 각 사용자는 자신의 대시보드를 생성할 수는 있다. 각각의 대시보드 기능은 독립적으로 구성된다.

2. Dashboards 메뉴에서 드롭다운 메뉴를 호출한다.

3. Manage Dashboards 옵션을 선택한다. 그러면 다음 화면에서와 같이 Manage Dashboards 페이지로 이동한다.

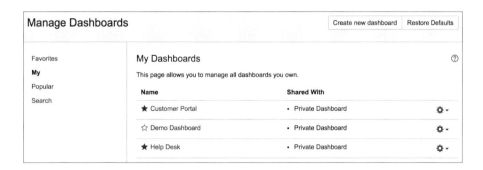

이 페이지에서 사용자는 생성한 대시보드를 편집하고 관리할 수 있다. 생성된 대시보드 및 다른 사람과 공유된 대시보드를 검색하고 선호하는 대시보드를 표시하며, 대시보드에 쉽게 접근할 수 있도록 탭으로 목록화된다.

대시보드의 이름 앞에 별 모양 아이콘을 클릭해 선호하는 것으로 표시하면, 대시보드는 상단 메뉴 바에 있는 **Dashboards** 링크를 클릭해 접근할 수 있다. 선호하는 대시보드가 하나 이상이라면 모든 대시보드가 탭에서 목록화되고, 표시하기 원하는 대시보드 하나를 선택할 수 있다.

대시보드 생성

기본 시스템 대시보드는 사용자가 변경할 수 없기 때문에, 사용자에 특화된 정보를 보여주는 개인화된 대시보드를 갖기 원한다면 새로운 대시보드를 생성해야 한다. 새로운 대시보드를 생성하기 위해선 다음 단계를 수행하면 된다.

1. Manage Dashboards 페이지로 이동한다.

2. Create new dashboard 버튼을 클릭한다.

3. 새로운 대시보드에 대한 의미 있는 이름과 설명을 입력한다.

4. 기존 대시보드로부터 복사해 시작할 것인지, 빈 대시보드로 시작할 것인지를 선택한다. 이는 처음부터 새로운 스크린을 생성하거나 기존 스크린을 복사해서 스크린을 생성하는 것과 유사하다.

5. 새로운 대시보드를 (쉬운 접근을 위해) 선호 대시보드로 설정할 것인지 여부를 선택한다.

6. 다른 사용자와 대시보드를 공유할 것인지 선택한다. 만약 Everyone 옵션을 선택해 모두 사람과 대시보드를 공유한다면, 로그인하지 않은 사용자도 해당 대시보드를 보는 것이 가능하다.

7. 대시보드를 생성하기 위해 Add 버튼을 클릭한다.

다음 화면은 처음부터 새로운 대시보드(빈 대시보드)를 생성하고, 기본적으로 로그인한 모든 사용자인 jira-software-user 그룹의 멤버에게 공유하는 방법을 보여준다.

대시보드를 공유하려면, **Create Shared Object** 전역 권한을 갖고 있어야 한다(전역 권한에 대한 더 많은 정보를 원한다면 9장, '지라 보안'을 참고하라).

새로운 대시보드가 생성되고 나면 곧바로 새로운 대시보드로 이동된다. 새로운 대시보드의 소유자로써 사용자는 레이아웃을 편집하고 대시보드에 가젯을 추가할 수 있다. 다음 절에서 이러한 구성 옵션에 대해 살펴볼 것이다.

대시보드 구성

사용자가 생성한 모든 대시보드는 생성되고 난 후 구성할 수 있다. 소유자가 두 가지 측면에서 대시보드를 구성할 수 있다.

- **레이아웃** Layout : 대시보드 페이지의 분할 방법을 기술한다.
- **콘텐츠** Contents : 대시보드에 추가해야 하는 가젯을 기술한다.

대시보드 레이아웃 설정

사용자가 레이아웃을 설정하려면 생성된 대시보드의 소유자여야 한다. 대시보드 레이아웃 설정은 매우 간단하고 직관적이다. 대시보드 소유자인 경우, 대시보드를 볼 때 상단의 오른쪽 부근에 Edit Layout 옵션이 보일 것이다.

지라는 사용자가 선택할 수 있는 5가지 레이아웃을 제공한다. 이러한 레이아웃은 대시보드 페이지 화면상의 실제 분할 방법과 차이가 있다. 기본적으로 새로운 대시보드는 동일한 크기의 두 개의 행으로 분할된 두 번째 레이아웃을 갖는다.

1. Dashboads 메뉴에서 드롭다운 메뉴를 호출한다.

2. 레이아웃을 편집하기 원하는 대시보드를 선택한다.

3. 오른쪽 상단의 Edit Layout 옵션을 클릭한다. Edit Layout 대화 상자가 나타난다.

4. 변경하기 원하는 레이아웃을 선택한다.

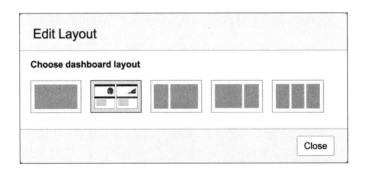

대화 상자에서 레이아웃을 선택하면, 선택된 레이아웃이 대시보드에 바로 적용된다. 기존의 모든 콘텐츠는 새로운 레이아웃에 맞춰 자동으로 크기와 위치가 조정된다.

대시보드에 대한 레이아웃을 결정한 후 가젯으로 알려진 콘텐츠를 대시보드에 추가할 수 있다. 가젯을 보드에 추가하기 전에, 가젯이 무엇인지 간단하게 살펴보자.

대시보드 소유권 변경

필터와 마찬가지로 지라 관리자는 사용자가 조직을 떠난 경우 대시보드의 소유권을 다른 사용자로 변경할 수 있다. 대시보드 소유권을 변경하기 위해선 다음 단계를 수행하면 된다.

1. 지라 관리 콘솔로 이동한다.

2. System 탭을 선택하고 Shared dashboards 옵션을 선택한다.

3. 소유권을 변경하기 원하는 대시보드를 검색한다.

4. Change Owner 옵션을 클릭한다.

5. 새로운 소유자가 될 사용자를 검색하고 선택한다.

6. 다음 그림에 보이는 것처럼 Change Owner 버튼을 클릭한다.

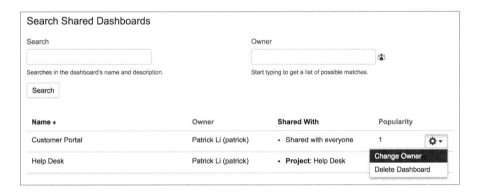

가젯

가젯은 지라의 대시보드상에 위치한 작은 애플리케이션과 같다. 가젯은 우리가 갖고 있는 대부분의 스마트폰의 위젯^{widgets}이나 대부분의 포털 애플리케이션상의 포틀릿^{portlets}과 유사하다. 각각의 가젯은 자체적인 인터페이스와 동작을 가진다. Pie Chat 가젯은 파이 차트로 데이터를 표시한다. 반면 Assigned to Me 가젯은 현재 사용자에게 할당된 해결되지 않은 모든 이슈를 테이블 형식으로 목록화한다.

가젯에 대한 심도 있는 세부 사항과 이들의 기본 기술(OpenSocial)에 대한 논의는 이 책의 범위를 벗어난다. 그러나 지라에서 사용하기 위한 가젯을 스스로 만드는 것에 흥미가 있다면, 인터넷에는 이러한 주제에 대해 많은 정보가 있다. 이를 위한 좋은 시작점은 https://developer.atlassian.com/x/IgA3에 있는 애틀라시안 문서이다.

대시보드에 가젯 배치

모든 가젯은 가젯 디렉터리^{Gadget Directory}에 목록화돼 있다. 지라는 시스템 대시보드에서 볼 수 있는 Assigned to Me 같은 다양하고 유용한 가젯을 제공한다. 다음 화면은 지라 내 모든 번들 가젯이 목록화돼 있는 가젯 디렉터리를 보여준다.

대시보드에 가젯을 배치하려면 다음 단계를 수행하면 된다.

1. **Dashboards** 메뉴에서 드롭다운 메뉴를 호출한다.

2. 가젯을 추가하기 원하는 대시보드를 선택한다.

3. 상단의 오른쪽 코너의 **Add Gadget** 옵션을 클릭한다. 그러면 **Gadget Directory** 윈도우가 나타난다.

4. 추가하기 원하는 가젯에 대한 **Add gadget** 버튼을 클릭한다.

5. 다음 그림에서와 같이 대시보드로 돌아가기 위해 **Close** 링크를 클릭한다.

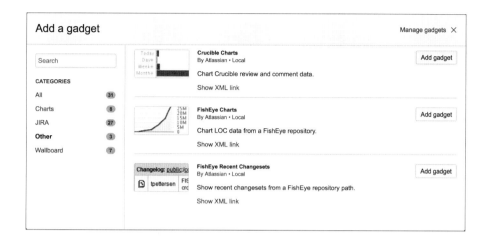

사용자가 선택한 가젯에 따라 일부 가젯은 추가적인 옵션 구성을 필요로 한다. 이러한 가젯은 대시보드에 자신의 구성 화면을 표시할 것이다. 옵션에 대해 입력한 후 Save 버튼을 클릭하면 된다.

다음 화면은 포함된 필드와 결과의 개수를 보여주고 통제하기 위한 검색 필터를 선택할 수 있는 Filter Results 가젯에 대한 설정 화면을 보여준다. 한 가지 일반적인 매개변수는 Refresh Interval 옵션으로 가젯의 내용을 얼마나 자주 고칠 것인지, 또는 선택을 하지 않아 정적인 상태로 둘 것인지 결정할 수 있다. 전체 대시보드에 대한 새로고침refresh이 될 때마다, 모든 가젯이 최신 데이터를 로드한다. 그러나 사용자가 오랫동안 대시보드에 있는 경우 시간이 지나면서 내용이 데이터가 오래되지 않도록 각 가젯은 자동으로 데이터를 새로고침할 수 있다.

다음 그림을 살펴보라.

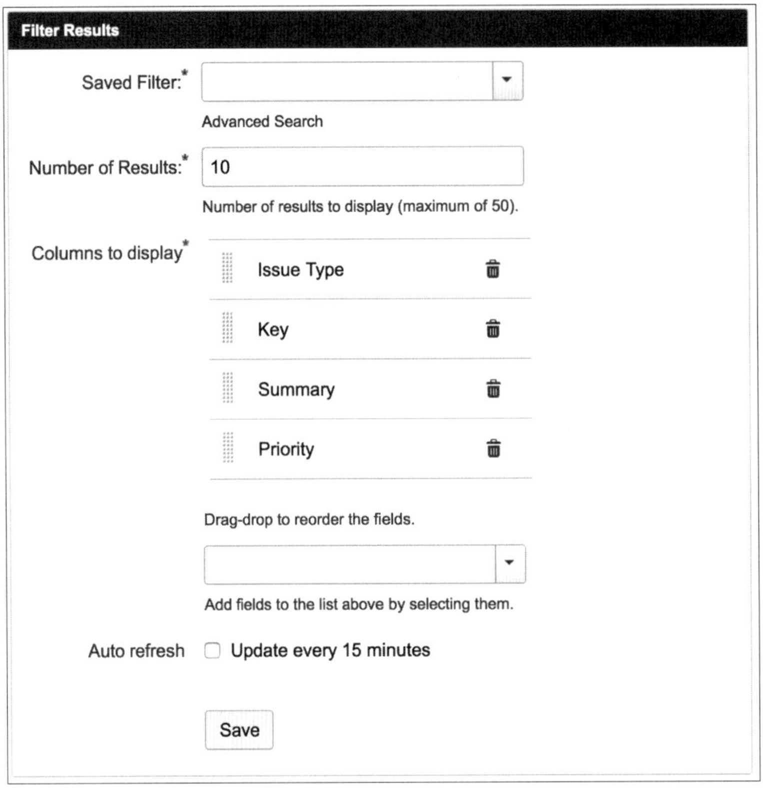

가젯 이동

일반적으로 사용자가 가젯을 추가하면 대시보드상에 사용 가능한 첫 번째 자리에 추가된다. 때때로 이것은 사용자가 대시보드상에 가젯이 표시되기 원하는 위치가 아닐 수 있다. 그리고 다른 경우에는 기존 가젯 주위로 이동시키는 것을 원할 수 있다. 대시보드의 소유자로서, 사용자는 간단한 드래그 앤 드롭 인터페이스를 통해 대시보드상에서 가젯을 쉽게 이동시킬 수 있다.

1. 이동시키기 원하는 가젯이 있는 대시보드로 이동한다.

2. 가젯의 이름을 클릭하고, 대시보드상의 새로운 위치로 드래그한다.

새로운 위치에 가젯을 넣자마자 (마우스 버튼을 놓으면) 사용자가 가젯을 다시 이동시키기 전까지 가젯은 영구적으로 해당 위치로 이동된다.

가젯 편집

대시보드에 가젯을 위치시키고 가젯에 대한 설정을 하면, 가젯은 설정 내용을 기억하고 해당 설정을 사용해 가젯의 내용을 렌더링한다. 사용자는 다음과 같이 가젯의 세부적인 설정이나 룩 앤 필look & feel을 업데이트하는 것이 가능하다.

1. 업데이트하기 원하는 가젯이 있는 대시보드로 이동한다.

2. 마우스를 가젯 위에 위치시키고, 가젯의 오른쪽 상단에 있는 아래쪽 화살표 버튼을 클릭한다. 그러면 가젯 구성 메뉴configuration menu가 나타난다.

3. Edit 옵션을 클릭한다.

4. 이는 가젯을 구성 모드로 변경시킨다.

5. 구성 옵션을 업데이트한다.

6. 변경을 적용하기 위해 Save 버튼을 클릭한다.

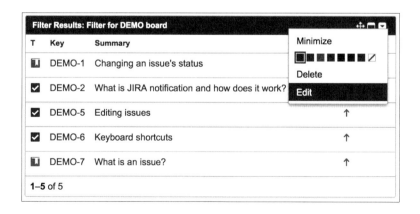

앞의 화면은 Assigned to Me 가젯의 Edit 메뉴를 보여준다. 사용자는 Refresh 옵션을 통해 새로고침을 강제화할 수 있다. 가젯은 AJAX를 통해 데이터를 비동적으로 검색하기 때문에, 사용자는 전체 페이지를 새로고침하지 않고 이 옵션을 사용해 가젯 자체만 새로고침할 수 있다. 대시보드의 소유자만이 편집, 삭제, 그리고 색상 옵션을 사용할 수 있다.

가젯 삭제

대시보드의 소유자로써 사용자는 기존 가젯이 더 이상 필요하지 않은 경우 가젯을 삭제할 수 있다. 대시보드에서 가젯을 삭제하는 경우, 대시보드에 대한 접근 권한을 가진 모든 사용자가 더 이상 가젯을 볼 수 없다는 사실에 주의해야 한다.

1. 삭제하기 원하는 가젯이 있는 대시보드로 이동한다.
2. 마우스를 가젯 위에 위치시키고, 가젯의 오른쪽 상단에 있는 아래쪽 화살표 버튼을 클릭한다. 그러면 가젯 구성 메뉴가 나타난다.
3. Delete 옵션을 클릭한다.
4. 메시지가 표시되면 가젯의 제거를 확인한다.

가젯이 삭제되면 대시보드에 가젯이 표시되지 않는다. 나중에 다시 동일한 가젯의 추가를 원하면 사용자는 가젯을 다시 구성해야 한다.

▌HR 프로젝트

이전 장에서의 실습을 통해 우리는 사용자로부터 데이터를 수집하기 위해 지라 프로젝트를 만들고, 커스터마이즈했다. 지금 해야 하는 것은 데이터를 처리하고 이 데이터를 사용자에게 다시 보여주는 것이다. 이 실습에서 이루고자 하는 목표는 팀원들이 스스로 더 나은 조직화를 할 수 있도록 돕는 통계와 이슈 목록 같은 유용한 정보를 갖는 것, 그리고 다른 부서에 더 나은 서비스를 제공하기 위해 우리의 HR 팀을 위한 포털 페이지를 설정하는 것이다.

필터 설정

첫 번째 단계는 다른 팀원들과 공유할 수 있고, 가젯에 대해 데이터 소스로 작동할 수 있는 유용한 필터를 생성하는 것이다. 검색을 구성하기 위해 고급 검색^{advanced search} 기능을 사용한다.

1. Issue Navigator로 이동한다.

2. JQL 인터페이스를 호출하기 위해 **Advanced** 링크를 클릭한다.

3. 다음과 같은 JQL 검색 쿼리를 입력한다.

```
project = HR and issuetype in ("New Employee",
Termination) and resolution is empty order by priority
```

4. 검색하기 위해 **Search** 버튼을 클릭한다.

5. Save Filter 대화 상자를 호출하기 위해 **Save as** 버튼을 클릭한다.

6. 필터의 이름을 Unresolved HR Tasks로 입력하고, **Submit** 버튼을 클릭한다.

7. **Save as** 버튼 다음에 있는 **Details** 링크를 클릭함으로써, 9장, '지라 보안'에서 설정한 hr-team 그룹에 필터를 공유한다.

이러한 필터는 검색 후 HR 프로젝트에서 **New Employee**와 **Termination** 타입의 미해결 이슈 목록을 반환한다. 검색 결과는 우선순위에 따라 정렬돼 사용자가 긴급 사항을 결정할 수 있도록 한다. 나중에 확인할 수 있듯이, 이 필터는 대시보드에 정보를 제공하기 위한 가젯의 데이터 소스로 사용된다.

대시보드 설정하기

다음 단계는 HR 팀을 위한 새로운 대시보드를 생성하는 것이다. 필요로 하는 구체적인 대시보드는 팀이 정보를 쉽게 공유할 수 있도록 하는 대시보드이다. 예를 들어 당신은 커다란 오버헤드 프로젝터[1]에 해결할 필요가 있는 우선순위가 높은 Incident 타입 이슈를 모두 보여주는 대시보드를 표시할 수 있다.

1. Manage Dashboards 페이지로 이동한다.

2. Create new dashboard 버튼을 클릭한다.

3. 새로운 대시보드 이름을 Human Resources로 한다.

4. 대시보드의 기반을 Blank로 선택한다.

5. 새로운 대시보드를 선호 대시보드로 표시한다.

6. hr-team 그룹에 필터를 공유한다.

7. 대시보드를 생성하기 위해 Add 버튼을 클릭한다.

예제에선 기본적으로 새로운 대시보드에 두 개의 열을 가진 레이아웃을 사용한다. 대안으로 다른 레이아웃을 갖고 자유롭게 실험하면 가장 적합한 레이아웃을 발견할 수 있을 것이다.

가젯 설정

포털 대시보드 페이지를 설정하고 팀의 다른 멤버들에게 공유했다. 이제 유용한 여러 가지 정보를 대시보드에 추가해야 한다. 대시보드가 표시해야 하는 한 가지 예는 처리를 기다리는 모든 미해결 incident 타입 이슈이다. 지라는 현재 로그인한 사용자에게 할당된 모든 이슈를 보여주는 Assigned to Me 가젯을 갖고 있지만, 필요로 하는 것은 할당자[assignee]에 상관없이 전역적인 incident 타입 이슈 목록이다.

---

1   교재를 스크린에 영상으로 비추는 교육용 프로젝터를 의미한다. – 옮긴이

다행히 지라는 검색 필터에 기반한 검색 결과를 표시하는 Filter Result 가젯도 갖고 있다. 이미 HR 프로젝트 내의 모든 미해결 Incident 타입 이슈를 반환하는 필터를 생성했기 때문에, 이 두 가지 조합은 갖고 있는 문제를 멋지게 해결한다.

1. 바로 전에 생성한 Human Resources 대시보드로 이동한다.

2. 상단 오른쪽 부분에 있는 Add Gadget 옵션을 클릭한다.

3. Filter Results 가젯의 Add gadget 버튼을 클릭한다.

4. 생성한 Unresolved HR Tasks 필터를 선택한다.

5. Columns to display 옵션에 추가하기 원하는 필드를 선택한다.

6. Auto refresh를 활성화하고 간격을 15분으로 설정한다.

7. Save 버튼을 클릭한다.

이것은 새로운 Filter Results 가젯을 새로운 대시보드에 추가하고, 데이터 소스로서 필터를 이용한다. 가젯은 자동으로 15분마다 내용을 새로고침한다. 따라서 사용자는 매번 페이지를 새로고침할 필요가 없다. 사용자는 대시보드를 더 유용하게 만들기 위해 일부 다른 가젯을 대시보드에 추가할 수 있다. 일부 다른 유용한 가젯들은 Activity Stream과 Assigned to Me 가젯을 포함한다.

마무리하기

지라에서 대시보드를 설정하고 공유하기 위해 해야 하는 일은 상당히 많다. 대시보드에 가젯을 추가한 후엔 가젯에서 가능한 동작을 실제로 볼 수 있다. 대시보드의 좋은 점은 팀 내 다른 이들과 공유할 수 있어 다른 팀원들도 대시보드를 볼 수 있다는 점이다. 팀원들은 새로운 대시보드에 대해 검색하거나 자신들의 대시보드 목록에 추가하고 선호 사항을 표시할 수 있다.

만약 필터를 가젯의 데이터 소스로 사용한다면, 필터도 다른 사용자에게 공유해야 한다. 그렇지 않으면 다른 사람들은 가젯에서 아무것도 볼 수 없을 거란 사실을 명심해야 한다.

▍ 요약

10장에선 사용자들이 지라에 입력한 데이터를 검색하고 보고하는 방법을 다뤘다. 이러한 사항들은 모든 정보 시스템의 필수적인 구성 요소이다. 지라는 사용자에게 빠른 검색, 단순 검색, 그리고 고급 검색을 포함한 다양한 옵션을 통해 강력한 검색 기능을 제공한다. 사용자는 동일한 검색을 다시 생성하지 않고 저장된 검색을 나중 단계에서 다시 수행할 수 있는 필터를 생성해 검색을 저장하고 이름을 지정할 수 있다.

또한 지라는 프로젝트나 검색 필터에서 가져온 결과에 대해 구성 가능한 보고서를 생성할 수 있다. 지라에서 유지하는 데이터를 빠르게 확인하기 위해 사용자들에게 포털로 작동하는 대시보드를 통해 다른 사람들과 정보를 공유할 수 있다.

11장에선 지라 제품군의 또 다른 애플리케이션인 지라 서비스 데스크를 살펴본다. 지라 서비스 데스크는 고객 포털이나 SLA 관리 같은 강력한 기능을 갖고 완벽하게 동작하는 서비스 데스크로 변경하는 데 도움이 된다.

11

지라 서비스 데스크

지라는 개발자를 위한 도구로 설계됐다. 또한 개발자가 소프트웨어를 개발하는 동안, 버그와 태스크를 담아내기 위한 이슈 트래킹issue-tracking 도구로도 만들어졌다. 그러나 지라는 유연성과 확장성으로 인해 많은 사용 사례에 적용되고 이에 맞춰 조정될 수 있다. 애틀라시안은 이러한 사실과 더불어 지라의 잠재력을 인식하고 '지라 서비스 데스크JIRA Service Desk'라는 새로운 제품을 출시했다. 지라 서비스 데스크는 지라 플랫폼의 최상위에 구축돼, 지라를 완전한 기능을 갖춘 서비스 데스크 솔루션으로 전환시킨다.

11장에선 다음과 같은 주제에 대해 학습한다.

- 지라 서비스 데스크 설치
- 새로운 서비스 데스크 설치 및 브랜딩branding
- 서비스 수준 계약SLA, Service-Level Agreement 정의 및 설정
- 에이전트에서 작업하는 사용자 지정 큐 생성
- 지식 베이스knowledge base [1] 설정을 위해 컨플루언스Confluence [2] 와 통합

▌ 지라 서비스 데스크

앞 장들의 마지막 부분에 있는 실습에선 지라를 지원 시스템support system 으로 구축했다. 지라는 업무 지원 요구 사항을 다루는 데 적합하지만 여전히 몇 가지 아쉬운 점이 남아 있다.

일례로 간단하게 지원 티켓을 생성하려는 비즈니스 사용자에게, 지라 사용자 인터페이스는 너무 복잡하고 혼란스러울 때가 많다. 최선을 다했음에도 불구하고 스크린에는 너무 많은 옵션들이 남아 있으며, 이들 대부분은 서비스 데스크 환경에선 유용한 것이 아니다. 또 다른 예는 일관된 서비스 품질을 보장하기 위한 서비스 수준 계약SLA에 대해 아무런 설정을 할 수 없다는 점이다.

이런 아쉬운 점을 채우기 위해 지라 서비스 데스크가 나타나게 됐다. 지라 서비스 데스크는 깔끔하고 직관적이며, 사용자 친화적인 인터페이스를 고객과 지원 팀 모두에게 바로 제공함으로써 지라의 모든 단점을 해결한다. 또한 서비스 데스크 솔루션에서 기대되는 많은 기능들을 제공한다. 다음 화면에서 볼 수 있듯이, 지라 서비스 데스크는 고객에게 네 가지 단계로 서비스된다.

---

1   전문가 시스템 구성 요소의 하나로, 특정 분야의 전문가가 지적 활동과 경험을 통해 축적한 전문 지식이나 문제 해결에 필요한 사실과 규칙 등이 저장돼 있는 데이터베이스를 말한다. - 옮긴이
2   https://ko.atlassian.com/software/confluence를 참고하라. - 옮긴이

1. 고객이 포털이나 이메일을 통해 서비스 에이전트에게 요청을 제출한다.

2. 서비스 데스크 에이전트가 지라 서비스 데스크 큐로부터 요청을 확인하고 이슈를 살펴본다.

3. 고객과 다른 관련자들이 포털과 이메일을 지라 서비스 데스크에서 작업하는 서비스 데스크 에이전트와 이슈를 논의한다.

4. 서비스 데스크 에이전트가 이슈를 해결하고, 고객이 만족한다.

이미지 출처: https://conf luence.atlassian.com/display/SERVICEDESK/Getting+started+with+JIRA+Service+Desk

▌ 지라 서비스 데스크 설치

지라 서비스 데스크를 얻기 위한 두 가지 방법이 있다. 첫 번째 옵션은 갖고 있는 기존 지라 코어나 지라 소프트웨어에 지라 서비스 데스크를 설치하는 방법이다. 이는 추가적인 하드웨어의 제공을 필요로 하지 않고 이미 갖고 있는 것을 활용할 수 있어 가장 손쉬운 방법이다. 또한 에이전트가 다른 팀과 함께 고객의 요청을 해결하는 데 도움이 된다. 지라 서비스 데스크를 설치하기 위해 따라야 하는 단계는 다음과 같다.

1. 지라 관리자로 로그인한다.

2. 지라 관리 콘솔을 연다.

3. Application 탭을 선택한다.

4. 오른쪽 패널의 JIRA Service Desk 아래의 Try it for free 버튼을 클릭한다.

5. 사용권 계약에 동의하고, 화면의 지시에 따라 설치를 완료한다.

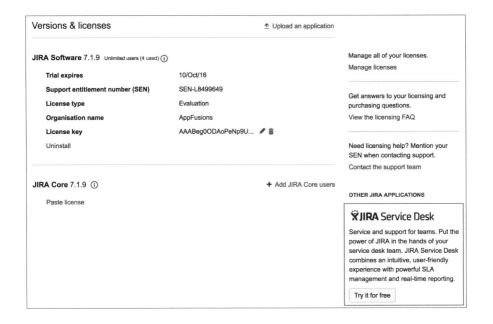

두 번째 옵션은 지라 서비스 데스크를 단독 실행형 애플리케이션으로 설치하는 방법이다. 지라 코어나 지라 소프트웨어 인스턴스가 실행되고 있지 않는 경우나 소프트웨어 이슈 트래킹 시스템과 지원 시스템을 별도로 유지하고 싶을 때 이 옵션을 사용한다. 여전히 에이전트와 다른 팀은 첫 번째 옵션처럼 고객의 요청을 해결하기 위해 협력할 수 있다. 두 번째 방법은 설정을 위해 추가적인 단계가 필요하며, 다음과 같다.

1. 두 개의 지라 인스턴스 사이에 애플리케이션 링크를 생성한다.
2. 두 시스템이 동일한 사용자 세부 사항 세트를 갖는 걸 보장하기 위해, 두 개의 지라 인스턴스를 LDAP와 같은 사용자 저장소로 통합한다.

단독형 애플리케이션으로 지라 서비스 데스크를 설치하기 위해선 대부분의 설치 단계가 동일하므로 1장, '지라 시작하기'를 참고하라.

지라 서비스 데스크 시작하기

지라 서비스 데스크를 사용하기 전 다음과 같은 핵심 용어에 익숙해지는 것은 지라 서비스 데스크를 이해하는 데 있어 중요하다.

- **에이전트**^{Agents} : 고객의 요청을 처리하는 서비스 지원 팀원이다. 요청에 대해 편집, 할당, 종료 등의 액션을 수행할 수 있는 일반적인 지라 사용자이다.
- **고객**^{Customers} : 서비스 데스크에서 지원을 요청하는 최종 사용자이다. 제품 고객이나 IT 지원을 필요로 하는 다른 부서의 동료일 수도 있다.
- **고객 포털**^{Customer Portal} : 고객의 주된 방문 페이지이다. 고객 포털은 지라 표준 인터페이스에서 모든 불필요한 부분을 제외한, 서비스 데스크를 위한 간단하고 깔끔하고 사용하기 쉬운 인터페이스이다. 다음 화면은 애틀라시안 지원 포털의 고객 포털을 보여준다.

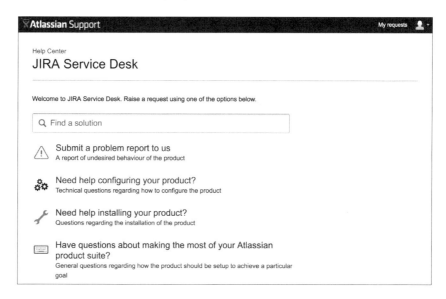

- **큐**^{Queue} : 특정 기준에 맞는 이슈들을 보여주는 지라의 필터와 유사하다. 서비스 데스크 에이전트는 우선순위를 지정하고, 처리해야 하는 요청을 고르기 위해 큐를 사용한다.

- **요청**^{Requests}: 고객과 같은 최종 사용자가 지라 서비스 데스크로 제출하는 것이다. 실제로 요청은 지라의 이슈와 같다. 하지만 서비스 데스크 환경 맥락에선 요청이라는 용어를 사용하는 것이 혼란이 덜하다.
- **서비스 데스크**^{Service desks}: 고객이 요청하는 곳이다. 자세히 살펴보면 서비스 데스크 프로젝트 타입의 지라 프로젝트이다. 프로젝트 유형에 대한 더 상세한 정보는 2장, '비즈니스 프로젝트에 지라 사용하기'를 참고하라.

화면에서 볼 수 있듯이, 고객이 요청을 통해 상호작용하는 경우의 사용자 인터페이스는 에이전트가 보는 인터페이스와 상당히 다르다. 사용자 인터페이스는 요청에 대한 설명, 요청 상태와 같은 중요 정보만을 보여준다. 고객은 요청에 대한 자세한 내용은 수정할 수 없고, 요청에 대한 새로운 의견과 첨부 파일의 추가만 가능하다.

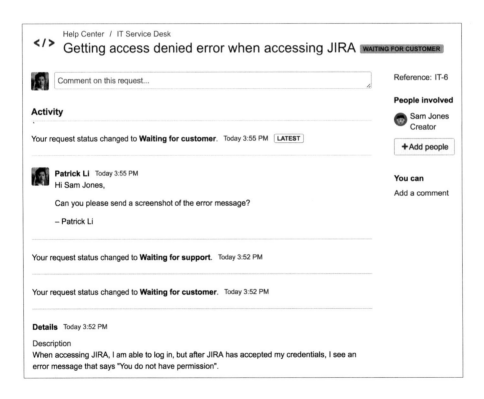

410

서비스 데스크의 중요 정보들은 다음과 같다.

- **요청 타입**^{Request type}: 고객이 할 수 있는 요청의 서로 다른 종류를 나타낸다. 요청 타입은 문제 보고^{problem report}, 도움 요청^{help request}, 일반 문의^{general inquiry}를 포함한 무엇이든 가능하다. 새로운 요청 타입을 생성하는 경우, 지라는 은 밀하게 새로운 이슈 타입을 생성한다. 요청 타입의 중요한 기능 가운데 하나는 사용자 친화적인 이름으로 지정하는 것이 가능하다. 이슈 타입은 '문제 보고^{problem report}'이지만, 실제 이슈 타입 대신 '문제 보고 제출^{Submit a problem report}'로 표시할 수 있다.
- **서비스 데스크**^{Service desk}: 일을 해야 하는 에이전트이다. 각 서비스 데스크는 고객에 대응하기 위한 포털을 갖고 있다. 실제로 서비스 데스크는 지라 권한, 워크플로우, 그리고 다른 스킴에 의해 제어되는 지라 프로젝트이다.
- **SLA**: 서비스 수준 계약^{Service-level-agreement}은 고객에게 보장되는 서비스의 품질을 정의한다. 지라 서비스 데스크에서 서비스 레벨 계약은 응답 시간, 이슈가 해결되는 데 걸린 전체 시간처럼 시간으로 측정된다.

새로운 서비스 데스크 생성

서비스 데스크로 작업하기 위한 첫 단계는 서비스 데스크 설정이다. 실제로 서비스 데스크는 새로운 사용자 인터페이스를 갖는 지라 프로젝트이다. 새로운 서비스를 처음부터 새로 생성하거나, 기존 프로젝트에 대해 서비스 데스크 프로젝트 타입으로 변경할 수 있다.

새로운 서비스 데스크를 생성하기 위해선 다음 단계를 수행하면 된다.

1. Projects 드롭다운 메뉴에서 Create project 옵션을 선택한다.
2. Service Desk 프로젝트 타입에서 IT Service Desk 같은 프로젝트 템플릿을 선택한다. 그 다음 Next를 클릭한다.

3. 새로운 서비스 데스크 프로젝트에 대한 이름과 키를 입력한다. 그리고 Submit을 클릭한다.

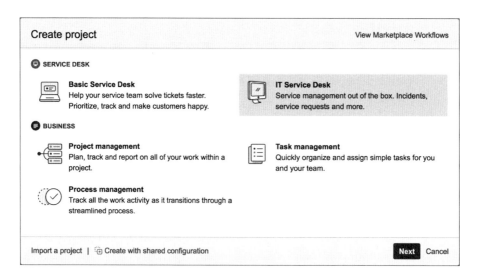

서비스 데스크를 기존 지라 프로젝트에 사용하기로 결정했다면, 해야 하는 일은 다음 단계에 따라 프로젝트 타입을 업데이트하는 것이다.

1. 서비스 데스크로 변경하기 원하는 프로젝트의 프로젝트 관리 페이지로 이동 한다.

2. Actions 메뉴에서 Change project type 옵션을 선택한다.

3. Service Desk 옵션을 선택하고, Change를 클릭한다.

서비스 데스크가 생성되면 다음 화면과 같이 서비스 데스크 사용자 인터페이스로 이 동한다.

모든 서비스 데스크는 두 개의 인터페이스를 가진다. 하나는 agents라고 하는 관리자와 지원 팀 멤버가 사용하는 인터페이스이다. 두 번째 인터페이스는 customer portal로 불리며, 고객들이 요청을 생성하고 에이전트와 상호작용하기 위해 사용하는 인터페이스이다. 서비스 데스크의 구성을 변경하면 언제든지 Customer channels를 클릭해 변경 사항을 미리 볼 수 있다. 그리고 왼쪽 내비게이션 패널에서 Visit the portal 링크는 고객 포털Customer portal이 어떻게 보여질지 미리 볼 수 있다.

 Customer portal 아래에 표시된 URL은 고객이 서비스 데스크에 접근하기 위해 사용하는 URL이다.

고객 포털 브랜딩

서비스 데스크를 옵션과 함께 고객 포털을 브랜딩할 수 있다.

- **도움 센터 이름**Help center name : 지라 인스턴스 이름으로 생각하면 된다.
- **도움 센터 로고**Help center logo : 왼쪽 상단에 나타나는 로고로, 지라 로고로 생각하면 된다. 지라 서비스 데스크는 상단 바의 색상을 자동으로 변경하고 조정하기 위해 이 로고를 사용한다.

- **고객 포털 이름**Customer portal name: 특정 서비스 데스크 포털의 이름이다.
- **고객 포털 소개 문구**Customer portal introduction text: 특정 서비스 데스크 포털을 위해 표시되는 환영 메시지이다.
- **고객 포털 로고**Customer portal logo: 특정 서비스 데스크 포털의 로고이다.

다음 화면은 예제 고객 포털의 항목을 설명한 것이다.

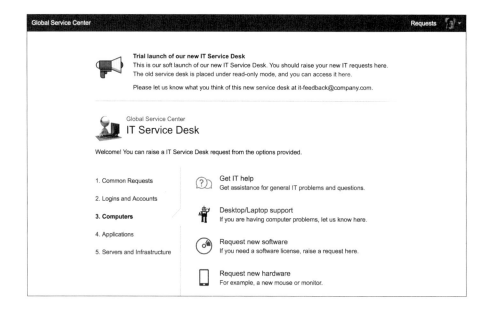

특정 고객 포털의 브랜딩 구성을 하기 위해선, 다음 단계를 수행하면 된다.

1. 브랜드를 만들기 원하는 서비스 데스크의 프로젝트 관리 페이지로 이동한다.
2. 왼쪽 패널에서 Portal Settings를 선택한다.
3. Name과 Introduction text에 각각 이름과 환영 문구를 입력한다.
4. Use a custom logo for this Customer Portal 옵션을 체크하고, 고객 포털을 위한 로고를 업로드한다.

서비스 데스크 사용자

지라 서비스 데스크는 몇 가지 새로운 사용자 타입을 도입한다. 자세히 살펴보면 이러한 사용자 타입은 서비스 데스크가 설치될 때, 생성되는 새로운 프로젝트 역할에 매핑된다.

- **에이전트**^Agent: 요청을 처리하는 서비스 데스크 팀의 멤버이다. 에이전트는 Service Desk Team 프로젝트 역할^Project Role에 추가된다.
- **고객**^Customer: 서비스 데스크 포털을 통해서 요청을 제출하는 최종 사용자다. 고객들은 Service Desk Customers 프로젝트 역할에 추가된다.
- **협력자**^Collaborator: 보통 서비스 데스크 팀에 속해 있지 않지만, 고객의 문제를 해결하는 데 도움을 줄 수 있는 또 다른 지라 사용자이다. 협력자는 Service Desk Collaborators 프로젝트 역할에 추가된다.

서비스 데스크에 에이전트 추가

에이전트는 지라 서비스 데스크에서 고객의 요청을 처리하는 지라 사용자이다. 일반적으로 에이전트는 지원 팀 멤버이다. 에이전트는 지라 서비스 데스크 라이선스를 소모한다. 서비스 데스크에 에이전트를 추가하기 위해선 다음 단계를 수행하면 된다.

1. 에이전트를 추가하기 원하는 서비스 데스크로 이동한다.

2. 왼쪽 패널의 Invite team 옵션을 클릭한다.

3. 서비스 데스크 팀의 에이전트로 초대하기 원하는 사용자를 검색하고 추가한다. 한 명 이상의 에이전트를 선택하고 추가할 수 있다. Invite button을 클릭한다.

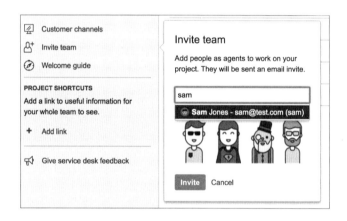

서비스 데스크에 에이전트를 추가할 때, 서비스 데스크에 접근할 수 있는 사용자 권한을 부여해야 하는 기존 지라 사용자를 선택할 수 있다. 만일 에이전트로 추가하고자 하는 사용자가 없다면, 새로운 지라 계정을 생성하고 사용자 이메일 주소를 입력하는 한 단계만으로 사용자를 지라 에이전트로 추가할 수 있다. 사용자에게는 비밀번호를 설정하는 링크가 담긴 이메일이 전달될 것이다. 이 같은 방법으로 생성된 새로운 사용자 계정은 자동적으로 jira-servicedesk-user 그룹과 Service Desk Team 프로젝트 역할에 추가된다. 그룹과 역할에 대한 좀 더 자세한 정보는 9장, '지라 보안'을 참고하라.

서비스 데스크에 고객 추가

고객은 고객 포털을 통해 요청을 생성하는 최종 사용자들이다. 고객은 수동으로 초대할 수도 있고, 고객이 직접 등록할 수 있도록 허용할 수도 있다. 고객이 요청을 제출하기 위해선 지라 서비스 데스크 계정을 필요하다. 다행스럽게도 고객 계정은 지라 서비스 데스크 라이선스를 소모하지 않는다.

고객을 서비스 데스크에 초대하는 방법은 다음과 같다.

1. 고객을 추가하기 원하는 서비스 데스크를 연다.
2. 왼쪽 패널에서 Customers 옵션을 선택한다.
3. Invite customers 버튼을 누른다.
4. 초대할 사용자의 이메일 주소를 입력하고, Send invite 버튼을 누른다.

고객 포털에 접근 방법과 필요한 경우 계정을 생성하는 절차를 담은 이메일이 고객에게 전달될 것이다.

만일 사용자들이 스스로 등록하는 것을 허용하고 싶다면 다음 화면과 같이 서비스 데스크에 Everyone can access를 설정하고, Anyone can sign up 옵션을 활성화하면 된다. 사전에 허가된 고객들만이 서비스 데스크에 접근할 수 있도록 제약을 두고자 하는 경우에는 Only people on my customer list can access my Customer Portal 옵션을 선택하면 된다.

서비스 데스크에 협력자 추가

협력자Collaborators는 지원팀–에이전트가 아니다–의 일부는 아니지만, 진단을 돕고 고객 요청을 해결할 수 있는 전문적인 지식과 도메인에 대한 이해를 갖고 에이전트를 지원하는 지라 사용자이다. 지라 서비스 데스크에서 협력자는 Service Desk Team 프로젝트 역할과 jira–servicedesk–user 그룹에 속한 사용자다. 사용자에게 서비스 데스크 프로젝트에 접근 권한을 부여해서 사용자를 쉽게 협력자로 추가할 수 있다. 협력자는 지라 서비스 데스크의 라이선스를 소모하지 않는다.

서비스 데스크에 협력자를 추가하기 위해선 다음 단계를 따르면 된다.

1. 협력자를 추가하기 원하는 서비스 데스크의 프로젝트 관리 페이지로 이동한다.
2. 왼쪽 패널에서 Users and roles 옵션을 선택한다.
3. Add users to a role 링크를 클릭한다.
4. 추가할 사용자를 검색하고 선택한 후, Service Desk Team 역할을 선택한다. 그리고 Add 버튼을 누른다.

협력자를 만드는 경우 사용자 계정에 서비스 데스크에 접근할 수 있는 권한을 부여하면 된다. 그러면 사용자는 요청이나 의견을 보거나 첨부 파일을 추가할 수 있다.

▌요청 타입

지라는 이슈의 목적을 정의하기 위해 이슈 타입을 사용하며 지라 서비스 데스크도 같은 목적으로 요청 타입을 사용한다. 사실 지라 내부에서 각 요청 타입은 이슈 타입과 매핑된다. 이슈 타입과 요청 타입의 중요한 차이점은 요청 타입은 고객에게 보이고, 좀 더 서술적인 별칭display name을 사용한다는 점이다. 예를 들어 Incident라고 하는 이슈 타입에 해당하는 요청 타입은 **Report system outage**로 부를 것이다. 요청 타입은 더 많은 정보를 표시하는 이슈 타입으로 생각할 수 있다.

▎요청 타입 설정

서비스 데스크에 새로운 요청 타입을 생성하기 위해선 다음 단계를 수행하면 된다.

1. 새로운 요청 타입을 생성하고자 하는 서비스 데스크의 프로젝트 관리 페이지로 이동한다.

2. 왼쪽 패널에서 **Request Types**를 선택한다.

3. 요청 타입을 위해 선택한 새로운 아이콘을 누른다.

4. 요청 타입의 이름을 입력한다. 이름은 가능한 서술적이어야 하며, 고객이 쉽게 요청 타입의 목적을 이해할 수 있도록 해야 한다.

5. 요청 타입에 매핑시킬 이슈 타입을 선택한다.

6. 선택 사항인 설명을 입력한다. 이 설명은 고객이 생성하는 요청 타입을 결정하는 데 도움을 주기 위해 요청 이름 아래에 표시된다.

7. 해당 요청 타입이 속할 하나 이상의 그룹을 선택한다. 그룹에 대해선 이 절의 뒷부분에서 이야기한다.

8. **Add** 버튼을 눌러 새로운 요청 타입을 생성한다.

목록에 있는 요청 타입을 드래그해 순서를 바꿀 수 있다. 설정된 목록의 순서는 고객 포털에 반영된다. 목록 순서를 결정하는 경우 순서에 대해 잘 고려해야 한다. 이를테면 요청 타입을 알파벳 순서로 정렬할 것인지, 혹은 가장 공통적인 요청 타입이 맨 위에 가도록 할지 결정할 수 있다.

요청 타입을 그룹으로 조직화

요청 타입의 숫자가 늘어남에 따라, 유사한 요청 타입을 그룹으로 묶을 수 있다. 따라서 사용자가 포털에 방문하면 모든 요청 타입은 논리적으로 조직화돼 찾기가 훨씬 더 쉬워진다. 예를 들어 다음 고객 포털의 화면과 같이 우리는 6개의 요청 타입 그룹을 갖고 있으며, 처음 5개는 지라 서비스 데스크의 프로젝트 템플릿과 함께 제공되는 반면, 6번째는 사용자 지정으로 Sample Group이다. Sample Group을 클릭하면 우리는 고객이 제기할 수 있는 세 가지 요청 타입을 볼 수 있다.

Global Service Center
IT Service Desk

Welcome! You can raise a IT Service Desk request from the options provided.

1. Common Requests

2. Logins and Accounts

3. Computers

4. Applications

5. Servers and Infrastructure

6. Sample Group

 Sample Change
Request change to an existing IT system, such as upgrade.

 Sample Incident
Report a problem or incident encountered with IT systems.

 Sample Request
Request assistance from IT team.

이미 '요청 타입 설정' 절에서 살펴본 것처럼 요청 타입을 하나 이상의 그룹에 추가가 가능하다. 기존 그룹 가운데 하나를 선택하거나 새로운 그룹 이름을 입력함으로써 새로운 그룹을 추가할 수 있다. 요청 타입이 두 개 이상의 그룹에 속한 경우 포털에서 선택되는 각 그룹마다 표시된다.

 요청 타입 그룹은 임의로 순서를 변경할 수 없다. 이 문제를 해결할 수 있는 한 가지 방법은 '1 General과 2 Application Update' 같이 그룹 이름 앞에 숫자를 추가하는 것이다.

▌ 필드 설정

지라 서비스 데스크에선 각 요청 타입마다 다른 필드 배치를 설정할 수 있다. 여기서 주의해야 할 중요한 점은, 지라 서비스 데스크 필드를 설정할 경우 (지라 소프트웨어에서와 같이) 새로운 요청을 생성할 때 새로운 사용자 정의 필드를 생성하는 것이 아니라 고객이 요청 양식에 기존 필드를 추가하거나 삭제하는 것이라는 점이다. 이것은 스크린에 필드를 추가하는 것으로 생각할 수 있다. 만일 아직 존재하지 않은 필드를 추가하길 원한다면 5장, '필드 관리'에서 설명한 것처럼 새로운 사용자 정의 필드를 먼저 생성해야 한다. 그런 후 해당 필드를 요청 양식으로 추가하는 것이 가능하다.

지라 서비스 데스크의 더 유용한 기능 가운데 하나는 실제 필드 이름에 독립적으로 사용자 정의 별칭display name을 만들 수 있다는 점이다. 이것은 필드가 사용자에게 보일 때, 필드에 대해 더 많은 정보를 줄 수 있다는 것을 의미한다. 예를 들어 요약Summary 대신, '당신의 문제가 무엇입니까?What is the problem you are having?'라는 별칭을 줄 수 있다. 별칭은 필드 이름에 독립적이기 때문에, 기존 필터와 검색 질의들은 그대로 동작할 것이다.

요청 타입의 필드 배치를 설정하기 위해선 다음 단계를 수행하면 된다.

1. 필드 배치를 설정하고자 하는 서비스 데스크의 프로젝트 관리 페이지로 이동한다.

2. 왼쪽 패널에서 **Request Types**를 선택한다.

3. 필드에 설정하고자 하는 요청 타입에 대한 **Edit Field**를 누른다. 그러면 고객이 새로운 요청을 생성할 때 현재 화면에 보이는 모든 필드가 나열된다.

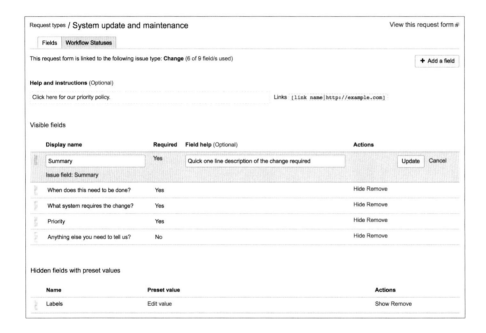

4. 요청 타입에 대해 기존 필드(시스템 필드와 사용자 정의 필드 모두)를 선택하기 위해, **Add a field** 버튼을 누른다.

5. 필드가 표시될 때 고객이 보게 되는 내용의 변경을 원하는 필드의 Display name을 누른다. 이것은 지라에서 필드의 실제 이름을 변경하는 것이 아니라, (이름이) 더 사용자 친화적으로 보이도록 만든다.

6. Required 열을 클릭해서 필드의 필수 필요 여부를 변경한다. 만일 Summary 필드처럼, 이 값이 회색으로 표시돼 있다면, 이 값을 변경할 수 없다는 점에 주의하라.

요청 타입의 필드 배치 설정 후 결과를 미리 보려면, 상단의 View this request form 링크를 누른다. 다음 화면과 같이 양식에 'Due Date' 필드를 추가했지만, 'When do this need to be done?'으로 표시된다.

워크플로우 설정

필드와 마찬가지로 지라 서비스 데스크에서 워크플로우 상태가 표시되는 방법을 제어할 수 있다. 실제 워크플로우를 변경할 순 없지만 워크플로우가 고객을 덜 혼란스럽게 해서 고객의 요청이 어떻게 진행되고 있는지 명확하게 알 수 있도록 한다는 점에 주목해야 한다.

요청 타입의 워크플로우를 설정하기 위해선 다음 단계를 수행하면 된다.

1. 워크플로우 설정을 원하는 서비스 데스크의 프로젝트 관리 페이지로 이동한다.

2. 왼쪽 패널에서 Request Types 옵션을 선택한다.

3. 워크플로우 설정을 원하는 요청 타입에 대한 Edit fields 링크를 누른다.

4. Workflow Status 탭을 선택한다. 그러면 다음 그림과 같이 워크플로우에서 가능한 모든 워크플로우 상태를 나열한다.

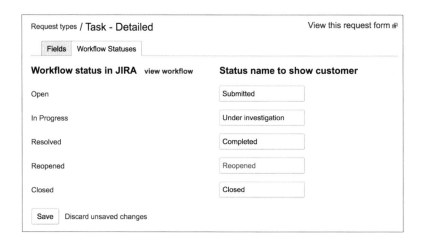

화면에서 볼 수 있듯이, 실제 워크플로우 상태에 대한 이름은 왼쪽 열에 나열된다. 각 상태에 대해서 고객이 보게 되는 다른 별칭을 부여할 수 있다.

예를 들어 Open, In Progress, Reopened 상태는 일반적인 지라 워크플로우 용어이고, 현재 요청이 지원 에이전트에 있음을 나타낸다. 그러나 이러한 이름은 고객에게 혼란을 줄 수 있다. 따라서 이러한 상태에 새로운 별칭을 주었다.

 이것은 워크플로우 자체를 바꾸는 것이 아니라, 고객에 대해 더 사용자 친화적으로 만드는 것이다.

서비스 수준 계약

서비스 수준 계약^{SLA, Service-Level Agreement}은 범위, 품질, 처리 시간 같이 제공하는 서비스 관점에서 서비스 제공자와 최종 사용자 간의 합의를 정의한다.

지원 서비스의 문맥에서 서비스 수준 계약은 서로 다른 지원 요청에 대해 다른 응답 시간을 정의한다. 예를 들어 중요도 1의 요청은 1시간의 응답 시간을 갖지만, 중요도 2의 요청은 4시간의 응답 시간을 가진다.

지라 서비스 데스크는 서비스 수준 계약 요구 사항을 응답 시간 기반으로 정의하도록 한다. 응답 시간을 측정하는 방법에 대한 규칙과, 각 규칙의 목표를 설정할 수 있다.

서비스 수준 계약 설정

지라 서비스 데스크의 서비스 수준 계약은 시간 측정과 목표 달성이라는 두 개의 컴포넌트로 나뉜다. 시간은 다양한 목적을 위해 측정될 수 있다. 일반적인 예는, 요청을 해결하는 데 걸린 시간과 고객 요청에 응답한 전체 시간이 포함된다. 서비스 수준 계약 메트릭을 설정하기 위해선 다음 단계를 수행하면 된다.

1. 서비스 수준 계약 설정을 원하는 서비스 데스크의 프로젝트 관리 페이지로 이동한다.
2. 왼쪽 패널에서 **SLA** 옵션을 선택하고, **New Metric**을 클릭한다.

이에 대한 간단한 예는, 지라 서비스 데스크가 요청이 생성되자마자 시간을 측정하기 시작하는 것이다. 에이전트가 고객에게 더 많은 정보를 필요로 하는 경우 고객이 다시 응답할 때까지 측정은 멈출 것이다. 결국 하나의 요청이 종료되면 측정은 중단된다. 다음은 간단한 예의 서비스 수준 계약 시간 측정 방법 설정법을 보여준다.

- Start 열은 요청이 생성되자마자 측정을 시작하는 것을 표시하는 Issue Created 옵션이 선택됐다.
- Pause on 열은 요청이 Waiting for Info 상태가 되면 측정을 멈추는 것을 표시하는 Status: Waiting for Info 옵션이 선택됐다.
- Stop 열은 요청이 한 번 완료되면 중단되는 것을 표시하는 Entered Status: Closed 옵션이 선택됐다.

다음 화면에서 볼 수 있듯이, 세 개의 열 각각마다 하나 이상의 조건을 선택하는 것이 가능하다.

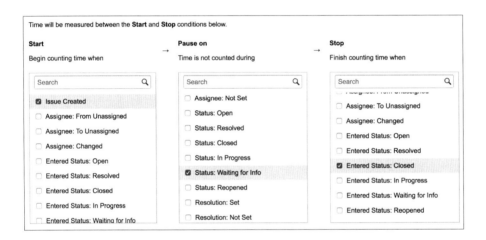

이는 시간의 시작과 중단에 대한 다수의 진입점entry points 설정을 허용한다. 진입점을 사용하는 한 가지 사례는 응답 시간이 될 것이다. 예를 들어 에이전트가 새로운 요청에 대해 한 시간 안에 응답하는 것에 대한 보장이 필요하다. 만일 요청이 추가적인 정보를 위해 고객에게 다시 전해지면, 1시간의 응답 시간은 고객에게 요청된 정보에 대해 바로 업데이트가 필요하다. 다음 사항들은 이러한 서비스 수준 계약에 대해 어떻게 시간 측정법을 설정하는지 보여준다.

- Start 열은 Issue Create와 Entered Status: In Progress 옵션 두 가지를 선택했다. 따라서 이슈가 처음 생성되는 경우와 이슈가 다시 에이전트가 처리하도록 돌아오는 경우에 측정이 시작된다.

- Stop 열은 Entered Status: Waiting for Info 옵션과 Entered Status: Closed 옵션을 선택했다. 에이전트가 고객에게 추가 정보를 위해 요청을 되돌려 보낸 경우와 요청이 완전히 닫힌 경우에 측정이 종료된다.

두 예제 간의 차이는, 두 번째 예에서 요청이 Waiting for Info 상태에 들어가면 시간 측정을 멈추지 않는 대신 측정을 완전히 중단한다. 다음 화면에서 볼 수 있듯이 이것은 요청이 Waiting for Info 상태에 들어가는 경우 현재의 측정 사이클이 종료되고, 요청이 In Progress 상태에 들어가면 새로운 측정 사이클이 시작되는 것을 의미한다.

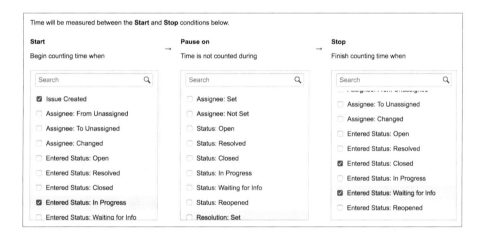

한 번 시간을 측정하는 방법이 정의되면 다음 단계는 서비스 수준 계약 목표를 설정하는 것이다. 서비스 수준 계약 목표는 설정한 각 시나리오에 허용되는 시간을 정의한다. 앞서 이야기한 응답 시간의 예에선 목표를 다음 화면과 같이 설정했다.

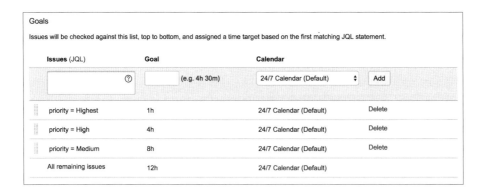

예제에서 Highest로 설정된 요청에 대해선 응답 시간을 1시간(1h)으로, High로 설정된 요청과 Medium으로 설정된 요청에 대해선 응답 시간을 각각 4시간, 8시간으로 정의했다. 이외의 모든 요청에 대해선 12시간 이내에 응답될 것이다.

확인 가능하듯, 다음과 같이 서비스 수준 계약 목표를 정의하기 위한 몇 가지 컴포넌트가 있다.

- **이슈** Issues : 이슈는 이슈에 적용된 목표를 갖게 된다. 이슈의 선택 폭을 좁히려면, JQL을 사용하라.
- **목표** Goal : 목표를 위한 시간 값이다. 3h는 3시간을, 45m은 45분을, 2h30m은 2시간 30분을 의미하는 표준 지라 시간 표기법 Standard JIRA time notation 을 사용할 수 있다.
- **달력** Calendar : 서비스 수준 계약이 적용될 근무 요일과 근무 시간을 정의한다. 예를 들어 24/7 Calendar는 모든 요일의 모든 시간에 측정된다는 것을 의미한다. 다음에 살펴볼 내용과 같이 근무 요일, 근무 시간, 휴일을 정의하기 위해 사용자 정의 달력을 만들 수 있다.

SLA 기준을 정의하는 경우, JQL을 사용해야 한다. 고급 검색과 마찬가지로 다음 그림과 같이 지라 서비스 데스크는 쿼리의 검증을 돕기 위해 자동 완성 기능을 제공한다.

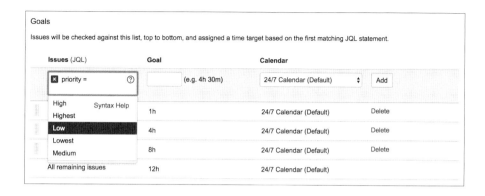

사용자 정의 캘린더

앞서 본 바와 같이 서비스 수준 계약을 설정할 때 목표에 대해 측정되는 근무 요일과 시간을 정의한 캘린더의 선택이 가능하다. 지라 서비스 데스크는 월요일부터 금요일까지 오전 9시부터 오후 5시 사이의 시간만 측정되는 견본 9–5 캘린더Sample 9–5 Calendar를 함께 제공한다.

다음과 같이, 자신의 캘린더를 생성할 수 있다.

1. 캘린더 추가를 원하는 서비스 데스크에 대한 프로젝트 관리 페이지로 이동한다.
2. 왼쪽 패널에서 SLAs 옵션을 선택한다.
3. 왼편의 Calendar 버튼을 누르고, 대화 상자에서 add Calendar 버튼을 클릭한다.
4. 캘린더의 이름을 입력하고 옵션을 구성한다.
5. Save 버튼을 눌러 캘린더를 생성한다.

지라 서비스 데스크는 다음 옵션들로 캘린더를 구성할 수 있다.

- **Time zone**: 캘린더에서 사용될 시간대를 선택한다.
- **Working days**: 서비스 수준 계약으로 측정될 수 있는 요일을 선택한다.
- **Working hours**: 서비스 수준 계약에서 포함될 수 있는 각 근무 요일의 시간들이다.
- **Holidays**: 서비스 수준 계약에서 배제되는 크리스마스와 같은 휴일을 추가한다.

다음 화면에서 볼 수 있듯이, 화요일부터 금요일까지의 근무 시간은 오전 9시부터 오후 5시까지로 설정했다. 이것은 월요일, 토요일, 그리고 일요일은 SLA 메트릭 계산에서 제외되는 것을 의미한다. 그리고 크리스마스와 새해 첫날을 휴일로 추가해 서비스 수준 계약에 이날들은 적용되지 않는다.

큐

큐^{Queues}는 에이전트를 통해 동작하는 사전에 정의된 기준에 따른 요청 목록으로, 지라의 필터로 생각할 수 있다. 큐는 들어오는 요청을 좀 더 관리 가능한 그룹으로 조직화해서 지원팀을 도울 수 있고, 요청을 더 잘 우선순위화할 수 있다. 지라 서비스 데스크는 큐를 구성하기 위해 지라의 검색 메커니즘을 사용한다. 지라 검색 옵션에 대한 더 자세한 내용은 10장, '검색, 보고, 분석'을 참고하라.

새로운 큐 생성

서비스 데스크 관리자는 팀을 위해 새로운 큐를 생성할 수 있다. 새로운 큐를 생성하기 위해선 다음 단계를 수행하면 된다

1. 큐를 추가하길 원하는 서비스 데스크로 이동한다.

2. 왼쪽 패널에서 Queues 옵션을 선택하고 New Queue 버튼을 누른다.

3. 큐의 이름을 입력한다. 큐의 이름은 큐의 목적과 큐 안에 들어가게 될 요청들을 명확하게 반영해야 한다.

4. UI 컨트롤을 이용해 검색 기준을 생성한다. JQL에 익숙하거나 쿼리에서 제외 논리를 사용해야 한다면, Advanced 링크를 클릭해 JQL을 바로 사용할 수 있다.

5. 큐가 이슈 목록을 보여줄 때 출력될 필드들을 선택한다. 추가해야 하는 더 많은 필드들을 찾으려면 More 옵션을 클릭한다. 필드를 좌우로 드래그해서 재배치할 수 있다. 가장 유용한 정보를 출력할 수 있는 필드를 선택할 수 있다.

6. 다음 화면에 보이는 것처럼 큐를 생성하기 위해 Create 버튼을 클릭한다.

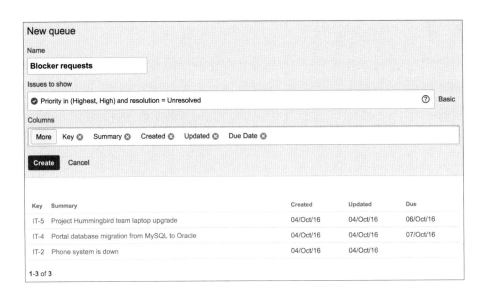

화면에서 볼 수 있듯이, 검색 기준과 필드 선택을 변경하면 아래쪽 미리 보기 영역은 검색 결과와 필드의 레이아웃을 미리 보여준다.

▌ 지식 베이스 글 생성

지원 팀이 열심히 고객의 문제를 해결해 감에 따라 시간이 지나면서 지식의 조각들이 축적되기 시작할 것이다. 이는 고객의 공통된 질문과 그 문제를 해결하기 위한 조치 단계를 포함한다. 지라 서비스 데스크에선 이러한 정보를 추출하고, 고객 스스로가 해답을 찾는 것을 도와줄 수 있는 지식 베이스^{knowledge base}를 생성할 수 있다. 외부적으로는 지라 서비스 데스크는 지식 베이스 생성에 애틀라시안 컨플루언스^{Atlassian Confluence}만을 지원하지만 서드파티 부가 기능을 통해 다른 도구를 사용하는 것도 가능하다.

지라 서비스 데스크와 컨플루언스를 통합하기 위해선, 지라와 컨플루언스 사이의 애플리케이션 커넥션을 생성해야 한다. 만약 커넥션의 생성이 완료됐다면 다음 단계로 넘어가도 된다. 컨플루언스를 위한 애플리케이션 링크를 생성하기 위해선 다음 단계를 수행하면 된다.

1. 지라 관리 콘솔을 연다.

2. Applications 탭을 선택하고 왼편의 Application Links 옵션을 선택한다.

3. 다음 화면과 같이 컨플루언스 인스턴스에 대한 정규화된 URL을 Application 텍스트 상자에 입력하고, Create new link 버튼을 클릭한다.

4. 화면의 마법사를 따라 연결 프로세스를 완료한다.

지라와 컨플루언스 간의 링크가 생성되면, 서비스 데스크에서 컨플루언스를 사용할 수 있다. 각 서비스 데스크는 개별적으로 컨플루언스와 통합되고자 할 것이다. 컨플루언스 지식 베이스를 서비스 데스크에 설정하는 법은 다음 단계를 따르면 된다.

1. 컨플루언스 지식 베이스를 설정하길 원하는 서비스 데스크의 프로젝트 관리 페이지로 이동한다.

2. 왼쪽 패널에서 Knowledge base 옵션을 선택한다.

3. Link to Confluence space 옵션을 체크한다.

4. Application 드롭다운에서 연결된 컨플루언스(컨플루언스 이외의 다른 이름을 갖고 있을 수 있다)를 선택한다.

5. 지식 베이스 글이 생성될 컨플루언스 스페이스를 선택한다. 만약 지식 베이스용 스페이스가 없다면, Create a knowledge base space 링크를 클릭한다.

6. 다음 그림과 같이 Link 버튼을 클릭해서 통합 설정을 완료한다.

Knowledge base

Use a linked Confluence space to provide customers with knowledge base articles they can use to help themselves.

Link a Confluence space

○ Don't link to a Confluence space

● Link to a Confluence space

Application

Select the Confluence application you would like to use to link a Confluence space.

| Confluence | ▾ |

Space

You can only select spaces you have the permission to view in Confluence.

| Knowledgebase | ▾ | Create a knowledge base space

| Link | Cancel

 하나의 서비스 데스크는 하나의 컨플루언스 스페이스에 연결이 가능하다.

통합 후에는 에이전트가 요청을 보게 될 때 새로운 Create KB article 옵션이 활성화된다. 옵션을 클릭하면 다음 화면처럼 에이전트가 미리 설정된 컨플루언스 스페이스에 지식 베이스 글을 생성할 수 있다.

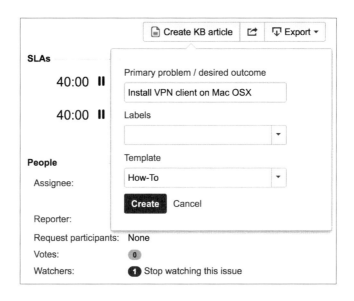

고객 관점에서 (서비스 데스크의 지식베이스 기능이 활성화된 경우) 고객 포털의 새로운 검색창에 대한 사용이 가능하게 된다. 고객은 이미 자신의 문제와 관련된 어떤 정보가 있는지를 검색할 수 있다. 다음 화면에서 볼 수 있듯이, VPN에 대한 검색을 하면 서비스 데스크는 과거의 요청에서 생성된 지식 베이스 글을 보여준다. 만약 이러한 내용이 고객이 찾고 있던 것이라면 고객과 에이전트 모두의 소중한 시간을 절약할 수 있다.

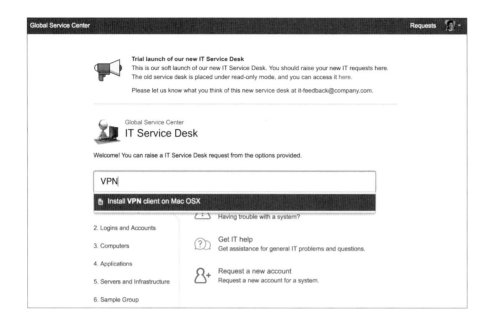

┃ 프로세스 자동화

서비스 데스크를 운영하는 경우, 평범하면서 반복적인 무수한 작업으로 인해 팀은 많은 시간을 낭비할 수 있다. 이를테면 요청이 종료된 후 고객이 나중에 댓글을 추가하면, 요청을 다시 열어야 에이전트가 다시 작업을 할 수 있도록 큐에 재배치된다. 일반적으로 이것은 에이전트가 요청을 수동으로 다시 열거나 지라 관리자가 요청이 자동으로 다시 열도록 서비스 데스크 프로젝트에서 사용하는 워크플로우를 구성해야 한다. 이러한 종류의 자동화가 필요한 여러 서비스 데스크 프로젝트가 있다면 이것은 에이전트에게 지루하면서, 관리자에게는 압도적인 작업이 될 수 있다.

다행스럽게도 다음 그림에서 보이는 것처럼 지라 서비스 데스크는 복잡도를 엄청나게 감소시키고, 각각의 서비스 데스크 소유자(Administer Project 권한을 갖는 사용자)가 자동화 규칙을 설정할 수 있는 프로세스 자동화 기능을 갖고 있다.

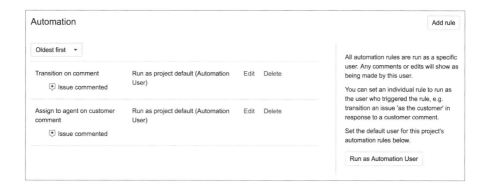

자동화 규칙을 설정하기 위해선 다음 단계를 따르면 된다.

1. 자동화 규칙을 설정하기 원하는 서비스 데스크의 프로젝트 관리 페이지로 이동한다.

2. 왼쪽 패널에서 Automation 옵션을 선택한다.

3. 새로운 자동화 규칙을 생성하기 위해 Add rule 버튼을 클릭한다.

4. 대화 상자에서 미리 정의된 자동화 규칙 템플릿에서 하나를 선택하거나 Custom rule 옵션을 선택해 버튼부터 규칙까지 처음부터 생성할 수 있다.

5. 새로운 자동화 규칙의 이름을 입력한다.

6. 자동화 규칙을 구성하고, Save를 클릭한다.

자동화 규칙을 구성할 때 고려해야 하는 사항들이 많다. 첫째, 각 규칙은 다음 그림에서 볼 수 있듯이, WHEN, IF, 그리고 THEN 이 세 부분으로 구성된다. 이러한 사고 방식은 규칙을 다음과 같은 방법으로 읽어야 한다는 것이다. 무언가에 대한 요청이 발생했을 때 기준이 만족하는 경우 다음 액션을 실행하라. 따라서 고객이 종료된 요청 예제에 댓글을 추가하는 경우의 규칙은 다음과 같을 수 있다. 댓글이 추가되는 경우 요청이 Closed 상태라면, 요청을 Re-opened 상태로 전이시킨다.

각 컴포넌트를 의미하는 UI 요소를 클릭해 자동화 구성 요소를 설정할 수 있다. 규칙 설계 시 유의해야 하는 몇 가지 사항이 있다.

- 규칙에 대한 진입점 역할을 하는 WHEN은 하나만 가능하다. 그러나 여러 개의 트리거를 가질 수 있으므로, 각각의 규칙은 하나 이상의 액션에 의해 트리거될 수 있다.
- 하나 이상의 IF(ELSE IF)를 가질 수 있으므로, 규칙이 트리거되는 경우 평가하기 위한 여러 개의 기준을 설정할 수 있다.
- 다음 그림에 보이는 것처럼 실행하기 위한 다양한 액션을 가질 수 있는 하나의 THEN만이 가능하다.

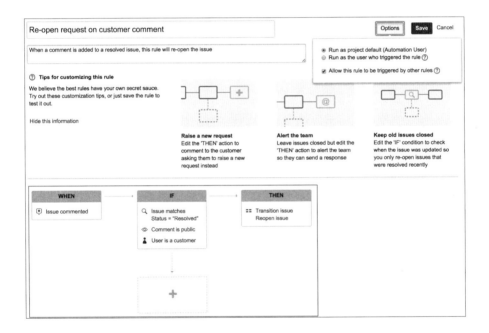

다른 옵션은 다음과 같다.

- 규칙이 트리거한 사용자로 규칙을 실행하거나 서비스 데스크 프로젝트에 대한 전담 사용자로 설정된 사용자로 실행되는지 여부. 모든 액션이 규칙을 트리거한 사용자로 실행할 수 있는 것이 아니기 때문에, 특히 사용자가 고객인 경우에는 프로젝트 기본 옵션을 사용하는 것이 더 안전하다.
- 규칙이 또 다른 자동화 규칙에 의해 트리거될 수 있는지 여부. 이 옵션은 프로세스를 자동화하기 위해 여러 규칙을 함께 연결할 수 있기 때문에 매우 유용하다. 그러나 서로를 트리거해서 루프에 빠지도록 하는 규칙들을 갖고 있지 않은지 주의하고 확인해야 한다.

▌ 요약

11장에서는 지라를 강력한 서비스 데스크 솔루션인 지라 데스크로 변환해 사용할 수 있는 방법을 배웠다. 지라 서비스 데스크는 워크플로우 엔진과 검색 질의^{JQL} 같은 뛰어난 지라 기능을 기반으로 만들어졌으며, 기존 지라 인터페이스에 대한 저항을 없애주는 새로운 인터페이스를 제공한다. 이것은 고객에게 종합적이며, 더 많은 즐거운 경험을 만들어준다.

11장은 마지막 장으로 우리 여행의 종착지이다. 이 책을 통해 우리는 지라 7 제품군의 다양한 제품들과 이러한 제품을 이용해 조직에 가치를 부여하는 방법을 살펴봤다. 애자일 프로젝트를 실행하기 위한 프로젝트 관리 도구, 고객 지원을 위한 서비스 데스크 솔루션, 또는 작업을 더 잘 관리하고 추적할 수 있는 도구가 필요한 경우를 지라 7에서 다뤘다.

또한 고객의 환경과 사용 사례에 관리자로써 할 수 있는 설치, 변형 및 적용 방법을 살펴봤다. 사용자 정의 필드와 워크플로우 같은 기능은 고객의 요구 사항에 적용할 수 있도록 지라를 더욱 유연한 솔루션으로 만든다. 이는 서드파티 부가 기능에 의해 더 확장이 가능하다. 우리는 지라에 더 많은 기능을 제공할 수 있는 몇 가지 인기 있는 부가 기능을 소개했으며, 이러한 기능은 수천 개의 부가 기능 가운데 일부일 뿐이다. 이제 지라를 사용해 사용자와 사용자 경험을 향상시키고, 고객이 성공할 수 있도록 더 많은 부가 기능을 찾아 시도해보는 것이 당신의 일이다.

찾아보기

에이콘출판의 기틀을 마련하신 故 정완재 선생님 (1935-2004)

지라 7 에센셜 4/e

지라 시스템 구축과 활용

발 행 | 2018년 1월 2일

지은이 | 패트릭 리
옮긴이 | 박 득 형 · 김 영 기

펴낸이 | 권 성 준
편집장 | 황 영 주
편 집 | 조 유 나
디자인 | 박 주 란

에이콘출판주식회사
서울특별시 양천구 국회대로 287 (목동)
전화 02-2653-7600, 팩스 02-2653-0433
www.acornpub.co.kr / editor@acornpub.co.kr

한국어판 ⓒ 에이콘출판주식회사, 2017, Printed in Korea.
ISBN 979-11-6175-073-6
ISBN 978-89-6077-210-6 (세트)
http://www.acornpub.co.kr/book/jira7-4e

이 도서의 국립중앙도서관 출판시도서목록(CIP)은 서지정보유통지원시스템 홈페이지(http://seoji.nl.go.kr)와
국가자료공동목록시스템(http://www.nl.go.kr/kolisnet)에서 이용하실 수 있습니다.(CIP제어번호: CIP2017028070)

책값은 뒤표지에 있습니다.